JN069778

国立大学法人
兵庫教育大学教育実践学叢書

7

教師の
総合的力量形成

学習指導と生徒指導の統合に向けて

松本 剛・隈元 みちる◎編著

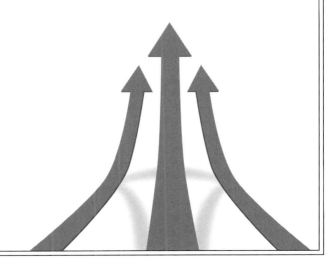

はじめに

　兵庫教育大学は，昭和53（1978）年「教員のための大学院」として開学した。その目的は，「学校教育にかかる諸科学の理論と応用に関する研究を総合的に推進し，文化，社会の発展に資する創造的知性と人間愛に支えられた教員を育成し，もって教育，学術，文化の進歩に寄与すること」であった。理論と実践を融合した「教育実践学」に根ざした理論・実践研究の推進のため，兵庫教育大学は，学校現職教員と新人教員の学び・育成を担い，学校教育学部・修士課程・専門職学位課程・博士課程をもつ教員育成のための専門大学として発展してきた。

　兵庫教育大学では，教員の資質能力の向上と学校教育の改善を求める社会的要請に応えるために次のミッションを掲げている。

　　1．現職教員に対する高度な専門性と実践的指導力の育成
　　2．豊かな人間性と確かな実践力を持った新人教員及び心理専門職の養成
　　3．教育実践学の推進
　　4．教師教育の先導的モデルの構築
　　5．教育研究成果の国内外への発信

　これらのミッションの中で，国内外の学校教育の課題やニーズを捉えつつ，新しいカリキュラムや教育方法を主体的に改善・開発することにより，教員養成・研修の先導的モデルを提供することはその中核を担うものであるといえよう。本書は，兵庫教育大学専門職学位課程教育実践高度化専攻に所属する8コースのうち，「教育方法・生徒指導マネジメントコース」が取り組んできた研究の具体を紹介することにより，学校教育における教育実践学の実際を発信するものである。

　兵庫教育大学教育方法・生徒指導マネジメントコースは，教育方法と生徒指導の諸分野において「教師個人の力量形成」と「学校全体の力量形成」の双方への学びと研究推進に寄与している。研究者は，心理学，教育哲学，教育方法学，教師教育学など多様な専門領域に根づきつつ教育実践学に関する研究を推進し

ている。学生もまた，自らの目的や問題意識に応じた多彩な専門科目から学び
を選択し，自らの教育実践などを起点とした実践研究を進めている。

　本書では，学校現場で教員が感じる「なやみ」や「不安」,「課題」や「問題」
から問題意識を立ち上げ，これらの解決や統合に向けたヒントとなるような知
見，その実践研究を紹介する。本書で紹介される実践的研究の数々は，小中高
の教員の立場から，解決すべきと考えられた個々の事象を，より俯瞰的な視点
にたって学校教育への提言として統合していく教育実践の検討の過程を示した
ものである。本書では，教育方法及び生徒指導，さらに道徳教育や社会教育ま
でも見据えた教師の力量形成について，さまざまな視点からアカデミックな知
見と学校現場における実践の両側面を考慮しつつ論じている。それは，学校教
育にかかわる理論と実践の整理を進め，これまでアカデミックな立場から積み
上げられてきた知見と実際の学校現場の事象へのアプローチに活かす実践とを
つなぐ方策を見出すことを模索しているともいえる。

　本書では，これらの取り組みを通じて得た知見について，学校における諸課
題の解決や各分野の統合に向けたヒントとなるような理論と実践を示すことを
目指した。兵庫教育大学大学院教育方法・生徒指導マネジメントコースにおけ
る研究成果をもとにした学校教育に関する理論と実践の往還的実践研究から，
学校教育への今後の充実への貢献ができれば幸いである。

編者

目　次 ─────────────────────────────

第Ⅲ部　学校教育の諸課題と教師の力量形成 ―

第Ⅰ部

教師の
総合的力量形成

教師の総合的力量形成の必要性

松本 剛

　学校教育では昨今，思考力・判断力・表現力等の育成や学習意欲の向上，多様な人間関係構築に関する学びなどが重視されている。共同的な学習活動が奨励され，これまでの学校教育で散見されてきた児童生徒への一方的な知識・技能の習得のありかたは大きく見直されるようになっている。ICT 教育への積極的な活用を背景とした授業の変革，学校教育におけるいじめ・不登校など諸課題への対応，特別支援教育への理解と実践の力量形成なども求められている。一方で，学校教育は教員の働き方改革に基づく業務の精選がより進むことになると思われ，今後学校教師には，学校内外の多職種と連携する力量の向上がより求められるようにもなる。学校教師の力量形成の方向性は，今後多岐にわたると思われる。

　学校教育にかかわるさまざまな変化に対して，教師は柔軟に対応していく力量を形成しなければならない。これら新しい学校観に基づく教師の力量形成を推進するためには，多方面に目を向けそれらを統合していくことができる教師のありようが求められる。このような教師の力量形成においては，これまで学校教育の両輪といわれてきた学習指導と生徒指導の統合的な力量形成が必要になる。

　学校の現代的諸課題に対応するためには，教科指導，生徒指導といった各領域に細分化された取り組みを並行して進めるだけではなく，それらを統合して有機的に繋いでいく方向性が求められる。教師個人あるいは教師集団の力量を高めるためにも，教育方法と生徒指導を相互に結びつけ，各々の知見を活かしながら総合的にアプローチすることは欠かせない。本書では，教育方法・生徒

指導および道徳教育，人権教育の各分野からの知見を有機的に統合させる取り組みとして，兵庫教育大学教育実践高度化専攻教育方法・生徒指導マネジメントコースにおける研究者の取り組み，現職教員の学びや研究について紹介することを通じて，その有用性や方向性を検討する。また，教育方法・生徒指導マネジメントコースにおける，学校教育への新しい実践的研究の成果を紹介し，さらなる学校教育における課題や実践の研究貢献することをめざしたい。

　これまでの教育方法および生徒指導にかかわる研究は，学校教育の 2 本柱として独立して議論される傾向が見られ，それぞれ他領域として認識されるような扱いに留まることが多かった。それぞれの領域で個々の知見が示されてはいるが，それらを統合する視点をもって学校現場において実践したり，その有用性について多角的に検討したりする研究は少なかったといえよう。現代の学校教育おける諸課題は多様であり，これらの知見の統合が求められている。

　加えて，児童生徒の成長への援助や学校諸課題への対応を鑑みると，道徳教育の役割は大きいものがある。また，学校のみが子どもたちの育ちを担うものではないという視点をもつと，社会教育や人権教育との連携にも留意しながら学校教育を捉え直していかなければならないという時代の要請もあるだろう。現代における教師の総合的力量形成にとって，多様な視点をもちつつそれらを統合できることは重要な研修課題である。

　学校現場で教員が感じる「なやみ」や「不安」，「課題」や「問題」から問題意識を立ち上げ，これらの解決や統合に向けたヒントとなるような知見，その実践研究について考察を進めることが求められている。本書で紹介される実践的研究の数々は，小中高の教員の立場から，解決すべきと考えられた個々の事象を，より俯瞰的な視点にたって学校教育への提言として統合していく教育実践の検討の過程やその理論的背景について示したものである。本書では，教育方法および生徒指導，さらに道徳教育や人権教育までも見据えた教師の力量形成について，さまざまな視点からアカデミックな知見と学校現場における実践の両側面を考慮しつつ論じている。それは，学校教育にかかわる理論と実践の整理を進め，これまでアカデミックな立場から積み上げられてきた知見と実際の学校現場の事象へのアプローチに活かす実践とをつなぐ方策を見出すことを

模索しているともいえる。

　本書の『第Ⅰ部　教師の総合的力量形成』では，教師の総合的力量形成の必要性について整理し，学習指導と生徒指導の統合をめざす「兵庫教育大学教育実践高度化専攻教育方法・生徒指導マネジメントコース」における学びの成果について，修了生調査をもとに検証する。これらの修了生の力量形成は，大学院における授業科目，実習における取り組みをもとにした研究成果物によりまとめられているが，第Ⅱ部・第Ⅲ部では，これらの研究成果の一端が紹介されている章も含まれている。『第Ⅱ部　教師の力量形成の実際』では，メンタリングにふれる教員の力量形成にかかわる理論や研究の成果について述べ，大学院で取り組まれている学校現場における教員研修につながる諸研修・研究の実際についても紹介する。『第Ⅲ部　学校教育の諸課題と教師の力量形成』では，カリキュラム・マネジメント，学級経営，道徳教育，人権教育の諸課題に向けて，学校現場への示唆を与えうる理論・実践を紹介する。これら研究者，現職教員の学びや研究について紹介することを通じて，その有用性や方向性を示したい。

第1章

学習指導と生徒指導の統合

兵庫教育大学大学院

教育方法・生徒指導マネジメントコースにおける学び

徳島 祐彌・松田 充

I 「学習指導と生徒指導の両輪」を具体化する コースカリキュラム

1．「学習指導と生徒指導の両輪」ということ

　兵庫教育大学大学院学校教育研究科教育実践高度化専攻教育方法・生徒指導マネジメントコース（以下，本コース）は，2019年に学校臨床科学コースとして旗揚げされ，2022年に現在の名称に変更された。本コースは，兵庫教育大学全体の専門職学位課程再編時に「授業実践開発コース」と「生徒指導実践開発コース」が統合するかたちで成立しているため，その目的においても，学習指導（授業実践）と生徒指導とを学びの両輪にしていくことが謳われている。

　本コースでは，児童生徒への教育的かかわりの全般に対して，科学的視点を持ちつつ，教育実践として具体的に取り組み，それらを省察（リフレクション）する一連の過程によって学びを創造していく「学校臨床科学」の立場から，学習指導と生徒指導の積極的な協働の推進ができる資質・能力を身につけることをコースの目的としています。

　　　兵庫教育大学（2018）「国立大学法人兵庫教育大学2019年度大学院案内」，p.28

現在ではコース名が変更されているため，ここに述べられている目的は直接に掲げられていないが，少なくとも，学習指導と生徒指導とを学びの両輪とすることの理念は変わっていない[1]。

ところで，本コースが掲げる学習指導と生徒指導を両輪として教師の資質・能力の向上を図っていくことは，昨今の教育界のトレンドの一つとなっている。

今次学習指導要領の解説【総則編】では，「児童の発達を支える指導の充実」を求め，そのために「自己の存在感を実感しながら，よりよい人間関係を形成し，有意義で充実した学校生活を送る中で，現在及び将来における自己実現を図っていくことができるよう，児童理解を深め，学習指導と関連付けながら，生徒指導の充実を図ること」が明記されている[2]。また学習指導要領において強調される「主体的・対話的で深い学び」を学習指導の中で実現していくためには，自身の意見や考え方に自信を持つための自己肯定感や，自身とは異なる他者の意見を共有していく共感的な人間関係が必要となる。

さらに 2022 年に改訂された生徒指導提要においても，「教科の指導と生徒指導の一体化」が取り上げられ，次のように述べられている。

　授業は全ての児童生徒を対象とした発達支持的生徒指導の場となります。教科の指導と生徒指導を一体化させた授業づくりは，生徒指導の実践上の視点である，自己存在感の感受，共感的な人間関係の育成，自己決定の場の提供，安全・安心な風土の醸成を意識した実践に他なりません。教員が学習指導と生徒指導の専門性を合わせもつという日本型学校教育の強みを活かした授業づくりが，児童生徒の発達を支えます。

文部科学省（2022）『生徒指導提要（改訂版）』，p.46

無論，学習指導と生徒指導を両輪とした資質・能力の向上が現代的な要請であったとしても，教育実践上，両者は常に一体的に取り組まれてきた。「授業の中でこそ学級づくりを行うことができる」や「子ども理解がないと，そもそも指導案を作ることができない」という教師の声は，かねてから聴かれるものであった。また「実践学」として教育実践の論理を描き出し，教育実践を創り出そうとしてきた教育方法学においても，「訓育的教授」や「陶冶と訓育の統一」

という概念によって，学習指導と生徒指導の統一的な把握がなされてきた[3]。この意味で，学習指導と生徒指導の両輪という現代的な要請は，単に両者が相互的な関係にあることを言明することを求めているのではない。そのような認識は，教育実践に根付く教育研究には既に存在している。この現代的な要請は，教師が学習指導と生徒指導のいずれの力量もともに高めていくこと，そしてそのために両者を有機的に統合する教師教育のあり方を求めているのである。

　以下では，第Ⅱ部・第Ⅲ部において語られる教師の力量形成の実践を「学習指導と生徒指導の統合」という観点から読んでいくための水先となるべく，ここまで述べてきた「学習指導と生徒指導とを両輪とする学び」をより具体的に描いていくために，2019 年のコース設置以降本コースで学んだ大学院生への質問紙調査とインタビュー調査の結果をもとにしながら，本コースでの学修の実際について検討していく。

2．本コースのカリキュラムの概要とその独自性

　まずは，本コースのカリキュラムの概略を示す。本コースの修了要件は，表1のとおりである。

表1　本コースの修了要件

共通基礎科目	専門科目	実習科目	合計	最低修得単位数
10 単位	18 単位	10 単位	38 単位	46 単位

　「共通基礎科目」は教職大学院に共通する科目であり，例えば「授業における ICT 活用」「小中連携教育論」など，およそ 25 科目が設定されている。これらの科目を選択して履修するとともに，他コースの科目で読み替え可能な科目も設定されており，それらとあわせて履修することとなっている。

　「実習科目」は 10 単位で設定されている[4]。この 10 単位分の実習のあり方は，院生によって様々である。例えば，教職員組織の形成を研究テーマとしている院生の場合は，年間を通して週に一度学校に赴き，職員会議を組織していくというパターンもあれば，算数の単元開発をテーマとする院生の場合は，一つの単元を取り扱っている 1 か月程度を実習期間とするというパターンもある。つまり，自身の研究関心に応じて実習のあり方を自由にコーディネートできる。

最後に本コースが設定する「専門科目」である。これには大きく三つの区分がある。「授業実践開発分野」「生徒指導実践開発分野」「実践研究に関する分野」である（表2）。

学習指導と生徒指導を学びの両輪とするということは，逆に言えば，両者の相対的な独自性を認めているということである。それゆえに，「授業実践開発分野」と「生徒指導実践開発分野」では，それぞれの領域に特化した科目が五つないし六つ開講されている。そのうえで，「学習指導と生徒指導を学びの両輪とする」ために重要な役割を果たすのが，「実践研究に関する分野」である。「学校におけるデータの取り方と分析」と「学校における質的研究のデザインと方法」は，教職大学院における教育実践研究を下支えする研究法に関する科目である。「教育方法・生徒指導マネジメント演習Ⅰ／Ⅱ」は，コース教員がオムニバス形式で講義・演習を行う科目である。現職院生はⅠを，ストレート院生はⅡをそれぞれ履修することになっている。「教育方法・生徒指導における実践研究Ⅰ／Ⅱ」では，指導教員との個別ゼミと，年に2回ないしは3回，コース教員と院生に対して研究発表を行う集団ゼミが実施される。そしてこれらの活動と実習を中心にしながら，2年間（もしくは3年間）の成果として「実践研究論文」をまとめていく。

表2 **本コースの専門科目一覧**（2023年度現在）

授業実践開発分野	学習指導と授業デザイン 授業研究の理論と実践 学校カリキュラムのデザインと評価 教師発達とメンタリング 道徳教育及び道徳授業の理論と実際 総合学習の理論構築と実践力形成
生徒指導実践開発分野	生徒指導とキャリア教育 教育相談の理論と技能開発 円滑な学級経営のための力量形成 社会心理学に基づく学級経営の実践開発 特別活動・地域教育活動プログラムの開発
実践研究に関する分野	学校におけるデータの取り方と分析 学校における質的研究のデザインと方法 教育方法・生徒指導マネジメント演習Ⅰ／Ⅱ 教育方法・生徒指導における実践研究Ⅰ／Ⅱ

　「教育方法・生徒指導マネジメント演習Ⅰ／Ⅱ」では，一つの事例について，生徒指導や学級経営，学習指導など多様な視点から議論していくという活動が取り組まれており，大学院生各自が他の講義で学んできた内容やこれまでの経験を統合していく。また「教育方法・生徒指導における実践研究Ⅰ／Ⅱ」では，指導教員のもとで進める実践研究を発表し，様々な専門分野を持つ教員や他の大学院生からの質問を受け，それに応答しながら，研究を展開させていく。「個別ゼミ」を中心とする個人の研究活動は，もちろんある分野に特化して行われる。その研究に対して，様々な観点からの意見や質疑が差しはさまれることによって，学習指導と生徒指導の両者の観点を踏まえた研究へと発展していくことが期待されているのである。以上のように，授業実践と生徒指導について学んでいきながら，それらの統合を発揮していくことが，カリキュラムとして要請されているのである。

　これら三つの分野の最低修得単位を合計すると38単位であり，修了の要件となる46単位には，8単位足りない。この8単位は，共通基礎科目，専門科目，他のコースの専門科目を取得することで充当させていく。つまり，カリキュラムの柔軟性が非常に高く設定されている。もちろん46単位というのも最低修得単位であるので，それを超えて多くの単位を取得する院生も多い。また先述しているように，本コースでは，教職大学院のカリキュラムの要となる「実習科目」についても，大幅な裁量の余地が存在している。これらの意味で，学びの柔軟性が高いことも，本コースのカリキュラム上の独自性である。

Ⅱ　本コースの修了生を対象とした質問紙調査

1．調査の目的と概要
　第1節でみたように，本コースでは，学習指導（授業実践）と生徒指導を両輪として教師の力量を高めることをねらいとしている。そのために，コースのカリキュラムとして，授業実践・生徒指導の専門科目を設定するほか，実践研究など知識を統合していく時間が設定されている。また，受講できる科目に幅を持たせ，大学院生のニーズに合わせた選択ができるようにしている。

　では，これらの特徴を持つ本コースでの学修は，大学院生にとってどのよう

に受け止められているのだろうか。このことを検討するために，本コースの修了生を対象とした質問紙調査を実施した[5]。調査の概要は表3のとおりである。本調査の対象は，授業実践開発コースと生徒指導実践開発コースの統合（2019年度）以降に本コースに入学し，修了した者である。修了生の総数は52名であり，ゼミ指導教員の専門分野別に見た場合，授業実践系の修了生は18名，生徒指導系の修了生は34名である。

　本調査はWebフォームを用いて実施した。Webフォームには，倫理的事項に関するものとして，成果公表の際には個人や組織が特定できないように処理すること，得られた回答は本コースの成果発表および本コースの改善の目的以外には用いないこと，本調査により回答者が不利益を受けることは一切ないことを明記した。

　調査項目としては，まず，大学院の修了年度，大学院入学時までの教職経験年数，大学院入学時点で勤務していた学校種，大学院在籍時に所属していたゼミの指導教員が含まれる系（授業実践系・生徒指導系）等の基本的な属性を問う項目を設定した。次に，本コースでの学びや，本コースに対する評価に関する質問項目を設定した。その中で，本節で分析する項目を表4に示す。最後に，

表3　調査の概要

調査の対象	学校臨床科学コース修了生（2020年度から2022年度，連絡先不明者を除く）[※1]
調査の期間	2023年7月上旬～下旬
調査の項目（概要）	①回答者の属性 ②大学院入学・本コース選択の目的 ③本コースでの学修・有益だった学習活動 ④本コースに対する評価 （⑤インタビュー調査協力の意思確認）等
実施の手続き	Webフォームを用いて実施（在籍時のゼミ指導教員から，該当する修了生にそれぞれ調査依頼を行う）
回収状況等	回答数34名[※2]

※1　調査時点で，「教育方法・生徒指導マネジメントコース」への名称変更後の修了生はおらず，調査対象とはなっていない。
※2　依頼の総数は44名，回収率は77.3％であった。ただし，修了生への連絡が実際に届いているかを把握できない場合等があるため，この回収率は参考程度である。

インタビュー調査への協力について確認する項目を設定した。

　本研究では，Web フォームへの回答があった 34 名のデータを分析対象とした。回答者の基本属性を表 5 に示す。表 5 を見ると，調査結果の解釈において，とりわけ「生徒指導系」のゼミに所属していた修了生が多いこと（授業実践系 10 名：29.4％；生徒指導系 24 名：70.6％）に留意する必要があると考えられる。

　これら生徒指導系の回答者の割合が高いことと，回答総数が 34 件であることを踏まえつつ，以下では，表 4 の質問項目の順に結果をまとめる。

表4　分析する質問項目

1. 本コースでは，「学習指導と生徒指導を両輪として教師としての力量を高めていくこと」を目指しています。大学院在籍時に，学習指導と生徒指導を学びの両輪とすることを意識していましたか。［5件法］
2. 大学院在籍中，あなたの学びにとって有益であった活動は何でしたか。あてはまるもののなかから上位三つまでを選択してください。［10 項目から複数選択］
3. 総合的に見て，本コースで学んだことは教育現場で活かされていますか。あてはまるものを選択してください。［4件法］
4. 【「活かされている」または「まあ活かされている」と回答された方にお聞きします】どのような場面で，本コースで学んだことが活かされていると感じますか。あてはまるものをすべて選択してください。［16 項目から複数選択］
5. あなたが大学院で学んだことの中で，現在，特に重要だと感じていることは何ですか。ご自由にご記入ください。［自由記述］
6. 総合的に見て，現在，本コースでの学修に満足していますか。［4件法］
7. 大学院在籍時に形成したコミュニティやネットワークと，現在でもつながりがありますか（例えば，大学院在籍時の指導教員，同じゼミの元大学院生など）。［2件法］
8. 【「はい」と回答された方にお聞きします】現在でもつながりがあるネットワークやコミュニティは，具体的にどのようなものですか。［自由記述］
9. 同僚が大学院への入学を希望する際，本コースへの入学をその同僚に勧めたいと思いますか。［4件法］
10. 【「どちらかといえば勧めない」または「勧めない」と回答された方にお聞きします】勧められない理由は何ですか。［自由記述］
11. 【「積極的に勧める」または「どちらかといえば勧める」に回答された方にお聞きします】特に勧められる点はどこにありますか。［自由記述］

※質問の通し番号は振りなおした。

表5　回答者の基本属性

教職経験年数

5年未満（学部卒・ストレートを含む）	10 （29.4%）
5年以上10年未満	7 （20.6%）
10年以上15年未満	5 （14.7%）
15年以上20年未満	8 （23.5%）
20年以上25年未満	3 （8.8%）
25年以上30年未満	0 （0.0%）
30年以上35年未満	0 （0.0%）
35年以上	1 （2.9%）

※大学院入学時。非常勤を含む。

学校種

学部卒（ストレート）	10 （29.4%）
小学校	16 （47.1%）
中学校	8 （23.5%）

※大学院入学時。非常勤講師を含む。
※回答者の選択があった項目のみ抜粋。

大学院在籍時の系

授業実践系	10 （29.4%）
生徒指導系	24 （70.6%）

※実際の調査項目では，それぞれの選択肢の中で該当する大学教員も列挙し，ゼミ教員が含まれる系を選択する形式にした。

2．調査の結果

　「本コースでは，『学習指導と生徒指導を両輪として教師としての力量を高めていくこと』を目指しています。大学院在籍時に，学習指導と生徒指導を学びの両輪とすることを意識していましたか。」に対しては，「意識していた」18名（52.9%），「やや意識していた」11名（32.4%），「どちらともいえない」2名（5.9%），「あまり意識していなかった」2名（5.9%），「意識していなかった」1名（2.9%）であり，「意識していた」「やや意識していた」が高い結果となった。

　「大学院在籍中，あなたの学びにとって有益であった活動は何でしたか。あてはまるもののなかから上位三つまでを選択してください。」の回答結果を図1に示す。回答では，「個別ゼミ」26名（76.5%），「本コースの教員が担当する生徒指導に関する授業」22名（64.7%）が高かった。他方で，「課題研究論文の執筆」1名（2.9%），「本コースの教員以外が担当する授業」3名（8.8%），「集団ゼミ」4名（11.8%）は低い結果となった。

　「総合的に見て，本コースで学んだことは教育現場で活かされていますか。あてはまるものを選択してください。」では，「活かされている」22名（64.7%），「まあ活かされている」9名（26.5%），「あまり活かされていない」3名（8.8%），

図1　大学院在籍中，学びにとって有益であった活動

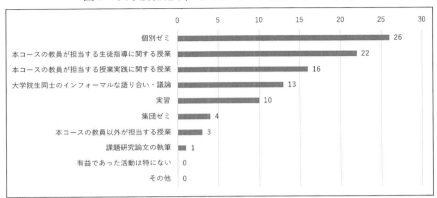

図2　本コースで学んだことが活かされている場面（*n*=31）

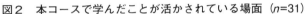
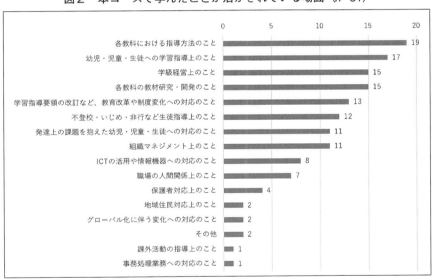

「活かされていない」0名（0.0％）となった。このうち，「活かされている」「まあ活かされている」を選択した回答者に対する質問「どのような場面で，本コースで学んだことが活かされていると感じますか。あてはまるものをすべて選択してください。」の結果は図2に示すとおりである。結果としては，「各教科における指導方法のこと」19名（61.3％），「幼児・児童・生徒への学習指導上の

表6　大学院で学んだことの中で現在特に重要だと感じていること（$n = 30$）

＜学習指導・生徒指導に関すること＞	＜実践・研究・教師の成長に関すること＞
● 授業方法 ● 総合的な学習の時間 ● 学級集団づくり ● 道徳の指導力向上と不登校生徒の理解及び対応 ● 子どもの思考について ● 生徒との関わり方，自己一致 ● 生徒指導でも学習指導でも子どもの立場になって考え指導すること ● 学級経営をベースに授業内容を組み立てるという考え方 ● 管理型の指導観から，自立型の指導観に変わったこと。 ● 一方的な教え込みの授業ではなく，児童が自ら楽しく学ぶ授業を提供すること，教師は環境づくりに徹すること。自分を表現する力を身につけることも大切。 ● 人間は本来学びたいものなので，授業づくりもそれを引き出すためにはどうしたらいいか考えるなどといった捉え方 ● ミドルリーダーとして，若手の指導，助言にあたり，学校教育の質の向上を目指し牽引する立場にあることから，学習指導と授業デザインに関すること（特に評価に関すること），道徳教育に関すること，教師発達や同僚性に関すること，ICT活用に関する事についての学びが，とても役に立っているため重要だと感じている。	● 答えは存在しない。 ● 無知の知 ● 実践を裏付ける理論的な部分 ● 相対化して物事を捉えること ● 実地研究を通して ● 理論と実践の往復回数。 ● 理論と実践の融合，教師教育，学んだことの還元 ● 広い視野で学修すること ● 他人のことよりも自分をより大切にすること ● 現在進行形で進む課題の解決と，先を見通した新たな研究推進の両輪で組織として動くこと。 ● 広い視野を持って，決めつけることなく，受け入れる姿勢を意識する。 ● 様々な立場異なる視点から物事を捉えること ● 多くの人との議論や語らいを通じて，自らを省察すること ● 教育に対して，絶対的な指導法や解決法はなく，その場に応じた臨機応変さが重要であり，臨機応変さをもつためには，多様なことを学ぶことが大切だと感じた。 ● リフレクションの大切さ ● 日々の省察 ● 学び続ける気持ち ● 生徒の行動に対する捉え方，生徒との関わり方，自分自身のリフレクション

※誤字脱字と判断されるものは執筆者が修正した。

こと」17名（54.8％），「学級経営上のこと」15名（48.4％），「各教科の教材研究・開発のこと」15名（48.4％）が高かった。

　「あなたが大学院で学んだことの中で，現在，特に重要だと感じていることは何ですか。ご自由にご記入ください。」では，表6に示す回答が得られた。表6では，本コースで提供している「学習指導・生徒指導に関すること」と，大学院での様々な経験を通して培ったと考えられる「実践・研究・教師の成長に関すること」の大きく2つに分けて整理し，それぞれ比較的内容が近いものをまとめている。これらの整理は便宜上のものであり，回答の中には両方にまたがっていると考えられるものもある。

　「総合的に見て，現在，本コースでの学修に満足していますか。」では，「満足している」29名（85.3％），「まあ満足している」5名（14.7％），「あまり満足していない」と「満足していない」は0名（0.0％）となった。

　「大学院在籍時に形成したコミュニティやネットワークと，現在でもつながりがありますか（例えば，大学院在籍時の指導教員，同じゼミの元大学院生など）。」の項目では，「はい」が32名（94.1％），「いいえ」が2名（5.9％）であった。「はい」と回答した回答者に対して具体的なネットワークやコミュニティについて尋ねた項目では，ゼミの指導教員，ゼミのメンバー，同じコースの大学院生などが挙げられていた。

　「同僚が大学院への入学を希望する際，本コースへの入学をその同僚に勧めたいと思いますか。」では，「積極的に勧める」が22名（64.7％），「どちらかといえば勧める」が10名（29.4％），「どちらかといえば勧めない」が1名（2.9％），「勧めない」が1名（2.9％）であった。それぞれ，「特に勧められる点／勧められない理由」は表7のようになった。表7でも，いくつかの観点で回答をおおまかに分類している。

表7　本コースへの入学を特に勧められる点／勧められない理由

【「積極的に勧める」または「どちらかといえば勧める」の回答者】特に勧められる点

$(n = 31)$

<大学院での学び全般>	<多様な科目・内容の学び>
● 学び直しの良さ ● 現場ではできない学びがある ● 勉強になるから ● 知見を深められる ● 教育実践を学び直す ● 大学院での学び ● 自分が今までなんとなく行ってきたことが、きちんと体系的に裏付けられること ● 学校現場で過ごす中で、形成され凝り固まった考え方について、再度考え直すきっかけとなると思うから。 ● 客観的に現場を見られる点　学びを深められる点　新たな仲間との関係ができる点 ● 自身の枠組みの捉え直し ● 統計で数値化できる。	● 生徒指導や授業実践などで幅広い分野で学べることです。 ● 指導観の転換が可能であること、現場を俯瞰して見ることで新たな視点が得られること。 ● さまざまな角度から学校教育を考えられる点、学部や他コースの授業等幅広く履修できる学びの自由度がある点 ● どの先生方もどんな研究内容でもそれぞれの考え方から意見を頂けるから。 ● 教育において最も核となる所を幅広く学べるから ● 独りよがりの実践ではなく、多角的に自分の実践を振り返り、さまざまな知見から多面的に、かつ理論的に考えられる時間があるから。
<人間関係>	<現場から離れて学ぶことの意義>
● 院生同士のつながり、ゼミ ● 現職教員とストレート生、他コースの学生と共に学べること ● 現職とストレート生がお互いに意見交換できる環境はとても新鮮だと思うから。 ● いろんな現職の先生との会話 ● 丁寧な個別指導（ゼミ）や他地域の教員との交流がもてること。自分が学びたいことを究めると同時に他の学生との交流を通してさまざまな学びを共有できること。 ● 自分が学びたいことをとことん学べる環境と教授たちのフォローの手厚さがある。 ● 素敵な先生方が多かったから。 ● 先生方から学ぶことが多い	● 時間を得ることができる ● 現場を離れて教職員の仕事の魅力を考える時間 ● 現状の仕事の仕方を見直すことが、今後の仕事の仕方に自分にとっても、生徒にとってもよい。 ● 学びを深めるための時間をじっくり確保できる点 ● 学ぶことが多く、意識改革になる。現場を離れて客観的に教育について考えられる。

<（上記の）複合的な視点>
● 他都道府県の教員との交流や、現場と距離を置いたからこそ見える課題把握と、その解決に向けた有意義な学びの時間、そして大学教員とのゼミ等を通じた知見の広がりなど

【「どちらかといえば勧めない」または「勧めない」の回答者】勧められない理由　$(n = 2)$

● 臨床科学という点において、重点が絞りにくい。自分のやりたい事が絞れていなければ、充実した時間が持ちにくい。
● その方が学びたい指導教員が所属されるコースに行けばよいと考えるから。

※< 　>の分類は執筆者による。
※誤字脱字と判断されるものは執筆者が修正した。

3．考察と示唆

（1）学習指導と生徒指導の両輪

　まず，「学習指導と生徒指導の両輪」について考えていく前に，それぞれの領域における学びが修了生にとって十分なものとして受け入れられているのかが重要となる。この点については，図 1「大学院在籍中，学びにとって有益であった活動」において，「個別ゼミ」26 名（76.5%），「本コースの教員が担当する生徒指導に関する授業」22 名（64.7%），「本コースの教員が担当する授業実践に関する授業」16 名（47.1%）が上位 3 つにきていること，「総合的に見て，本コースで学んだことは教育現場で活かされていますか。」に対して，「活かされている」と「まあ活かされている」の合計が 31 名（91.2%）であり，その内容も「各教科における指導方法のこと」「幼児・児童・生徒への学習指導上のこと」「学級経営上のこと」が上位にきていることから，学習指導・生徒指導ともに，十分な学びを提供できているということができるだろう [6]。

　問題は，これらの学びについて，大学院生の中でいかに有機的な統合ができていたのか，またはその統合を促進するカリキュラムが機能していたのか，という点である。質問紙の「本コースでは，『学習指導と生徒指導を両輪として教師としての力量を高めていくこと』を目指しています。大学院在籍時に，学習指導と生徒指導を学びの両輪とすることを意識していましたか。」に対しては，「意識していた」18 名（52.9%），「やや意識していた」11 名（32.4%）という結果になっている。また「本コースへの入学を特に勧められる点」にかかわる自由記述においても，「生徒指導や授業実践などで幅広い分野で学べること」「さまざまな角度から学校教育を考えられる点」「どの先生方もどんな研究内容でもそれぞれの考え方から意見を頂けるから」というように，学習指導と生徒指導というワードは記述されないとしても，学習指導と生徒指導という領域を幅広く学べることに関しての積極的な意見が述べられている。

　これらの結果を一瞥すると，学習指導と生徒指導を両輪とするコースカリキュラムがうまく機能しているようにも見える。しかしながら，図 1「大学院在籍中，学びにとって有益であった活動」において，コースカリキュラムの中で，両者の有機的な統合の場として想定されている「実習」や「集団ゼミ」「課題研究論文の執筆」は，総じて低い順位にとどまっている。つまり，両者を学ぶことは

できているが，本コースのカリキュラムが想定しているような学習指導と生徒指導を「両輪」とする学びや両者の統合までは達成できていないのではないかと考えられる。この点について，次節で示すインタビュー調査を通して大学院生の学びの実際を検討していく必要があるだろう。

（2）大学院生の学びの場（インフォーマルな学び）

　図1の結果に見られるように，大学院在籍中の学びにとって有益であった活動について，個別ゼミや本コースの教員が担当する授業実践・生徒指導の授業の値が高かった。このことは，2.2での分析項目には入っていないが，「大学院への入学に際して，本コースを選択した主な目的（理由）を一つ選択してください。」において，「授業実践・生徒指導に関する領域を学びたかった」が23名（67.6％）で最も高く，次いで「指導を受けたい大学教員がいた」6名（17.6％）であったことからも，自然な結果であるといえる。これら本コースで提供される多様な科目や，大学院生のニーズを踏まえた個別ゼミが，修了生によって有益な活動とされていることが確認できる。

　他方で，同じ図1において，「大学院生同士のインフォーマルな語り合い・議論」が13名（38.2％）となっている。また，表7において，本コースへの入学を特に勧められる点として，大学院生同士のつながり，他都道府県の教員との交流など，大学院生同士の人間関係が述べられている。この人間関係については，現職教員とストレート生，さらに他コースというように，教職経験やコースの壁をこえた交流も挙げられていた。これらの結果からは，フォーマルなカリキュラム以外に，大学院生同士のインフォーマルな議論を通した学びが，本コースの一つの特色となる可能性を考えることができる。とりわけ，本調査の対象となった修了生が，在学期間にコロナ禍の影響で対面授業の機会が減っていたことと，その状況で大学院生同士のインフォーマルなかかわりについて一定の肯定的な評価をしていたことを踏まえると，インフォーマルな交流が大学院生の学びの重要な要素となっていることを改めて確認できる。

　もちろん，大学院生間の交流や議論は，本コースでなくても，様々な場面で起こるだろう。そのうえで，本コースの特色としては，その交流や議論の多様性が考えられる。第1節でみたように，本コースの特色として，提供している専門科目や教員の専門分野の幅広さを挙げることができる。そのため，本コー

スを選択する大学院生のニーズや学校種，教職経験年数なども，同じように幅広くなることが想定される。それぞれの大学院生は，コース内外の様々な科目を受講する。そのような大学院生が集まり議論をすることで，自分の研究に対して異なる角度から意見をもらえる。このことは，「大学院で学んだことの中で現在特に重要だと感じていること」（表6）において，「広い視野を持って，決めつけることなく，受け入れる姿勢を意識する」ことや，「様々な立場異なる視点から物事を捉えること」が挙げられていたこととも関係するだろう。つまり，大学院生の交流や議論の多様性が，本コースでの学びにおいて，とりわけ促進されていることが示唆されている。このような大学院生の交流・議論の多様性に関して，次節のインタビュー調査では，個別の事例に即して実態を検討していく。

Ⅲ　本コースの修了生を対象としたインタビュー調査

　質問紙調査の結果より，本コースの修了生において，学習指導と生徒指導の学びの様子が一定見出された。しかし，これら学習指導と生徒指導の学び，あるいはフォーマルなカリキュラムとインフォーマルな学びのあり様は，個々の大学院生によって異なると考えられる。個々の大学院生の学びの実態に即して，学習指導と生徒指導の学びがどのように生起したのか／生起しなかったのかを見ることは，本コースに在籍する大学院生の成長のモデルを構想したり，現在の本コースに不十分なカリキュラムを具体に即して検討したりするために重要となるだろう。しかしながら，質問紙調査の結果では，個々の大学院生の学びの実態を詳細に見ることは難しい。

　そこで次に，インタビュー調査の結果に基づいて，より詳細に個々の修了生の経験や意見を聞くことによって，本コースでの学びの実態を検討する。

1．インタビュー調査の概要

　質問紙調査において，インタビュー調査への協力に関する項目を設定した。インタビュー調査への同意のあった回答者の中から，属性や調査期間等を考慮して対象を選定した。結果として，3名を対象としてインタビュー調査を行った。

調査の概要は表8のとおりである[7]。

　以下，3名の調査対象者をそれぞれA・B・Cと表記する。3名とも，大学院に入る前に教職経験がある。また，ゼミ指導教員で分類すると，A・Cの2名は生徒指導系，Bは授業実践系に属していた。

　調査項目は，質問紙調査の結果に基づいて，「大学院での学びに関して」「学習指導と生徒指導の両輪の視点」「インフォーマルな学び／多様性の視点」の大きく3つの観点について尋ねた。

　なお，それぞれのインタビュー調査を開始する際に，本調査は論文化や本コー

表8　インタビュー調査の概要

調査の対象	学校臨床科学コース修了生3名（以下，それぞれA・B・Cと表記） A：生徒指導系　B：授業実践系　C：生徒指導系
調査の期間	2023年8月中旬〜下旬
実施の手続き	Web会議システムを用いて個別に実施（1人当たり1時間程度） インタビュイー1名に対してインタビュアー1〜2名の半構造化インタビュー
調査の項目 （概要）	【大学院での学びに関して】 1.（質問紙調査より）大学院へ入学した目的（理由）と，本コースを選択した主な目的（理由）の回答についての詳細。 2.（質問紙調査より）大学院在籍中の学びにとって有益であった活動と，大学院で学んだことの中で現在特に重要だと感じていることの回答の詳細。 【学習指導と生徒指導の両輪の視点】 1.（質問紙調査より）大学院在籍時に学習指導と生徒指導を学びの両輪とすることを意識していたかの回答の詳細。意識していたならば，意識するようになったきっかけ。 2.「学習指導と生徒指導を学びの両輪とすること」が，自身の大学院での学修に与えた影響。 【インフォーマルな学び／多様性の視点】 1.（質問紙調査より）大学院在籍中に有益であった活動の回答の詳細（特にインフォーマルな学び／多様性に関して）。 2.大学院生同士のインフォーマルな語り合い・議論に関して，印象に残っているエピソードや出来事など。 3.大学院生・大学教員の多様性（学校種，出身の都道府県，関心の持ちよう，専門性の違いなど）が，自身の大学院での学びに与えた影響。

スのカリキュラム改善の目的のみに使用すること，個人や組織が特定できないように処理すること，回答によって不利益になることはないことを説明し，同意を得た。

　以下では，大学院生の学びに即して，本コース選択の理由，学習指導と生徒指導の両輪に関する捉え方，フォーマル／インフォーマルな学びについて，インタビュー調査の結果をまとめる。なお，発話記録は分量が多く，すべて記載できないため，それぞれの視点に関連する箇所を抜粋した。また発話記録は，文意が変わらない範囲で，読みやすいように修正・補足を行った。

２．結果と考察
（1）本コース選択の理由
　まずは，3名の修了生が，どのような理由で本コースを選択したのかを確認する。表9は，本コース選択の動機に主に該当する箇所を抜き出したものである。

表9　本コースの選択の理由に関する発話記録

【A】　本コースを選択した主な理由は，自分は○○［教科］の先生なんですけど，○○［教科］を勉強するのか，どっちかというとそうではなくて，今まで経験した中で，不登校で悩んだりしている子とか，あとは生徒指導上にちょっと困っている子がいて，特にその時は不登校とか心に悩みを抱えているというか，そういった子どもたちの力になりたいな，というのが一番大きな核だったので，このコースだったら，前は学校臨床科学コースというよくわからない名前だったんですけど，生徒指導も学習も学べるんじゃないのかな，広く学べるんじゃないかなと思ってこのコースを選択しました。
【B】　［学校］臨床科学コースを見ていたら，広く教育のこと，授業のことを学ぶことができるし，○○［教科］も勉強できるのかな，というふうに思ったので。
【C】　学びたいことがあったのは，もともと○○学校での教職を○○年近くしてきたのですが，授業についてこれていない子たちのフォローアップをなんとかできないものかなというのが常日頃からの自分の中の課題で，それは教科として何とか対応しようとはするけど，教科だけの問題ではないなというふうに思っていたんです。いわゆる低学力というか，点数の取れない子たち，勉強のできない子たちに対してどのようにサポートしていったらいいのかというところを深く学んでいきたいなというのがきっかけでした。

※個人名やコース名，教科名等にかかわる内容は○○で伏せている。
※［　］内はいずれも，執筆者による補足（筆者注）である。
※引用箇所が複数ある場合，検討事項との関連性を考慮して記載しているため，必ずしも実際の発話の順番にはなっていない。
※以下，発話記録の引用箇所はすべて同じ表記を用いる。

Ａは，不登校などの生徒指導上の課題を中心としつつ，幅広く学べるという点で本コースを選択している。Ｂは，特定の教科のことについて関心を持ちながら，広く教育や授業のことを学べるという点で本コースを選択している。Ｃは，授業についていけない子どもや，低学力の子どもへの関心を持ちつつ，授業実践よりは心理的なサポートをするという視点で，生徒指導的なかかわりを学ぶという点で本コースを選択している。

（2）「学習指導と生徒指導の両輪」をどう捉えているか

　表10は，「学習指導と生徒指導の両輪」にかかわる主な発話記録を抜粋したものである。Ａは，コースに入った時点で，両輪というよりもいずれか一方を選ぶという意識ができていたという。ただし，生徒指導に重心を置きながらも，学習指導も含め，可能な範囲で広く学んできたとのことであった。Ｂは，もともと生徒指導への興味は少なく，在学中にも両輪をあまり意識していなかったが，自分の直接の研究とは異なるところで，生徒指導の学びがあったからこそ現場での自信につながっているところがあると述べている。Ｃは，生徒指導に関心が寄りながらも，授業づくりにおいても低学力の子を救うための工夫や努力ができることなど，学習指導に関する気づきを述べている。

表10　「学習指導と生徒指導の両輪」にかかわる発話記録

【Ａ】　多分，僕が入ったときの名前からそんな気はしてたんですけど，学習指導と生徒指導の両輪というよりかは，学習指導か生徒指導どっちでやりますか，みたいな，そんなような最初のスタートだったと思います。だから学習指導をやるんだったらこっちのコース，生徒指導を学ぶんだったらこのカリキュラムを取ってねみたいなふうに言われたので，あんまり学びの両輪とすることは意識してなかったのかなって。でも大事なのはもちろんわかるし，難しいなと思ってどちらとも言えないというか，［質問紙調査において］このような回答をしました。

　学びは全部したいなと思って，僕は多分生徒指導の範囲の人だったと思うんですけど，学習指導のやつを取らないかというと，そうじゃなくて，学べるものは全部取ろうと思ってすべて学んだんですけど，学習指導は大切じゃないよなんてことは全く思ってないんですけど，なんか両輪というよりかはどっちかというとバランス的には生徒指導の方が重心重いんじゃないの，みたいな。そんなようなイメージだったので，［自分の意識として］右と左のタイヤのバランスが崩れとったのかなと思って，そんな感じです。

【B】　もともと生徒指導がきっちりできないと学習指導にも結びつかないという考えは現場にいた頃からあったので，ただそこまで生徒指導に僕は興味があったわけでもないけれども，ただこのコースに入ったら授業にも生徒指導ってあるので，その辺りを授業で受けられるっていうことで，ちょっと意識できたかなという感じです。自ら何かをしようということはなかったですけれども，その授業での学びであったり，振り返りであったり，課題であったりっていうことをすることで意識ができたっていう。

[学習指導と生徒指導を学びの両輪とすることが大学院での学修にどのような影響を与えたか]
　どっちかって言ったら，現場に今戻った時に，あの先生がこういうこと言ってたなとかっていうのは，振り返ることはしますけど，自分が大学院の中で研究をしている時にそこが何か意識があったかって言ったらそうでもないですね。

[研究等の本コースで学んだことが現場でどう活かされているか]
　僕が研究したのは○○［教科］の○○教材っていうところに限られているので，そこでは自分の研究したことっていうのは活かすことができるなという感じなんですけど，それ以上にこの2年間，現場にいた時とは比べられないほど本も読みましたし，論文も読みましたし，その勉強時間がすごく僕は今の自信になっているので，授業を受けたこともそうですし，直接何かが活かされているっていうわけではないんですけれども，自分の指導に自信が持てるようにはなったかなと思います。だから，それは生徒指導も，自分の研究には活かしてはいないですけど，今の現場になった時に，授業で生徒指導のことを受けたからこそ自信にもなって，自信につながっている部分もあるので。

【C】　生徒とのかかわりに関してばっかりを学びたいなと思っていたけれども，学習指導との両輪ということで，学習指導に関する授業を受けながら，あまり正直熱は入らなかったんですけど，やっぱり学習，授業づくりに関しても低学力の子を救うための工夫や努力ができるんだな，というのには気づかされたかな，というふうに思います。

[学習指導側の授業科目に関して]
　一時間，授業の50分の構成を，目標立ててそれの振り返りをして，振り返りから，また自分の授業も改善していってという，そういうのは日々やっていかないといけないなと思えたのは，［提示された学習指導側の授業科目の］どの授業なんでしょうね。

[学習指導と生徒指導を両輪とすることの（学修への）影響に関して]
　低学力生徒に対して焦点をあてると，わかりやすい資料作りはしていかないといけないなとか，わかりやすいパターンのある授業づくりをしていかないといけないなとか，［そういうものを］心がけながら今やっているという感じです。

(3) フォーマルなカリキュラム／インフォーマルな学び

　では，それぞれの修了生は，本コースが提供するフォーマルなカリキュラムや，インフォーマルな学びについてどのような経験をし，どのように捉えているのだろうか。インタビューでは，フォーマル／インフォーマルな学びについて，明確に二分されるものではなく，連続的・一体的に捉えられている様子も見られた。そこで，以下では3名の調査対象者それぞれの回答について，フォーマル／インフォーマルな学びを大きな視点としながら，どのような形態や場での学びが語られたのかを見ていくこととする。

　まず，表11は，Aの発話記録からフォーマル／インフォーマルな学びにかかわる箇所を一部抜粋したものである。発話記録の抜粋は，おおまかに，フォーマルなカリキュラムが先に，インフォーマルな学びが後にくるようにしている（B，Cの発話記録も同様）。

　本コースで提供されているカリキュラムとしては，個別ゼミにおいて少人数で議論したり，論文を書く中で思索したりした経験を重要な時間として挙げていた。また，学習指導にかかわる授業や，修士課程の授業も取るなど，多くの授業を履修していたことを語っている。このような学修には，論文を書く上で学習指導と生徒指導の両方を知って書く方がよりよいものになるという認識や，本コースの大学教員・大学院生と議論をする際に，理解ができずお互いの対話が深まらないという認識がかかわっていることがうかがえる。

　では，大学院生同士のインフォーマルな学びについてはどうだろうか。Aは，1年生の時には，自分の知識が不十分であったことと，コロナ禍の影響で人とかかわる機会自体が少なかったことから，授業での議論が中心であったという。しかしながら，他の大学院生と，論文作成の課題などについて，長時間のインフォーマルな話し合いがとても重要であったと語っている。いわゆる量的な研究と質的な研究など，異なる立場で研究を進めていたこともあり，その大学院生同士の議論が大きな学びとなっている様子がうかがえる。

　次に，表12は，Bの発話記録からフォーマル／インフォーマルな学びにかかわる箇所を一部抜粋したものである。

　本コースで提供されているカリキュラムについては，特に学習指導（授業実践）に関する授業を受けるなかで，特定の教科だけを学ぶのでなく，広く教師とし

ての力量を高められたことが挙げられている。また，個別ゼミではデータの取り方や分析の仕方など研究にかかわる学びが，集団ゼミでは他の大学院生の研究を知って刺激を受けたことが挙げられていた。関連して，コース教員の多様性については，自分の研究について各々の専門分野から意見をもらえたことが参考になったと述べている。

　では，大学院生同士のインフォーマルな学びについてはどうだろうか。Bは，インフォーマルな大学院生の交流については，そこまで積極的に行う方ではなく，それよりも研究に時間を費やしていたという。他の大学院生の研究についても，面白いと感じている程度だったようである。ただし，現場に戻ってから学級経営や職員関係の課題に出会ったときに，当時の他の大学院生が研究していたことを思い返すように，いろんな研究をしている大学院生と一緒のコースだったことの意義について振り返っている。

　最後に，表13はCの発話記録から，フォーマル／インフォーマルな学びにかかわる発話記録を一部抜粋したものである。

　本コースで提供されているカリキュラムについては，教育相談や特別支援教育などの生徒指導に関する授業が学びになったものとして挙げられている。また，個別ゼミについては新しい視野を持つことができたこと，実習については自分のやりたいことを形にできたことが有益だった点として述べられている。その他，心理（学）的な内容に一番関心があったが，社会心理学という観点や，授業実践についても学べたことを挙げつつ，学習指導と生徒指導が一つになった本コースで学べたことを肯定的に評価している。その他，自分の関心のあった教科について，コース外の授業も学んでいたと述べている。

　では，大学院生同士のインフォーマルな学びについてはどうだろうか。大学院生同士の交流の場としては，本コースの授業内での議論や，授業の前後，昼休憩，集団ゼミなどが挙げられている。コロナ禍でインフォーマルなかかわりが難しい中でも，他府県や他の学校種の取り組み，他の大学院生の研究内容から学んでいた様子も語られていた。

表11　フォーマル／インフォーマルな学びにかかわる発話記録（A）

①個別ゼミは〇〇先生と僕，1年生の時は上級生の方が2人見えたので，その3名で話をしながらかなり長い時間過ごすことができたので，やっぱり大きい経験だったのかな。というのと，2年生の時は僕しかいなかったので，本当に〇〇先生と時間をむちゃくちゃとっていただいて。正直，論文を作成する中で，論文というのは多分こうやって書くっていう答えは存在していないんですけど，それを〇〇先生と意見交換しながら，ああでもないこうでもないというふうに，考えた時間がとても僕にとっては価値が高いというか，こんなことを学びましたということを具体的に言えるかというと難しいんですけど，すごい重要な時間だったなというふうに思っています。

②僕はできるだけ授業を取りたくて，むちゃくちゃ取ったんですけど，それこそ修士課程の方も割と取って，2年生も最後の方まで後期も授業を受け続けて。生徒指導だけしか知らないとか，学習指導だけしか知らない状態で論文を書くのと，どっちも知っている中で書くのではやっぱり違うなと思って。生徒指導の考えがずっと多かったんですけど，学習指導の方の授業とか履修とか，それこそ〇〇さんとスパーリングする［議論する］ときにはそれがないとわからないんですよ，何が言いたいのか。自分の言葉からは生徒指導的なことが出るんですけど，学習指導とか他の方と話したときに会話が成立しないというか，自分が学習指導の領域を知っていないと何もうまく対話ができないので，なるべくたくさん知りました。なので，論文の構想とか執筆するときに先生方が何を指摘しているのかも，学習指導の学びがないと理解できない気がしたので。…うまく説明できない。両方大事だな。論文の構想とか執筆などには大きな影響があったなとは思います。

③やっぱりP1の時は僕も知っていることが少なすぎて，まず議論にならない。P2の方からこういうふうにやった方がいいよとか，そういったものは教えてもらったんですけど，上の人と議論をできる土台にあまり立ってなかったのかな。あとは時間があんまりないというか。前期は僕ら全部Zoomだったので，まず院生室に入れないというか，まずかかわり自体が少ないので，上の方と自分がかかわれたのは，ゼミとかほんと短時間だったな。そこで語り合いとか議論とかっていうのは発生しなかったのかな。同級生はどっちかというと，授業中とかの語り合いは割と面白かったなと思って，〇〇先生がやってもらえた授業検討会みたいな授業があったんで，その時に結構議論というか語り合いが起きていたし，だから授業でできとったのかなって，1年生の時は。カリキュラム的に。

④院生同士のインフォーマルな語り合いっていうのは，めちゃくちゃ大きくて，〇〇さんと毎日2時間ぐらい喋ってて。お題は適当なんですけど，僕本当に毎日院生室に行って，午前中とか限定だったんですけど，その間にまず〇〇さんと，今自分が論文作成だったらその時に抱えている課題について，2人で漠然と話を始めながら，大体1時間半とか2時間ぐらい喋ります。それが，大学院の時には論文作成っていうのが一番大きな役割だったと思うので，自分のものすごい後押しになったというか。［中略］心理的安全性もめちゃくちゃ高いので，別に気にすることなく戦うっていうか，もう本当対話じゃないですけど。お互いちょっと畑が違ったので，僕はどっちかというと量的な分析方法だったんだ

けど，○○さんは質的な○○先生がベースなので，全然違う立場から考えが膨らむというか，それの学びっていうか，時間っていうのはむちゃくちゃ有益だったなと。

※○番号は便宜上振ったものである。

表12　フォーマル／インフォーマルな学びにかかわる発話記録（B）

①本コースの教員が担当する授業実践［の授業］っていうのは，○○［教科］だけに限らず，教育，教員として知っておかなければいけないこととか，これからどうなっていくとかっていう。教師としての力量を上げていただけるような授業だったので，自分だけでやっていたら○○［教科］にどっぷりいってしまうところを，やっぱり授業を受けることで教師としてのいろんな知識が増えたんじゃないかな，というところで，［質問紙調査の］一つ目はチェックをさせてもらいました。

②個別ゼミは，自分が本を読んでいるだけでは決してたどり着けないデータの取り方であったり，分析の仕方であったり，本を読んだだけではわからないことを，ゼミの○○先生（［別の］○○先生もです）にアドバイスをいただけるっていうのは，すごくありがたかったなと思って。

③集団ゼミはどんな研究をしているかっていうのは知れることもそうですし，同期の人が頑張っているっていう。それは単に刺激ですけど，いい刺激を得られたなという感じです。

[コース教員の多様性について]
④僕，○○［教科］っていう狭いあれ［テーマ］だったので，特にそこまではなかったですけど，データとかを扱いだしてからは，○○先生とかにそのデータの取り方はどうなのかとかっていうところではすごく参考になった覚えはあります。あと，教育方法学っていうところでそれこそ○○先生とかもそうですし，そういう方のご意見はかなり参考になったかな，という気がします。

[授業やゼミ以外での大学院生の交流]
⑤多分ある人はあったんじゃないんですかね。僕は別にそこまで（積極的に）取るタイプではないので。

⑥僕はその時間よりかは研究の時間，研究をしたかったので。

[大学院生・大学教員の多様性の影響]
⑦大学院時代は誰が何しているっていうのは知っていたんですけど，面白いなあ程度で，こんな研究もあるんだなあ程度で思っていたんですが，やっぱり現場に帰って，例えば学級経営の研究をされている先生がいたら，あんな研究をしていたなって，ちょっと見てみようかなとか。職員関係の研究をされている人がいたら今の現場の職員関係はこうだから（だけど），あの先生の研究どうやっていたのかなとかって。現場に帰った時にすごく今，多様性，いろんな研究をしている人と一緒にできたのはすごく大きかったなっていうのは今感じています。

表13 フォーマル／インフォーマルな学びにかかわる発話記録 (C)

①本コースの生徒指導に関する授業というのは，もちろん，心理的なカウンセリングであったり，教育相談であったり，○○先生の特別支援教育の学びに関しても，私にとっては勉強になったなと思っています。

②ゼミは○○先生のゼミなんですけど，私の研究のことだけじゃなくて，先輩が研究されていること，また後輩が研究されていることに関しても，意見交換をしていきながら進めていただいていたので，それも新しい視野を持つことができて，すごく自分のためになったなという印象です。実習はもともと自分がやりたいなと思っていたことを形にすることができたので，有益だったな，というふうに［質問紙調査で］書かせてもらいました。

［専門分野の多様性について］
③心理的なところが，一番興味があったというところなんですが，社会心理学という観点は全然なかったので，集団の中での影響とか，○○先生が話しておられたのもそうですが，ちょっと難しかったけど，自分の考え方が変えられたかなと思います。授業実践にしても，全く別物ではなくて必要なものなのだな，というのが改めて感じることができたので，2年，授業と生徒指導と，昔は離れていましたねコースが，それが合体したコースに行けたのは（選ぶことができたのは），私としてはすごく良かったかなと思います。

［コース外の授業について］
④コース外の授業は，［中略］やっぱり○○［教科］教育に関しても興味があったので，選択できるものは○○［教科］コースの中も取りましたし，興味のあるというか，人づてに聞いたりとかで受けてみたいなと思う先生の授業は，ちょっと聴講で入らせてもらったりとかしました。

［他の大学院生との交流の場について］
⑤授業の中で言ったら○○先生の学級経営の授業でしたかね。その中で，議論する中で意見を出し合って知れた部分もあるし，1年目の後期ぐらいから少人数のものに関しては対面授業になっていったので，授業の前後とか，お昼休憩とかで話ができたのが良かったかなと。あと，集団ゼミでも，他の人たちが研究している内容を知って学び合えたのも良かったかなと思います。

［インフォーマルなかかわりや学び合いについて］
⑥他府県での取り組みとか，実際行われていることを聞きながら，自分の学校でも取り入れられるのかな，と思ったりとか，○○学校［他の学校種］の先生と話ができたのも私としては良かったかなと思います。参加されている先生方なのですが，熱心な先生方が多いので，○○学校［他の学校種］もそれなりに色々工夫や努力をされているのだなっていうのを聞いて，それを○○学校にどうやってつなげていったらいいのかな，っていうのを考えられたのも良かったかなと思います。ただ，コロナ禍だったので，インフォーマルな語り合いとか，議論をする時間がなかったのが本当に残念だったなというところです。

［集団ゼミ以外で他の大学院生の研究内容を聞く機会について］
⑦ありました。大学院，学校に行ったときにゼミ室でとか授業の前後でとか，どんなふうに進んでいるとか，どんなふうにゼミをしているとか。個別ゼミの持ち方も先生によって全然違うので，どんなふうに進んでいるんだろうとか，どんなふうにやっているんだろうとかいう情報交換は，あったときにはしていました。

Ⅳ　インタビュー調査の考察とカリキュラム改善への視座

　質問紙調査を踏まえた３名のインタビュー調査の結果をもとに，どんな学びのあり様があったのかをまとめ，今後のカリキュラム開発への視座等，本コースの改善の方向性について考察する。

　まず，入学の理由における「学習指導と生徒指導」という観点について，３名はそれぞれ異なる目的をもって本コースを選択していた。３名に即して言えば，生徒指導に重点を置いた学びのニーズ，教科専門よりも授業実践（学習指導）を広く学ぶことへのニーズ，学習・学力に対して生徒指導的な観点からアプローチすることへのニーズが見られた。これら，特定の教科教育や心理学に特化するのではなく，学習指導と生徒指導のどちらかに軸足を置きつつも，幅広く学ぶことへのニーズを満たすことは，今後も必要になるだろう。

　次に，「学習指導と生徒指導の両輪」という観点について，３名とも，学習指導と生徒指導を両方学ぶことができたことを肯定的に評価しており，両方の分野をつなげて捉えている様子は見られている。しかしながら，はっきりと両輪として意識している様子は見られなかった。質問紙調査の分析でも言及したように，インタビューにおいても，両分野の学びが統合された形での「両輪」までは至っていないと考えられる。両輪の学びを駆動させる集団ゼミが今回のインタビュー調査においてあまり言及されなかったことも，このことを裏付けているのであり，専門的な学びの充実とともに，カリキュラムとして個別ゼミ・集団ゼミ等の活動が十分であるかの再検討も必要になると考えられる。

　ただし，教育現実において，学習指導と生徒指導は分かちがたく結びついているのであり，学びにおける両輪のあり方も結局は現実に即してしか存在しな

い。現実の問題をそのままカリキュラムに反映することは難しいため，本コースのカリキュラムが大学院生に両輪としての学びを駆動させる機会を提供するところにとどまっていることがカリキュラムを検討する際の契機となりえたとしても，現行カリキュラムの「課題」と言うことができるのかは留保する必要があるだろう。

　そして，「フォーマルなカリキュラム／インフォーマルな学び」に関しては，3名のインタビューの中で大きく異なっていた。

　フォーマルなカリキュラムとして，本コースの授業科目，個別ゼミ，集団ゼミなどを中心に肯定的に捉えられていた。また，それぞれ教科専門の科目など，他コースの科目を受講していたことも語られていた。本コースが学習指導と生徒指導の両輪を重視し，異なる分野の総合性や多様性を打ち出している以上，大学院生の興味・関心が他コースに広がることは想定できる。この点で，履修の柔軟性は重要な特徴であると考えられ，インタビュー調査を見る限りはそれが大学院生の重要な学びにつながっていると考えられる。

　インフォーマルな学びに関しては，本コースの大学院生間の出身，学校種，研究テーマの多様性が影響していた。ただし，その影響の仕方は3人で違いがみられる。大学院生同士のインフォーマルな議論での学びに重点を置く場合もあれば，自分の研究時間を確保して学ぶ場合もある。いずれにしても，大学院生の研究テーマの多様性は，直接的あるいは間接的に，自分の学習の刺激となったり，修了して現場に戻ってから想起されたりする形で影響を与えていると考えられる。多様な大学院生が議論することは重要な学びであると考えられるが，インフォーマルに作られた学びの場に大学教員側がどのようにかかわるのかは検討を要する。この点は，学びの場に介入するのではなく，インフォーマルな学びの場の様々なあり方（活用しないことも含めて）を，次の大学院生に伝えていく方向性を考える必要もあるだろう。

【執筆分担】
1節，2節1項，2節2項，2節3項（1）：松田 充
2節3項（2），3節，4節：徳島 祐彌

【註】

1　コースの目的における前半部「教育実践に対する省察（リフレクション）によって自身の学びを創造していくこと」については，教育方法・生徒指導マネジメントコースへの改称に際して，「マネジメント」として引き受けられ，自身の学びとともに学校組織の学びを創造することへと拡張され，より強調されるようになっている。それゆえ，現在の本コースの学びのありようを考えるうえでは，この「マネジメント」の文脈も欠かすことはできないが，本章の構想からは逸れてしまうため，本節では言及せず，別稿を期したい。
2　この記述は，小学校，中学校，高等学校のいずれの学習指導要領解説の総則編にも記載されている。ここでは，小学校学習指導要領より引用した。
3　例えば，吉本（1995）や鈴木（2005）は，それぞれ軸足の置き方は異なっているものの，学習指導と生徒指導（生活指導）の相互関係を教育実践の中で具体化するものである。
4　本コース（昼間クラス）においては，このうち教職経験による免除が4単位分まで認められている。
5　調査項目の作成等に関しては，兵庫教育大学卒業生・修了生調査方法等検討WG（2020）を参照した。
6　ただし「不登校・いじめ・非行など生徒指導上のこと」は12名（38.7％）にとどまっていた。生徒指導系に所属していた修了生が回答者に多かったことを踏まえると，この結果については，不登校・いじめ・非行に限定して質問が捉えられた可能性があること，あるいは，これらの事項は修了後1〜3年の間に活用するのが難しいことが考えられる。
7　なお，本調査の対象者が本コースに所属していた時期は，新型コロナウイルスの影響があり，授業が対面からオンラインに変更されるなどの事態となった。それぞれの対象者が受けた影響の大きさは異なるが，大学院生の活動に制約があったことは留意しておく必要があるだろう。

【参考文献】

兵庫教育大学（2018）．国立大学法人兵庫教育大学2019年度大学院案内
兵庫教育大学卒業生・修了生調査方法等検討WG（2020）．令和元年度　兵庫教育大学「大学院修了の現職教員を対象とした学びのニーズ等に関する調査」報告書，兵庫教育大学IR・総合戦略企画室
文部科学省（2017）．小学校学習指導要領解説　総則編
文部科学省（2022）．生徒指導提要（改訂版）
鈴木和夫（2005）．子どもとつくる対話の教育−生活指導と授業−　山吹書店
吉本均（1995）．思考し問答する学習集団−訓育的教授の理論−　明治図書出版

第Ⅱ部

教師の
力量形成の実際

第2章

若手教員と先輩教員の
関わりによる力量形成

メンタリングの考え方に基づいて

宮田 佳緒里

I　はじめに

　教員が自らの力量を高める場面には，どのようなものがあるだろうか。教室での日々の実践の繰り返しによることもあれば，校内研修や，地域の研修会，研究会に参加して他の教員と学び合うことによる場合もあるであろう。後者では，同世代の教員はもちろん，先輩教員，後輩教員との関わりをとおして，力量形成が行われるといえる。

　その一方で，大量退職・大量採用によって校内の年齢構成がアンバランスになると，後輩教員が先輩教員の実践を見て学ぶといった指導技術の伝承が必ずしも十分にできなくなる（e.g., 岐阜県教育委員会，2017）。また，多忙な業務の中で教員同士がゆっくり話す時間も限定的になり，人間関係構築の困難さや過度のストレスからバーンアウトする教員の存在も問題となっている。自然発生的な先輩－後輩関係をとおした教員の力量形成の実現は，かつてに比べ，困難な時代にあるといえる。

　こうした問題への対応から，学校にメンター制度を導入する自治体が増えている。メンターあるいはメンタリングという言葉は，これまで企業における人材育成の場面でよく用いられてきた。しかし，教育現場では耳慣れないと感じる教員もいるのではないだろうか。メンターになった教員が，「メンターに任命

されたものの，後輩教員に具体的にどうしてあげればよいかわからない」，「後輩教員の相談にはのっていても，メンタリングとしてそれでよいのかわからない」と感じる。メンターがつくことになった初任者や若手の教員が「どのようにメンター教員と関われば自らの成長につなげられるかがわからない」と思う。本章は，こうした疑問を持つ先輩教員，後輩教員たちが，双方の成長につながるような先輩－後輩の関わりを考えるヒントとなりうる知見を紹介したい。

　本稿の内容は，メンター制度に関わる教員はもちろん，初任者とその校内指導教員，教育実習生とその実習校指導教員，さらには先輩教員や後輩教員とのインフォーマルな関係性をよりよくしたいと考える教員にとっても，役立ててもらえることを願って書かれている。メンタリングに関する書籍の中には，専ら先輩であるメンター向けに書かれたものも少なくないが，メンタリングが先輩と後輩の関係性である以上，両者がメンタリングについて知っておくことが必要と考えられる。そうした観点から，本稿は先輩にあたるメンターと，後輩にあたるメンティの両方にとって有益であるような情報を提供できるよう心掛けた。

II　学校におけるメンタリング

　メンタリングについて考えるうえで，まず行うべきは言葉の整理である。国内の文献だけでも「mentoring」のカタカナ表記を「メンタリング」とするものもあれば，「メンターリング」とするものもある。また，先輩にあたる人をメンター（mentor）と呼ぶ点は一致しても，後輩にあたる人を「メンティ（mentee）」と呼ぶこともあれば，フランス語を語源とする「protégé」から「プロテージ」「プロテジェ」と呼ぶこともある。わかりやすさのために，本稿では「メンタリング」「メンター」「メンティ」という言葉を一貫して用いることとする。

1．メンタリングの定義

　「メンタリングとはどうすることでしょうか」と大学院の授業で尋ねると，この言葉を初めて聞く受講生は，カタカナ表記の語感からメンタルヘルスやメンタルサポートなど「メンタル（mental）面での何か」と予想することが多い。

しかし，メンタリング（mentoring）のスペルをみると，tの後ろが「al」ではなく「or」となっており，少なくとも「メンタル面での何か」でないことがわかる。

メンターという言葉は，ギリシャ神話に登場するオデュッセウス（Odysseus）王の友人「メントール（Mentor）」からきている（Heikkinen, Jokinen, & Tynjälä, 2012；久村，1997）。メントールは，オデュッセウス王の息子であるテーレマコス（Telemachus）の良き指導者であり，理解者，支援者としての役割を果たした人物として描かれている（久村，1997）。この物語を背景として，今日ではこのような働きをする人をメンターと呼ぶようになった。

メンタリング研究を概観した久村（1997）は，メンターの役割や特性を踏まえたうえで，メンタリングを「経験豊かな成熟者が発達途上にある未成熟者のキャリア発達を促進すること」とまとめている。ここで，経験豊かな成熟者をメンター，発展途上にある未成熟者をメンティと呼ぶ。メンティの職業上のキャリア・アップなどにつながる行為・行動をメンターが導く（小柳，2009）という意味においてはメンタリングに関するどの文献も概ね一致している。

ただし，メンタリングが様々な文脈で実践され，またそれらが研究対象とされるにつれて，メンタリングの概念は変化し，多様化してきた（Heikkinen, Jokinen & Tynjälä, 2012；Mullen, 2012）。メンタリングの伝統的な定義には，権威ある師匠としてのメンターが，弟子のメンティに仕事のスキルを伝達するという考え方が含まれる（この考え方を特に「技術的メンタリング（technical mentoring）」と呼ぶ（Mullen, 2012））。こうした上下関係に基づく一方向的な学習形態を疑問視し，様々な階層や能力レベルにある人々の社会的平等を結集して生産的に相互作用し，団結できるようになることを目指す協働メンタリング（collaborative mentoring）など，代替的なメンタリング概念が複数提案されている（Mullen, 2012）。また，メンタリングに取り組むことで，メンティのみならずメンターも新しい見方を学べるとの事実から，メンタリングはメンターからメンティへ正しい見方や知識を伝達することではなく，相互のアイデアの交換と知識の共同構築を指し，そこから双方が学ぶ営みと捉える見方もある（Heikkinen, Jokinen & Tynjälä, 2012）。

メンターとメンティの上下関係をどの程度前提とするかは，立場によって見解が分かれる。学校でのメンタリングを考えると，たしかに中堅教員や熟練教

員など教職年数の高い教員がメンターとなり，初任者や教職年数2，3年の教員がメンティとなることが一般的であろう。しかし，例えばICT機器の操作やSNSの利用については年齢の若い教員の方が熟知している場合もあり，年齢が上の教員に教えてあげるといったことも起こりうる。また，他業種からの転職や，臨時講師を長年経験してから正規採用された教員は，初任者であってもメンター教員と年齢があまり変わらないこともある。その意味では，年齢や教職年数の絶対的な上下関係だけでメンターとメンティが決まると想定するのは妥当でない。むしろ，その場面における相対的な知識量・経験量の差でメンター，メンティが決まると考えた方がよい。

　また，伝統的なメンタリング概念への批判として，メンターからメンティへの知識技術の一方向的な伝達という考え方への疑義（e.g, Mullen, 2012）があったが，これは学校でのメンタリングにもあてはまると考えられる。授業づくりにしても生徒指導にしても，唯一の正しい方法があるわけではなく，メンター教員からメンティ教員へ正解を伝達するという考え方は，教育現場では必ずしも成り立たない。メンティ教員が自らの抱える問題にメンター教員と共に取り組み，互いに知恵を出し合う中で，メンティ教員のみならずメンター教員も新たな学びを得るということが行われる。

　以上の議論から，本稿では，学校でメンタリングを行ううえで最低限押さえておきたいポイントとして，メンタリングを次のように定義する。すなわち，メンタリングとは「相対的に知識や経験の多いメンターが，相対的に知識や経験の少ないメンティの職業人としての発達を支援することを通して，互いが成長していく関係」である。

　なお，本稿の定義では基本的にメンターとメンティの一対一の関係を想定している。メンタリング実践の中には一対一の関係に留まらない取り組みもある。例えばフィンランドでは，教職年数の異なる教職員がグループでメンタリングを行うピア・グループ・メンタリング（Peer-Group mentoring；Heikkinen, Jokinen & Tynjälä, 2012；小柳，2014）が行われている。日本においても，複数の先輩教職員が複数の初任者や経験の浅い教職員をメンタリングすることで相互の人材育成を図る「メンターチーム」という取り組みを実施する自治体もある（横浜市教育委員会，2011）。そうしたグループでのメンタリングでは，メ

ンターとメンティが一対一で関わることもあるが，一人のメンターが同時に複数のメンティと関わる場合や，同じような経験年数の教職員間の横のつながりなども生じるため，関係性がより複雑になる。したがって，これ以降で述べる内容が当てはまる部分もあれば，グループならではの利点や課題も当然あると考えられる。そうしたグループならではの特性については，本稿では十分に扱えないことを断っておきたい。

　また，メンタリングが特定の方法として定義されていない点にも留意する必要がある。メンタリングは，あくまでメンティの職業人としての発達をメンターが支援し，その結果双方が成長する関係性として規定されているのであり，その支援の仕方までは規定されていない。メンティのニーズやメンターの立場，考え方等によって支援の在り方は様々であってよい。メンティの悩みの相談にのるという形で行われることもあれば，メンティの頑張りを認めて他の教職員にアピールするという形で行われることもある。次項で詳述するように，支援の仕方という点からいえば，メンタリングの守備範囲はかなり広いと考えてよいであろう。

2. メンタリングの機能

　メンターがメンティに対し何をすればよいかを考えるうえで参考となるのが，メンタリングの機能に関する研究成果である。メンタリングの機能はキャリア的機能（career functions）と，心理・社会的機能（psychosocial functions）に大別される（Kram, 1988；Mullen, 2012；久村, 1997）。キャリア的機能とは，主に昇進や昇格などメンティのキャリア発達を促進・向上させる働きをするものである（久村, 1997）。それに対し，心理・社会的機能は，メンティが専門家としての能力や役割，明確なアイデンティティ，社会や企業（仕事）における役割についてなどの考えを向上させる働きをする（久村, 1997）。

　キャリア的機能と心理・社会的機能には，それぞれ表1に示す下位機能がある。学校で若い教員が先輩教員から受けるサポートも，この下位機能のいずれかに該当するものが多いと考えられる。例えば，乾・有倉（2006）は，小学校教員9名にメンター及びメンタリングとはどのようなものであるかを示したうえで「これまでにどのようなメンタリングを経験したか」を聞き取り調査した。その

　結果，102の行動が収集され，そのうち内容重複やメンタリングの定義から外れるものを除外した89の行動を分類すると表2のようにまとめられた。表2の「主な項目内容」に書かれた内容が具体的な支援方法の例にあたる。学習指導上の指導助言や，困りごとの相談にのるといったことに留まらず，日ごろの努力を他の教員に伝えたり，職場にとけ込めるよう働きかけたりするなど，キャリア面，心理・社会面の様々な角度から支援が行われていることがわかる。メンターは，メンティのニーズを把握し，それに合う機能を提供していくことになる。

表1　メンタリングの機能

	下位機能	具体的な行動
キャリア的機能	スポンサーシップ (Sponsorship)	望ましい横の異動や，昇進人事にメンティを積極的に指名する機能。
	推薦とアピール (Exposure-and-Visibility)	組織の鍵であり昇進の判断をする人物と関係性を築けるよう，メンティに権限を割り当てる機能。
	訓練 (Coaching)	企業という世界を効果的にわたっていくための知識や理解を高める機能。
	保護 (Protection)	突発的で，害を与える可能性のある上司との接触からメンティを保護する機能。
	仕事における挑戦性の向上 (Challenging Assignments)	メンティが能力を発達させ，専門的な役割において達成感を経験できるような仕事を割り当てる機能。
心理・社会的機能	役割モデル (Role modeling)	メンターの態度，価値観，行動が，メンティが見習うモデルとなるような機能。
	容認と確認 (Acceptance-and-Confirmation)	メンターとメンティの双方が，相手の仕事ぶりに肯定的なフィードバックを行い，互いに好意と敬意を抱く機能。
	カウンセリング (Counseling)	メンティが組織の中で肯定的な自己感覚を持つのを妨げる個人的な懸念を探究できるようにする機能。
	友好 (Friendship)	お互いを気に入り，理解し，仕事や仕事以外でも楽しいインフォーマルな付き合いをもたらす社会相互作用。

　　　　Kram（1988）を基に作成。機能の訳語は乾・有倉（2006）を使用。

表2　小学校教員のメンタリング行動における各下位機能の主な項目内容

	下位機能	主な項目内容
キャリア的機能	スポンサーシップ（Sponsorship）	・人事異動に関する情報や知識を提供してくれた ・管理職試験を受けるよう積極的に働きかけてくれた　など
	推薦とアピール（Exposure & Appeal/ Visibility）	・日頃の教材研究や授業準備に対するあなたの真摯な姿勢を他の教員に伝えてくれた ・あなたがしたい仕事（役割分担）ができるよう他の教員にはたきかけてくれた　など
	訓練（Training/ Coaching）	・授業準備の内容や進め方，コツなどを教えてくれた ・学級経営についてよい点や改善すべき点を適切に指摘してくれた ・いじめや不登校などの理解と適切な対応について教えてくれた ・保護者へ連絡したり，連携を図ったりするよう助言してくれた ・研究の進め方や教育論文の書き方などについて教えてくれた　など
	保護（Protection）	・飲酒運転やセクハラなど信用失墜行為を起こさないよう助言してくれた ・職場内での対人関係におけるあなたの言動について改善すべき点などを指摘してくれた　など
	仕事における挑戦性の向上（Challenging assignments）	・あなた自身の適性や専門性を積極的に伸ばすよう説いてくれた ・指導技術が向上することを願って，経験したことのない研究領域や指導法など新しい課題を提供してくれた　など
心理・社会的機能	役割モデル（Role model）	・児童への接し方や関わり方など，教員としてよい手本になった ・あなたがよりよい授業を実践していく上で，よい手本になっていた ・保護者への関わり方や接し方など，よい手本になっていた　など
	容認と確認（Acceptance & Confirmation）	・日頃の教材研究や授業準備に対する努力や取り組みを認めてくれた ・職場内での対人関係におけるあなた個人の言動を認め、支持してくれた ・あなたの学級経営に対する考えや行動を認めてくれた　など
	カウンセリング（Counseling）	・保護者とのトラブルについて積極的に相談にのってくれた ・生徒指導に関する悩み事を自分のことのように思って心配してくれた ・学級経営の悩みについて相談にのってくれた　など
	友好（Friendship）	・あなたが職場にとけこめるよう周囲にいろいろはたらきかけてくれた ・勤務時間以外では友人として接してくれた ・プライベートな集まりに誘ってくれた　など

乾・有倉（2006）より引用。

3．メンターの役割分担

　上で述べたメンタリング機能は，一人のメンターが一人のメンティにすべて提供すると考えるよりも，一人のメンティに対し，様々なメンターがその時と場合に応じた機能を提供すると考える方が現実的である。メンタリングに関する調査研究では，一個人のキャリア発達において複数のメンターが同時にあるいは時間差で存在していること，また，ある一時点を見ても，二人以上のメンターを持つメンティの存在や，二人以上のメンティを持つメンターの存在が確認されているという（久村，1997）。メンターとなる教員にも立場や得手不得手の違いがあり，一人ですべて対応しようとするより，複数のメンターがそれぞれの得意分野でメンティを支援できた方が，メンティにとって利が大きいことは想像に難くない。

　しかし，メンタリングを制度として組織に導入する場合を考えると，メンターとメンティを固定することが実際には多いように思われる。そうした一対一の固定的なメンタリング関係は，メンターの責任の所在が明確になる反面，問題が起こる場合のあることが知られている。例えば，メンタリングは互いに対する好意や敬意を基礎の一部として行われるため，メンターとメンティが親密になりやすい（Kram, 1988）。メンターとメンティが異性同士であると，過度の親密さからセクハラ問題に発展したり，逆にセクハラにならないよう互いに相当の距離を取ったりするなど，関係性が脅かされる場合がある。また，性別によらず，メンターとメンティの関係がうまくいかずに，片方または両方が，不安やストレスを感じるケースもある（Hobson, 2012）。さらに，知識伝達型の授業のように，伝統的な教授法に関わる規範と実践の再生産に終始し，より発展的な学習者中心のアプローチをメンティ教員が使用することが妨げられるケースも指摘されている（Hobson, 2012）。

　メンター・メンティ関係を固定した際の弊害を避ける一つの方法は，メンターを前もって複数割り当て，互いに役割分担させることである。小学校の初任者を対象とした事例研究（島田，2013）では，一人の初任者に対し，拠点校指導教員が主に学習指導上の専門性発達を促す機能を，校内指導教員が主に学習指導以外の教員の仕事全般の専門性発達を促す機能を提供していた。それに加え，学年主任が仕事の役割分担や役割意識の醸成など，自立を促す機能を提供して

いた。このように，立場の異なる複数のメンターが役割分担を行うことで，メンティにとっては異なる角度から手厚い支援が受けられ，メンターにとっては一人ひとりの負担が軽減されるというように，双方にメリットがあると考えられる。

Ⅲ　メンターとメンティのスタンス

　メンタリングの主目的はメンティの職業人としての発達であり，とりわけ教職経験の浅い教員がメンティの場合には，メンティの自立が一つの目標となる。しかし，メンタリング機能の多様さを見ると，これほどメンターが手厚く支援してしまえば，メンティはメンターに甘え，自立から遠のいていくようにも思われる。ここでは，メンティの自立を目指すとき，メンターとメンティがどのようなスタンスでメンタリングに臨めばよいかを考えたい。

1．メンターのスタンス

　メンタリングの機能の一つに「役割モデル」があるように，メンターの態度，価値観，行動を見本にしながら，メンティは自己の価値観を築いていく。これらが一切示されず，ひたすら自分の頭で考えるだけでは，メンティの成長は遅々としたものになるであろう。したがって，メンターの経験はメンティにとって重要な情報源であり，それを伝えることがメンターの役目の一つといえる。

　ただし，注意したいのはメンターの経験が唯一の正解ではない点である。学校教育の諸問題に唯一の正解がほとんどないことは，すでに述べた。仮に過去に「こうすればうまくいった」という経験をしたとしても，それは誰がやっても，どの児童生徒に対してもうまくいくとは限らない。このことを教員の多くが十分承知しているはずであるが，メンターがつい，あたかも正解のように自身の経験を語ってしまうと，メンティはそれが唯一の正解であると受け取ってしまいやすい。

　そこで，メンターが心に留めておきたいのは，「行動するのはメンティ自身である」という点である（渡辺・平田，2006）。「メンティがメンターからの経験

や価値観を情報として活かし，自己の価値観を築いて意思決定する力を育てることがメンターの役割」である（渡辺・平田，2006）。したがって，メンターの経験を伝える際には，「自分はこうする（した）」など，一つの情報として伝えることが望ましい。そして，そのメンターの経験を受け入れるか否かを考える機会をメンティに与え，決心する過程をメンターが援助したい（渡辺・平田，2006）。メンター自身の経験を話したうえで，メンティに何ができそうか尋ねる。仮にメンターの意見が採用されなかったとしても，メンティの見解を尊重し，実現できるよう一緒に方法を考える。このようにして，メンティを行動の主体として位置づけることが，メンタリングにあたってのメンターのスタンスといえる。

2．メンティのスタンス

　メンタリングの研修やメンタリングについて書かれたビジネス書が，主としてメンター向けに語られることが多いと本稿の冒頭で述べた。しかし，いくらメンターが意識的に問いかけ，メンティに自分で答えを見つけられるように対話しようと努めたとしても，メンティの方が正解をもらおうという姿勢で臨めば，対話はうまくいかないであろう。メンティは上のようなメンターの姿を，不親切で期待外れと受け取るかもしれない。メンティもまた，メンタリングに臨むにあたって留意すべきスタンスを学ぶ必要がある。

　メンタリングでは，個人と個人が率直で対等のコミュニケーションをすることが大切と考えられている（公益財団法人日本生産性本部ワーキングウーマン・パワーアップ会議メンター研究会，2014）。この「率直で対等のコミュニケーションをする」前提は，実際には，実行に移すのがなかなか難しいように思われる。後輩教員は，先輩教員からの提案が自分の考えと異なっていても，「私の考えと違う」と率直に言えないかもしれない。「自分は経験が少ないから」という思いが先に出て，対等にコミュニケーションを行うことなど考えられないかもしれない。

　それでも，メンターにとってみれば，メンティの価値観や欲求がはっきりしているほど，より的確にアドバイスできるのも事実である。会話の中でメンター

が「あなたはどうしたい？」と頻繁に問いかけるとすれば，それはメンティの欲求を聞き出そうとするメンターの意図の現れである。したがって，メンティは相談を持ち掛ける前に，自分の課題や欲求などをできるだけ明確にして，相談する事項について自分なりの意見を持っておきたい（公益財団法人日本生産性本部ワーキングウーマン・パワーアップ会議メンター研究会，2014）。これがメンティのスタンスの中心と位置付けられる。

　もちろん，問題や欲求がはっきりするまで相談に行ってはいけない，という意味ではない。はじめは自分の直面している問題の核心が何なのかよくわからずに，相談を持ちかけることもあるであろう。その場合，メンターとの会話の中で，徐々に関連する事柄を整理していき，問題の核心がわかればメンティにとっては一つの収穫と考えたい。なぜなら，そこまで到達できれば，メンティが自らその問題に取り組める可能性が高まるからである。その取り組んだ結果をメンターに報告すれば，メンターのメンタリングに対する熱意も高まり，さらに関係性が向上することが期待できる。

Ⅳ　メンターとメンティの行動条件

　メンタリングを実際に経験すると，上で述べたような理論だけではつかみきれない，メンターやメンティの行動上のポイントが見えてくる。ここでは，大学院生が大学院の授業の中で模擬的にメンタリングを行い，その経験から考察した，メンターとメンティの行動条件を紹介する。

1．模擬メンタリング

　筆者が所属する兵庫教育大学教職大学院の教育方法・生徒指導マネジメントコースでは，「教師発達とメンタリング」という専門科目を開講している。受講生は，現職の院生と学部卒の院生である。全15回のうち後半の7回を著者が担当している。そこでは，上で述べたようなメンタリングの理論をひととおり学んだ後，現職院生と学卒院生がペアになって模擬的に相談を行う活動を行っている（学卒院生の人数が少ないときは現職院生同士でペアになることもある）。

模擬メンタリングを行う目的は，メンティがメンターに相談を持ちかけ，それについて二人で話し合う経験を通して，メンタリングの具体的な進め方を習得することである。さらに，模擬メンタリングの経験を踏まえて，自分たちなりに，メンタリングを効果的に行うためのメンターとメンティの行動や態度の在り方を考察できるようになることもねらっている。

　メンターとメンティのマッチングは，模擬メンタリングの前の回の終盤に行われる。模擬メンタリングは2回にわたり実施され，回ごとにメンター役とメンティ役が入れ替わる。つまり，学卒院生が現職院生のメンター役を行うこともある。実際には，教職経験の浅い教員が経験豊かな教員のメンターになる機会は少ないかもしれないが，次のような教育上の理由からあえて実施している。すなわち，学卒院生がメンター役を経験するからこそメンターの気持ちがわかり，近い将来自らがメンティになった時に，メンターのことを考えながらメンタリングに臨めるようになることが期待される。現職院生も同様に，メンティ役を経験しメンティの気持ちがわかるからこそ，現任校に戻ってメンターになった時により適切に振る舞えるようになると考えられる。こうした理由から，現職院生と学卒院生がメンター役とメンティ役の両方を経験できるよう，役割を入れ替えて模擬メンタリングを行っている。

　模擬メンタリングの所要時間は35分である。相談の進め方を特段指定せず，自分たちが進めやすいように話し合いを行う。その後，メンター役同士，メンティ役同士で集まってグループを作り，模擬メンタリングの経験を踏まえて，メンターグループがメンターの行動条件を，メンティグループがメンティの行動条件を考察する。それぞれの見解がまとまったら，全体で発表し共有を図る。

　以下では，2022年度受講生（現職院生9名，学卒院生2名）と，2023年度受講生（現職院生7名，学卒院生2名，留学生2名）の意見を踏まえ，メンターとメンティの行動条件を考察する。なお，授業中の意見を匿名で公表することについては，受講生全員から許諾を得ている。

2．メンターの行動条件

　大学院生が考えるメンターの行動条件をまとめたのが表3である。相談の時系列に従い，「メンターとしての心構え・環境づくり」「メンティの相談を聞く

段階」「問題に取り組む段階」「問題の解決へ向けて」の4段階に分類した。

　相談を受ける際の心構えには，相談を受ける側として心の余裕を持ちかつ冷静に対応することと，話しやすい環境を整えることが挙げられた。受講生の中には，メンティ役よりもメンター役の方が，責任も重く緊張すると述べる者もおり，メンターの方が，相談を受けるための心の準備を要すると考えられる。また，話しやすい環境づくりについては，メンティが安心して自己開示できるよう，メンターが細やかな配慮をしたいと捉えられていることがわかる。

　相談を聞く段階では，メンティの話をよく聞き，共感の意を示すとともに，その人柄やメンティが大事にしていることをよく理解しようとすることが指摘された。メンティの話を聞きながら，何が問題なのか，メンティはどうしたいのかをよく理解することが重視されている。ただし，愚痴や悪口が話題になった時には，たとえ共感できる面があったとしても，それにメンターが乗ってしまうとただの悪口の言い合いになってしまい，話の焦点がずれる。したがって，メンターは反応の仕方に注意すべきとの意見も見られた。

　問題に取り組む段階では，問題を整理するとともに，メンティの考えをこまめに聞きながら，協働して問題に取り組むことが挙げられた。メンターが一方的にアドバイスするのではなく，あくまでメンティの考えを基本としながら，共に問題に取り組み，悩み，そこから共に学ぼうとする姿勢が重視されている。まさに，本稿のメンタリングの定義である，メンターとメンティが「互いに成長していく関係」の側面が現れているといえる。

表3　大学院生が考えるメンターの行動条件

メンターとしての心構え・環境づくり	問題に取り組む段階
余裕をもち冷静であること 感情的にならない／びくびくしていたらだめ（頼られてるんだ）／心の余裕	**問題を整理し共有する** メンティの悩みを、分かりやすく置き換える。（～さんの言っていることは、つまり○○なこと？）／しっかり聞いて、客観的事実を整理（図式化）し、共有する。
話しやすい環境づくり 落ち着いた空間／話しやすい環境設定（部屋座席）／十分な時間、時間を決める（終わらなかったら、次回の約束）／相談しやすい空気を作るために、メリハリのあるリアクションをする	**協働的に課題に取り組む** 伴走者（導くというよりは、共に進もう）／「一緒に悩む」は重要。継続して関係を続ける意思を伝えることも大切（信頼関係の構築）
メンティの相談を聞く段階	**新たな視点を与える** メンティが持っていない客観的な視点を伝える（与える）／共感すること以外に選択肢を例示すること
理解しようとする 話を聞く姿勢／話を理解するスタンス／メンティのことを知ろうとする姿勢／メンティ自身の「人柄」「コア」を理解しようとする意識が大切	**メンターも学ぼうとする** 相手の意見や相談から、メンター自身も「学ぼう」とする姿勢が大切／ともに学ぶ、「メンティにも支えられている」という意識。→メンタリングとは相互作用であるという意識（上下の縛りを意識しすぎない）
共感する 共感すること／受容共感は大切である／愚痴などに関しては、同意や共感に気を付ける。	**メンターも学ぼうとする** 相手の意見や相談から、メンター自身も「学ぼう」とする姿勢が大切／ともに学ぶ、「メンティにも支えられている」という意識。→メンタリングとは相互作用であるという意識（上下の縛りを意識しすぎない）
問題の解決へ向けて	**メンティの考えを聞く** 「あなたはどう思う？」「別に、○○さんにとって正解とは限らないけど」／ここまでくらいはできそう？と確認する。／話過ぎないこと
次の行動指針が見つかるように 次につながる、次やってみよう！と少しでも前向きになる、次の行動指針が見つかるようなメンタリングにする。	**メンターが複数の場合は補完関係** 複数メンターは補完し合う関係。
解決に至らなくてもよい どうにかしたい・答えを導こうと思わなくて良いかも／自分自身も解決策が思いつかないときの「持ち帰り力」（自分も調べてみるわ、聞いてみるわ）＝「ジブンゴト力」それを見せることで行動する大切さに気づかせたり自立を促せる？／結論出さなければは、ある意味、枷。	
メンターの在り方は複数ありうる メンターの在り方は、一つの正解はないのかもしれない。→新しい視点を！もあるし、一緒にフラットに考えていこう　も正解　しかし、正解を一つにしてしまうと、メンタリングの幅が狭まってしまうのではないだろうか？	

最終的に何を目指すかについては，メンティが次の行動指針を見つけられる
ようにすること，必ずしも解決に至らなくてもよいことが挙げられた。相談を
持ちかけられると，メンターはつい問題を解決しようとしてしまいがちである
が，結論に至ろうとしなくてよいという見解が興味深い。相談に費やせる時間
は限られており，その中で必ずしも結論に至らない場面も，実際にはよくある
ことと思われる。そのような場合でも，メンタリングの結果よりプロセスの方
に価値を置き，問題が整理され，メンティが次の行動指針を見つけられるよう
になることを目指したい。

3．メンティの行動条件

　大学院生が考えるメンティの行動条件をまとめたのが表4である。相談の時
系列に従い，「話しやすい環境づくり」「相談を持ち掛ける段階」「問題に取り組
む段階」「メンタリング終了後」の4段階に分類した。

　話しやすい環境づくりとしての場の設定は，メンターの行動条件にも含まれ
ていたが，メンティの方でも指摘された。受講生の意見では，向かい合って話
すよりも，横並びやL字型で座った方が，メンターもメンティも緊張せずに話
せるとのことであった。

　相談を持ち掛ける段階では，メンター側がメンティの意見を聞き出そうとす
るのに対応して，メンティ側も素直に自分の考えを伝えることが指摘されてい
た。それだけでなく，メンターからうまく意見を引き出す，内容によってメンター
を代えるという意見も見られた。メンティも決して受け身でメンタリングの相
談に臨むのではなく，積極的にメンターから意見を聞き出そうとする姿勢が重
視されている。

　問題に取り組む段階では，メンターの話をよく聞き，同意できればそれを伝え，
同意できなくてもすぐに否定せず最後まで話を聞くことが挙げられた。これら
はいずれも，メンターと協働して問題に取り組むうえで重要なコミュニケーショ
ンスキルといえる。

　メンタリング終了後は，メンターの意見を自分なりに改めて熟考し，取捨選
択し，次の行動を自ら考える点が挙げられた。ここでも，メンティはメンター
の意見をただ受動的に受け取るのではなく，自ら考えて行動に活かそうとする

姿勢が重視されている。そのうえで，相談の時間を作ってもらったことに対する感謝の気持ちを持つのは，メンターとの人間関係を保つうえで不可欠といえる。

表4　大学院生が考えるメンティの行動条件

話しやすい環境づくり	問題に取り組む段階
場の設定 　横並び（ベンチ型）？ L字型？対面？	**自分と異なる見解を否定しない** 　意見の違うメンターの案を受容する謙虚さ（聞き流し力選択力）／メンターの話を否定しない（でも・・・だって・・・）／最後まで話を聞く。
相談を持ち掛ける段階	
自分の考えを素直に伝える・整理する 　素直に自分の考えを伝える／素直さ（自己開示）／素直な自分の気持ちをメンターに伝える／自分の考え・目的をメンターに伝える／自分の考えをメンティ自身が整理する／悩みを整理し，焦点化しようとする	**聞く態度を見せる** 　メンターの意見に賛同したことは、言葉にして伝える。（アクション・リアクション）／必要に応じて、メモを取る。（聞いている態度を見せる）
メンターから意見を引き出す 　問う力（先生だったらどうしますか？）、話を引き出す力	**メンタリング終了後**
	意見を自分なりに考える 　もらった意見をしっかり自分なりに熟考する時間を持つ／答えをもらうためではなく、自分自身で動けるように　→答えは自分自身で作るもの！答え欲しい（依存）からの脱却／モデルと自分の違いを認識し、真似られる点とオリジナルの点を分けられる（選択力）
内容によってメンターを変える 　時と場合、内容によって、相手（メンター）を考えてメンタリングする／人を頼れること、行動力（複数頼ること も）、積極性	
	メンターに感謝する 　メンターに感謝の気持ちをもつ。

V　おわりに

　本稿では，双方の成長につながるような先輩教員と後輩教員の関わりを考えるためのヒントとして，メンタリング研究の知見を紹介した。

　メンタリングは，人材育成の分野で実践され，主として成人の職業面での発達を支援するものであった。しかし，その考え方は，成人である教員同士の関

わりに留まらず，教員と児童生徒との関わりにも通じるものがあると考えられる。大学院の授業でメンタリングについて学んだ受講生からも，そのような意見を耳にすることがしばしばある。

　先に，メンターのスタンスとして，「行動するのはメンティ自身である」ことに留意したいと述べた。最終的に自らの行動を決定し実行するのは，メンティ自身であり，メンターはある意味，それをそばで支えることしかできない。これを児童生徒に置き換えて，「学ぶのは児童生徒自身である」ことを前提にすると，学習指導のスタンスも自ずと変わってくるように思われる。学ぶのは児童生徒自身であり，教員がいくら教え込んでも，学ばせる（知識を注入する）ことはできない。だからこそ，児童生徒が教科のねらいに迫れるよう，教員が教材や発問を工夫するという発想に至ると考えられる。生徒指導も同様に，「生き方をよくするのは児童生徒自身である」というスタンスで臨めば，頭ごなしに指導すればよいとの発想には至らないであろう。つまり，メンタリングの考え方の背景には，メンティをはじめ児童生徒をも含む広い意味での学習者を，認識や行動の主体と位置づける学習者観があると考えられる。

　メンタリング研究の知見を学び，先輩－後輩教員間の関わりや，児童生徒への指導の在り方を考えるきっかけとしていただければ幸いである。

【文献】

岐阜県教育委員会（2017）．総合的な教師力向上のための調査研究事業－メンター制等による研修実施の調査研究　成果報告書
　https://www.mext.go.jp/component/a_menu/education/detail/__icsFiles/afieldfile/2017/10/04/1395573_01.pdf
Heikkinen, H. L. T., Jokinen, H. & Tynjälä, P.（2012）. Teacher education and development as lifelong and lifewide learning. Heikkinen, H. L. T., Jokinen, H. & Tynjälä, P.（Eds.）*Peer-Group Mentoring for Teacher Development*. Routledge.
Hobson, A. J.（2012）. Fostering face-to-face mentoring and coaching. Fletcher, S. J. & Mullen, C. A.（Eds.）*The SAGE Handbook of Mentoring and Coaching in Education*. SAGE Publications Ltd.
乾丈太・有倉巳幸（2006）．小学校教員のメンタリングに関する研究　鹿児島大学教育学部教育実践研究紀要，16, 97-106.
公益財団法人日本生産性本部ワーキングウーマン・パワーアップ会議メンター研究会（編）（2014）．会社を元気にするメンタリング・ハンドブック～導入から実践～増補版　公益財団法人日本生産性本部生産性労働情報センター
Kram, K. E.（1988）. Mentoring at Work : *Developmental Relationships in Organizational*

Life. University Press of America, Inc.

　（クラム ,K. E. 渡邉直登・伊藤知子（訳）（2003）．メンタリング－会社の中の発達支援
　関係－　白桃書房）

久村 恵子（1997）．メンタリングの概念と効果に関する考察－文献レビューを通じて－
　経営行動科学，11, 81-100.

Mullen, C. A.（2012）. Mentoring: An overview. Fletcher, S. J. & Mullen, C. A.（Eds.）
　The SAGE Handbook of Mentoring and Coaching in Education. SAGE Publications
　Ltd.

小柳和喜雄（2009）．ミドルリーダーのメンターリング力育成プログラムの萌芽的研究
　奈良教育大学教職大学院研究紀要学校教育実践研究，1, 13-24.

小柳和喜雄（2014）．学校における組織的な養育力の向上とかかわるピア・グループ・メ
　ンタリングの方法　奈良教育大学教職大学院研究紀要学校教育実践研究，6, 45-50.

島田希（2013）．初任教員へのメンタリングにおいて複数のメンターが果たす機能と役割
　意識，日本教育工学会論文誌，37, 145-148.

渡辺美枝子・平田史昭（2006）．メンタリング入門　日本経済新聞出版社

横浜市教育委員会（編著）(2011)．「教員力」向上の鍵－「メンターチーム」が教員を育てる，
　学校を変える！　時事通信社

第3章

教員組織に現在する
メンタリングの課題と
今後の展開可能性
対話のプロセスに焦点をあてた考察の試み

山中 一英

　本稿は，主に2つの問いをめぐる議論から構成される。第1に，教員組織でメンタリングを実践するとき，その対話プロセスにどのような課題が存在するのか。第2に，学校をフィールドにメンタリングを展開するとしたら，どのような可能性が考えられ，そこに教職大学院はいかなる貢献ができるのか。いずれの問いも，学校の実際を視野に入れつつ，心理学や教師教育学を中心とした学術理論や研究知見を基盤に論述するものである。まずは基幹概念であるメンタリングの定義について確認しておこう。宮田（2024）は，先行研究の丁寧な展望から，メンタリングを「相対的に知識や経験の多いメンターが，相対的に知識や経験の少ないメンティの職業人としての発達を支援することを通して，互いが成長していく関係」（p.45）と定義している。本稿でも，この定義に依拠しながら立論することにしたい。

I　メンタリングの対話プロセスに存在する課題

1．メンターになるのは誰か

　教員組織におけるメンターは，初任者研修制度の初任者研修指導教員に代表

されるフォーマルなものと校内において日々やりとりを繰り返す先輩教員のようなインフォーマルなものの 2 種類に大別される（e.g., 内海, 2019）。天根・黒岩・山中・新井・谷田・北川（2017）は，公立学校の教員として正規採用され，教職 2 〜 3 年目の新人教員 20 名（学校種は小学校と高等学校）を対象に，これまでの教職生活のなかで最も強く影響を受けた（受けている）先輩教員について，複数回答法によって調査している。その結果，小学校教員 15 名のうち初任者研修指導教員と回答したものは，わずか 1 名であった。高等学校教員については，5 名のうち 2 名がそう回答した。小学校教員が選択していたのは，同学年のクラス担任が 7 名，学年主任が 6 名，職員室の机が近接する先輩教員が 4 名と，初任者研修指導教員ではない先輩教員であった。天根他（2017）は標本数が十分でなく，その結果の過大評価は慎むべきだが，興味深い示唆を与えてくれている。初任者研修制度については多くの課題が指摘されているところだが（e.g., 鈴木, 2011），フォーマルに定められたメンターとの対話も，メンティとなる新人教員がそれを有意義だと実感できなかったとしたら，実質的にメンタリングとは定位しえない可能性が示唆されているのである。そして，先輩教員がインフォーマルにメンターとしての機能を担っているのであれば，それは誰もがメンターになりうるということであり，教員同士の日常的な対話が新人教員の職業人としての成長発達に少なからぬ貢献を果たしうることを示唆しているのである。こうして，メンターとメンティの間で交わされる対話のプロセスに焦点をあて，それを多元的多層的な視点から精緻に考察していくことの意味が現れることになるのである。

2．メンターはメンティといかに対話するのか
（1）ドミナントになる「支配者」の役割

　Hennissen, Crasborn, Brouwer, Korthagen, and Bergen（2008）は，メンタリングの対話プロセスにおけるメンターの役割について，MERID モデルと名付けられた 2 次元の概念モデルを提唱している。MERID とは, "MEntor (teacher) Roles In Dialogues"（MERID）の略である。まずは，この MERID モデル（図 1 ）について，Crasborn, Hennissen, Brouwer, Korthagen, & Bergen（2011）も参照しながら, 簡潔に解説しておこう。縦軸は「入力（input）」の次元で,「主

導的（active）」と「応答的（reactive）」を両極にもつ。メンタリングの対話プロセスにメンターがトピックを持ち込む程度を示している。横軸は「指導性（directiveness）」の次元を表し，「指示的（directive）」から「非指示的「（non-directive）」まで，メンターが対話の方向性を決める度合いを示している。「入力」と「指導性」の次元は互いに独立していると想定されるため，両次元を組み合わせることで，メンタリングの対話プロセスにおけるメンターの役割を4つの異なる概念として導出することが可能になる。すなわち，「支配者（imperator）」，「先導者（initiator）」，「奨励者（encourager）」，「アドバイザー（advisor）」の4つである。

図1　MERID モデル（Crasborn et al., 2011, p.322）

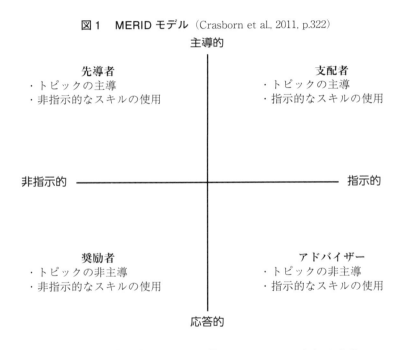

第1象限は「支配者」の役割である。「インペラトール」とは古代ローマの共和制に由来した言葉だが，絶対的な支配者，指揮官といった意味である。英語のエンペラーの語源といわれている。トピックを導入するだけでなく，その後も指示的なスキルを使って，たとえば意見を述べたりアドバイスを与えたりして，メンターが対話を主導していく。第2象限にある役割は「先導者」である。

問いかけることで対話を主導し，その後は非指示的なスキルを使って，たとえば内容を要約したり感情をかいつまんで語ったりオープンな質問をしたりして，メンティの思考を促そうとする。第3象限にくるのが「奨励者」の役割である。メンティが持ち込んだトピックに反応し，その後も，メンティ自身が自らの関心を探究していけるよう，あくまでも非指示的に振る舞うメンターの姿を表象している。第4象限は「アドバイザー」の役割である。メンティが持ち出したトピックに反応し，その後は，何をすべきか，直接的にアドバイスするなど指示的なスキルを用いる。

　Crasborn et al.（2011）は，オランダの初等教育の指導的立場にある教員20名を対象に，MERIDモデルの実証的検討を試みた。なお，Crasborn et al.（2011）が対象にしたのは，教育実習生（student teacher）を指導する経験豊富な教員である。ただし，得られた結果は，初任者である新任教員や経験の浅い新人教員とかかわる経験豊富な教員にも十分に適用可能と判断されたため，本稿では，そうした読み替えを適宜行っている。分析の結果，メンターの多くが「支配者」のクラスターに分類され，メンタリングの対話プロセスを通じて「支配者」として行動する傾向にあることが示されたのである。この結果は，先行研究の知見（e.g., Martin, 1996）とも整合するものであった。

（2）「支配者」の役割がドミナントになるのはなぜか

　メンターはなぜ「支配者」のように行動するのか。Crasborn et al.（2011）の論考も交えつつ，考察してみたい。

1）メンティとしてのかつての経験

　最も素朴な理由が，「自分もそうしてもらった」からである。教員がいかにして専門性を向上させていくのか，この問いをめぐって思考した経験が十分でなかったり，これに関する知識が不足していたりすると，かつて自身が新人教員の頃に先輩教員から受けた指導を，自分がメンターの立場になったときに，単純に繰り返してしまうことが考えられる。自らの被指導経験を再生産してしまうのだ（e.g., 原仲・桑原・中山・浅井，2013）。そして，その被指導経験が主導的で指示的なものであった場合に，「支配者」のように行動する可能性が高まると考えられるのである。またこの際，そうした先輩教員の指導があったからこそ今の自分があるといった因果論的認識を保持していると，被指導経験の再生

産がなおいっそう進むのは容易に想像できることであろう。

2）基底する学習観・学習者観

　教員の専門性向上プロセスを広く人が学んでいくプロセスの一つとして位置づけるならば，メンターが有する学習観がメンタリングの対話プロセスに関連してくる可能性が推考される。人はいかに学ぶかという問いに関しては，心理学や学習科学領野を中心に研究が蓄積され，いくつかの考え方が併存している状況にある。メンターが主導的で指示的な行動をとる場合，その基底には，学習を「知識の転移」として捉える考え方があるように思われる。そして，この学習観の成立には学ぶべき知識等がすでにどこかに存在していることが前提になるが，メンターはそうした知識等を自らの教職経験から「知っている」とほとんど自覚することなく措定している可能性がある。その措定自体は望ましくないことではないだろうが，後述する「4）自らの正当性（無謬性）を疑うことの難しさ」と不可離に結びついた心的プロセスであることに留意が必要である。さらに，メンターの学習者観もここには関与してくる。学習者をどのような存在として定位するかによって，学習者への振る舞いには変化が生じる。たとえば，メンティを「教えてあげなければならない」と捉えたなら，メンティに対して主導的で指示的に行為するだろう。なおこのことは，次の「3）『メンティは学習者である』という視点の欠如」にも接続してくる。

3）「メンティは学習者である」という視点の欠如（Crasborn et al., 2011）

　メンタリングの対話プロセスのなかでメンターはメンティに対して，教室で把握できた子どもの問題行動を指摘したり，その改善に向けたヒントを提案したりすることが多かったという。このときのメンターの関心は，効果的な教育方法や子どもの成長発達にある。だからこそ，メンティが行う授業は規定のカリキュラムを消化できるペースにあるのか，学級経営はきちんとできているのか，といったトピックを対話に持ち込もうとするのだ。このときメンターには，どのような専門性が顕在化しているのだろうか。まさにその瞬間にメンターに発現しているのは，「子どもを教える教員（a teacher of children）」としての専門性に他ならない。けっして，「『学習者としてのメンティ』自らが問題解決していくことを支援する教師教育者（teacher educator）」としての専門性ではないのである。

4）自らの正当性（無謬性）を疑うことの難しさ

　メンタリング場面に限らず，私たちが他者に何かを主張しようとするとき，あまり意識することのない心的プロセスかもしれないが，通常，その意見や考え方は正しいと思い込んでいる。正しいと思っているから，相手に伝えたいと思うのである。メンターがメンティに主導的に何かを指示するときも，自らの正当性や無謬性が前提されている可能性が高い。しかしながら，唯一の正解を想定できないのが教育というフィールドの特徴である（e.g., 秋田，2006）。これを考慮すれば，メンターに必要なのは，「自分は間違っているかもしれない」「他に正しいことがあるかもしれない」などと思案することであろう。もっとも，このように思いを巡らせることは簡単ではない。なぜならそれは，自信のような感情と結びついていることに加え，自らを支えてきた経験とそこから帰納した教訓等への懐疑を要請するものだからである。

（3）「支配者」の役割がドミナントになることの問題は何か

1）いつでもどこでも誰にでも有効なメンタリングの非措定性

　複雑で不確実な現実の教育フィールドにあって，いつでもどこでも誰に対しても有効なメンタリングの対話プロセスを措定するのは，原理的に不可能だと考えられる。そうだとすれば，メンターに求められるのは，Crasborn et al.（2011）も指摘することだが，MERID モデルで示されたような様々な役割をその時々の状況や新人教員の特徴等に応じて柔軟に使い分けることではないか。この指摘が的を射ているとしたら，「支配者」という特定の役割だけが突出するのは，けっして好ましい状態とはいえない。

2）メンティの自律性の毀損

　教育のフィールドでは唯一の正解を想定しえないがゆえに，教員の裁量としての個別性が許容されている（山中，2018）。そこにおいて教員は，自律的に意思決定することが容認されているし，そうすることが望まれてもいる。メンターが新人教員の育成を担う教師教育者であることを考えれば，メンターの役割は，新人教員に代わって判断を下したり，新人教員に回答を与えたりすることではなく，新人教員が自ら問題を解決していけるようサポートし，チャレンジを促すことである（山中，2014）。原理的に唯一の正解を想定しえないのに，メンターは正解を教えてくれるとメンティが思い込んでしまうと，困難に直面す

るたびに，メンターに助言を求め，答えを教えてもらいたくなってしまう（e.g.,
金井，2010）といった依存的な心理状態にも陥りかねない。

　一般に，理想的な支援関係とは，自律した人間同士が，自律性をないがしろ
にすることなく互いに助け合い支え合う，水平的なネットワーク状態をつくり
出すことである（金井，2010）。つまるところ，「支配者」の役割がドミナント
になる関係性から，自律的な教員という表象を描出するのは困難である。とこ
ろで，メンタリングの対話プロセスにおいて，メンターの発話時間と指導的な
行動の間には正の相関が認められ，指導的なメンターの方が，非指導的なメン
ターに比べて，発話時間が長い（e.g., Hawkey, 1998）ことが明らかになってい
る。メンターの発話時間が長くなれば，相対的にメンティの発話時間は短くな
る。こうした研究の知見からも，メンターが「支配者」のように行動すること
で，メンティの自律性を毀損する可能性をうかがい知ることができるのである。
付論であるが，「あなたがすべて知っていると思う問題とどれだけ似ているよう
でも，それは他人の問題であって，あなたのものではない」（p.246）という支
援する者に向けられた Schein（2009）の言葉は，本稿での筆者の主張と重なり，
正鵠を射るものといえよう。

3）教員組織の協働性の毀損

　いくら経験豊富なメンターであっても，すべての正解（らしきもの）を知っ
ているわけではない。そもそも，学校教育では唯一の正解を原理的に想定しえ
ないことは繰り返し指摘してきたことである。だからこそ，学校のなかで教員は，
経験の多寡等にかかわらず，他の教員と協働して問題の所在を探り，適切な解
決策等を見いだしていくことが望まれている。特定の教員が「支配者」のよう
に行動するとしたら，それが教員組織に必要な協働性を毀損してしまう可能性
があるだろう。前記した教員の自律性の担保が，教員がともに学ぶ組織づくり
を支えていることも忘れてはならない（山中，2014）。

3．メンターに求められる心的姿勢とは何か
（1）喚起される感情の自覚とコントロール

　私たちが他者に対して何かをいいたくなるとき，同時に何らかの感情を喚起
させている場合が少なくない。称賛・叱責行動を例に取るとわかりやすい。称

賛の場合にはポジティブな感情が，叱責の場合にはネガティブな感情が，同時に生起していることが推測される。教員が子どもを指導する際，教員には「不快感」のような感情が生じていることが明らかにされている（e.g., 河村・鈴木・岩井，2004）。メンタリングの対話プロセスにおいても，メンターにこうした感情が生起している可能性が推察されるのである。そうだとしたら，まずは喚起された感情の自覚とコントロールが求められることになるだろう。感情をぶつけるとか感情の赴くままに語りかけるとかといった姿勢が奏功する場合もあるだろうが，まずはこうした心的状態への留意があって然るべきだろう。

（2）自他の認識枠組みの気づき

　図2において，左は数字の「13」，右はアルファベットの「B」と読める。よくみると，左の「13」も右の「B」もまったく同じである。にもかかわらず私たちは，両者を異なった文字として認識することができる。なぜなら，左を読むときは数字という枠組みのなかで，右を読むときはアルファベットという枠組みのもとでみているからである。この例が説得的に示しているのは，私たちは世界をけっしてありのままにみているわけでなく，何らかの枠組みを通してみているという事実である（山中，2023）。当然のことながら，教員が子どもを理解するときも出来事を捉えるときも，この心の仕組みが機能することになる。そして意に留めるべきは，私たちはこうした自らの認識枠組みをほとんど意識することができないという点にある。認識枠組みが歪んでいることも偏っていることもありうるのにである。いわゆる「アンコンシャス・バイアス」と呼ばれる心理プロセスである。

　メンターとメンティの認識枠組みに齟齬があり，それぞれがそれに気づかぬまま対話が継続されたなら，その対話はきっと実りあるものにはならないだろ

図2　認識枠組みの例（道田・宮元，1999，p.104）

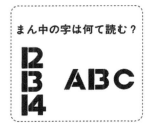

う。メンティとメンタリングするなかでメンターは，暗黙裡に自分の枠組みに囚われた理解をしているかもしれない。まずもってメンターは自らがどのような認識枠組みを有しているのかに向き合わなければならない。そして，対話を重ねるなかで，メンティがどのような認識枠組みでもって事態を理解しようとしているのかを探る試みも必要になるに違いない。

（3）交わす言葉の概念定義

新井（2021）は，学校現場には概念規定が曖昧で，それが意味する指導や支援の具体について慎重に問われることなく，「わかったつもり」にさせる言葉が数多くあると指摘する。たとえば，「寄り添う」とか「見守る」とかといった言葉である。こうした誰もがもっともだと思うような「聞き心地のよい言葉」が発せられると，それだけで何かが伝わり，わかり合えたような気になり，思考停止に陥ってしまう。この状況を新井（2021）は危惧しているのである。こうした危惧は，メンターとメンティの間にあっても適当するのではないか。そうだとしたら，メンターに求められるのは，対話のなかで現れる，わかったような気になりがちな「耳目に心地よい」言葉にあえて意識を向け，その言葉の概念的意味をメンティとの間で確認することであろう。

４．メンティはメンターといかに対話するのか
（1）教わろうとするメンティ

「支配者」のように行為するメンターの姿は，メンティとの相互作用によって社会的に構成されたものであり，メンターとメンティの関係の所産としてみることもできる。誰もが被教育経験を有している。そしてそれは概ね，「教える」教員と「教わる」子どもという一貫した関係性のもとでの経験である。メンタリングの対話プロセスのなかにも，こうした「教える」「教わる」関係性が持ち込まれてしまう可能性がある。こうしたかかわり方がまったく好ましくないわけではないだろうが，次に論じるような知見を考え合わせるなら，やはり課題として挙げておかなければならない。

（2）「教える」「教わる」関係性が孕む問題

佐伯（2012）は，Whiten, Horner, & Marshall-Pescini（2005）を引用し，人間は教えられることを期待し，「教え」の前で思考停止すると論及している。メ

ンターがメンティのロールモデルとして機能することは宮田（2024）が論じたとおりだが，不消化を承知で佐伯（2012）から着想すれば，教わろうとするメンティは，メンターの言動を模倣しようとするだけでなく，メンターの前で思考停止してしまう可能性があるということだ。教員の専門性向上の核心に位置すると論定されている省察（Schön, 1983）や，既存の枠組みや価値の問い直し，再構成を意味するダブル・ループ学習（Argyris & Schön, 1974）といった思考に基礎づく心理プロセスを重要視するなら，これは看過できない事態といえよう。

5．メンティに求められる心的姿勢とは何か
（1）いかに動きを言葉に換えるか：動態から静態への転換

　山中（2014）は，教員の専門性が静態的で脱文脈的な側面と動態的で文脈依存的な側面の2つから構成されると論じている。教員が学習指導や生徒指導に関する知識を獲得しているかどうかは，教員の専門性を規定する一つの要素になる。知識が可搬的であることから，教員の専門性は静態的で脱文脈的なものとして定位されるというのが前者である。一方で，授業は教員と児童・生徒が相互作用を繰り返しながらダイナミックに展開していくものである。その実践は，それぞれに異なる具体のなかで生起する。したがって教員の専門性は，動態的で文脈依存的なものと表現しうることになる。これが後者である。そのうえで山中（2014）は，教員の専門性の中心を動態に据える。ところが私たちは，動態のままでは，思考することも，それをもとに他者と議論することも，理論等と照合することも，原理的に不可能である。そこで，動態を言葉にすることで静態へと転換し，自らの行動を思考対象にするとともに，他者との議論や理論等との照合を可能にしているのである（e.g., 山中, 2018）。また，実践の言語化は自己を出来事に結びつける役割をも担う（中村, 1992）。だがここには，難点がある。自らの行動や経験した出来事のすべてを言語化することは原理的に不可能であり，捨象もしくは抽象といった働きが，そこにおいては必然となる（中村, 1992）ことである。このとき何を捨象し何を抽象するかは恣意的であるばかりか，そのプロセスのほとんどを意識することができない。この論考をふまえるなら，メンティが経験した出来事をメンターに語るというありふれたや

りとりも，現に重大な意味を帯びることになるのである。

（2）いかに言葉を動きに換えるか：静態から動態への転換

　メンターとの対話は，特定の文脈から乖離した空間で時間を隔てて行われるのが一般的である。動態的で文脈依存的な専門性を特定の文脈から乖離した場での対話によってなぜ育成することができるのかという根源的な問い（山中，2014）も提出されているのだが，メンターがメンティの授業中に活動を遮って，その時にその場でメンタリング対話をするなどといったことは，通例として行われないだろう。したがって，メンティはメンターと交わした言葉を動きに換える，すなわち静態を動態へと転換し直す作業が求められることになるのである。

6．教員の人間関係の様相とメンタリングはどのように関連するのか
（1）メンタリングの内容と関係の親密さの相関

　田中（2001）は，製造業を中心とする大規模企業に勤務する従業員を対象に質問紙調査を実施し，メンターの特徴やメンターとの関係性が，メンタリングの内容とどのように関連するのか，実証的に検討している。そこでは，メンターが直属の上司かどうか，メンタリング関係の期間，メンターとの親密性，提供されたメンタリングの内容等について回答が求められた。このうち，メンタリングの内容については，メンタリングの2つの支援的機能「キャリア的機能」および「心理・社会的機能」（Kram, 1988）を端的に示す質問項目によって測定された。また，メンターとの親密性が，「○○さんには，気兼ねなく何でも話せる」「○○さんに対しては心が開ける」「○○さんのことがとても好きである」等の項目によって測定された。まず，メンタリング期間の長さによって提供されるメンタリングの内容が変化するかどうかを検討したところ，統計的に有意な結果はみられなかった。また，メンタリングの内容と関係の親密性の相関係数を算出したところ，「仕事の悩みを聞いてくれた」「個人的な心配事の相談に乗ってくれた」「仕事に関する意見に共感してくれた」といったメンタリングの心理・社会的支援に関する項目と親密性の各項目の関連が高いことが明らかになった。しかし，キャリア的支援に関する項目と親密性の間に特段の関連性は認められなかった。要約すると，メンタリングの内容がメンタリング期間の経過よりも

関係の親密性と強い関連があったことから，メンタリングが関係の親密性に基づいて提供されている可能性が考察されたのである。メンタリングのプロセスを社会心理学の角度から検討した田中（2001）の結果は，示唆に富む。しかしながら，これを教師教育の文脈に持ち込んだとき，メンタリングの内容項目に教員の専門性向上に不可欠な省察の要素が含まれていないことが，見逃せない課題として残ってしまう。この意味において，教員の人間関係とメンタリングの内容がどのように関連するのかという問いに対しては，十分に答えることができていないように思われる。

（2）関係性の変化と省察の質

　山中（2014）および山中（2018）は，教員同士の関係性の変化が「専門職業人としての能力開発（professional development）」に及ぼす影響について，次のように論究する。概して，教員同士が言語活動を重ねると，相互理解が進み相互作用は円滑になる。関係性が情緒的色彩を帯びたものに変化していくこともあるだろう。その結果，人間関係は良好になるかもしれないが，「専門職業人としての能力開発」という点では，これが阻害要因になる可能性があるという。たとえば，言語活動の開始当初には，その都度，説明が求められていたかもしれない曖昧な言葉の意味も，相互理解が進めばもはや確認の必要がなくなってしまう。メンターは経験豊富な先輩教員であるがゆえに，メンティが直面する実践上の困難やそれに付随する感情等を理解する（理解してしまう）からである。相互作用が円滑になることが，かえって省察の機会を減じ，省察の質を低下させてしまう危険性が懸念されるということなのである。山中（2014）および山中（2018）の論述は理論的なものであって，実証的なものではない。しかしながら，教員の人間関係とその変化がメンタリングの内容とどのように関連してくるのかという問いに思索の重心を置き議論の幅を広げるうえで，また今後どのような実証的検討を重ねていく必要があるのかを構想するうえで，有益な視角を提供してくれているように思われる。今後の論証が待たれるところである。

II　教員組織におけるメンタリングの展開可能性

　ここでは，前記した「Ⅰ　メンタリングの対話プロセスに存在する課題」を
ふまえ，教員組織におけるメンタリングの新たな展開の可能性について，先行
事例を土台にして，試論的に考察してみたい。また，そこへの教職大学院の貢
献可能性についても，あわせて考察することにしたい。

1．イングランドで展開された「学びのトライアングル」という実践

　イングランドにはかつて，MTL（Masters in Teaching and Learning）と呼
称される現職教員教育システムが存在していた。MTL は，修士の学位プログラ
ムであり，いわば「教員のための MBA」であった。まずはこの MTL について，
山中（2014）を参照しながら，その概要や特徴について理解を深めていくこと
にしよう。

　MTL の主たる対象は，教職に就いて 5 年以内の新人教員であった。スキルの
大部分がこの時期に獲得されていること等が，教職キャリアの初期に焦点があ
てられた理由であった。MTL のプログラムの特徴は，次の 3 点に集約される。
第 1 に「実践に基礎を置く」こと，第 2 に「学校に基礎を置く」こと，第 3 に「協
働を基盤とする」こと，であった。そして，MTL を特徴づける最もユニークな
点が，「学びのトライアングル」である（図3）。MTL 教員（新人教員），MTL
コーチ（新人教員と同じ学校に在籍する経験豊富な教員），HEI チューター（大
学等高等教育機関の教員）の 3 者が，「学びのトライアングル」を形成して，修
士レベルの新人教員教育に携わったのである。修士レベルと表現される力量の

図3　MTL における「学びのトライアングル」（山中，2014，p.115）

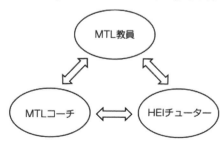

中心にあったのは，事態に対して，うまく対処できるかどうかでなく，クリティカル（批判的）に思考できるかどうかであった。クリティカル（批判的）な思考の定義は，研究者によって相違するが，たとえば吉田（2004）は，対象に対して「"なぜそう思ったのか"，"何か不適切な面はないか"，"他には考えられないか"などと，合理的・理性的・多面的・柔軟に考えること」（p.363）と定義している。

　MTL のねらいが新人教員の育成にあったことは既述のとおりだが，このねらいを達成するのに，新人教員だけでなく，新人教員と密にかかわる経験豊富な教員を巻き込み，大学教員のサポートを得ながら，熟練したベテラン教員の教師教育者としての力量形成を企図したところに，MTL ならではの特筆すべきポイントがある。こうして MTL が継続的に展開されることで，教員が協働する学校文化の醸成に繋がることも期待されたのである。

２．日本の教員組織における「学びのトライアングル」の展開と　教職大学院の貢献可能性

（1）実践の背景

　初任者研修制度が導入されて，30 年以上が経過している。宮田（2024）でも記述されているように，いくつかの自治体で初任者研修にグループ・メンタリング等の制度が導入され，このフォーマルなメンタリング・システムの改善が図られようとしている。こうした取り組みの今後の展開は注目に値するであろう。しかし，そこに大学等の高等教育機関がいかに関与することができるのか，その具体的内容等については，それほど明瞭に論議されているわけではないように思われる。

　2008 年度に開設された教職大学院は，教員養成に特化した専門職大学院である。教職大学院が養成するのは，優れた実践を行う教員（「優れた教育実践者」）であると定めることに異論はないだろう。しかしながら，新人教員を取り囲む現況に思いを巡らせれば，教職大学院が養成すべきなのは，「優れた教育実践者」だけでなく，新人教員の成長を促す「優れた教師教育者」なのではないか（山中・新井・天根・黒岩・谷田・北川，2012）。

　前掲の「Ⅰ　メンタリングの対話プロセスに存在する課題」や上記した現状

を惟んみるとき，イングランドで展開された「学びのトライアングル」を日本においても展開することが希求されるように思われる。学校現場に現存するメンタリング・システムと教職大学院の学びの有機的な接続をねらうのである。

（2）実践の具体

　教職大学院では実習が必修である。この実習を活用して「学びのトライアングル」を実践することができるのではないか。「学びのトライアングル」という名称を冠していなくても，実質的に類似した取り組みをすでに実施している教職大学院もあるだろうが，本稿での具体的な提案を図4に示す。なおここでの提案は主に，大学院生が現職教員の場合を想定している。実習校において「学びのトライアングル」が形成され，大学院生が経験豊富なメンターに，実習校に勤務する新人教員がメンティになる。ここに教職大学院の教員が加わるという仕組みである。もちろん，大学院生が学部卒学生の場合にも，同様の展開は可能である。この場合，学部卒学生がメンティに，実習校に勤務する経験豊富な教員がメンターを担うことになる。そしてここに，教職大学院の教員が加わるという構図である。

図4　教職大学院の実習を活用した「学びのトライアングル」

3．実践の意味
（1）大学教員の関与がメンタリングの対話プロセスにもたらす効果
1）対話の源泉としての理論的視座の提供

　教職大学院には，学習指導や生徒指導，人材育成等にかかわる豊富な学術理論や研究知見が資源として蓄積されている。Crasborn et al.（2011）によれば，一般にメンターは対話の源泉として自らの知識や経験を用いる傾向にあるという。大学教員の関与は，その源泉の一つに，学術理論等を加えることに寄与する。これによって，学校での日常的なメンタリングの対話プロセスがより豊かなも

のになるに違いない。

2）経験からの学び方の学び

　教員を含めた大人の学びは，経験からの学びである。小学校から大学までにあったカリキュラムのようなものは基本的に存在せず，自らの経験から学んでいかなければならない。つまり，入職するやいなや，ガイドされた学びからの転換を迫られることになる。また新人教員は，初任から5年未満に教員としての一通りの振る舞いを身につけようとする（木原，2007）といわれている。これらを考え合わせると，教職キャリアの初期がいかに重要かがあらためて了解される。

　大学教員がこの時期に関与することで，Kolb（1984）の経験学習（experiential learning）理論等を拠り所にしながら，経験から何をどう学ぶかをサポートすることができるのではないか。私たちは経験を語るとき，それを誰に向けて語るかによって，語る内容も語り方も変化させている。メンターに語るのと違って大学教員に語るとき，経験を共有していない分，メンティは丁寧に言葉を選び紡がないと十全なコミュニケーションがとれない。これが結果的に，経験からの学びの重要な要素である省察の仕方を学ぶ働きをすると期待されるのである。

3）課題レベルとメタレベルの分業による課題解決と省察の促進

　人間の認知活動の基軸概念に「表象変化」がある。表象変化とは「問題解決中に形成され，そして保持されている表象が変容する過程」（清河，2002，p.451）のことであり，すべての学習や発達のプロセスは，この保持している表象の変化という観点から包括的に捉えられる（開・鈴木，1998）とされる。清河（2002）は，この表象変化を促進するのに，課題レベルとメタレベルの分業が効果的であることを実験によって解き明かしている。ここでいう課題レベルとは，課題領域固有の具体的方法や手段等に関して思考する営みのことである。一方のメタレベルとは，こうした問題解決のプロセスに直接的に関与するというよりはむしろ，やや離れた立場から思考のプロセスについての見直しを行う営みのことである。メンタリングの対話プロセスにあって，メンターとメンティの相互作用は課題解決レベルのものになりがちである。そこに，それをメタレベルで捉え直す役割を担う大学教員が加わることで，いっそう効果的な問題解決と質の高い省察をもたらす可能性があることを，清河（2002）の知見は示

唆しているように思われる。

4）組織の「ゆらぎ」と「経験に伴う学習の陳腐化」の打開

　教員の専門性の中心が動態にあることはすでに論じたが，そうした動態的で文脈依存的な専門性の基礎にあるのが暗黙知（Polanyi, 1966）である。暗黙知の形成が行動を自動化・無意識化し，スムーズな教育実践を支えている。ところが，暗黙知の形成は学習の可能性を縮減してしまうという不可避の問題を孕む。Weick（1997）によると，5年目の警察官が最も殉職する危険性が高いという。5年目にもなると，自信が高まり，ほとんどの事案にすでに何らかの形で遭遇したとの確信をもつに至る。そうした思い込みが油断を引き起こし危険な状況に陥らせるからである。すなわち，「経験による学習は陳腐化する」（Weick, 1997, p.295）のである。これは，いわば「学びのダイナミックスに潜む陥穽」なのである（e.g., 白石，2009）。一般に学習者は，経験を積み重ねるにつれて，失敗しなくなる。能力が伸びるばかりでなく自信も強化されていく。そうなると，個人もそして組織も失敗から学ぶことができなくなってしまう。こうした危惧は，当然のことながら，経験を積み重ねたメンターにも教員組織にも妥当する。

　人材育成を企図するどんな組織も，これは避けることの難しい課題である。結論を先取っていえば，組織に必要なのは，異質な他者がもたらす「ゆらぎ」（遠藤，2019）であろうと考えられる。メンターとメンティによるメンタリングの対話プロセスのなかで，大学教員は異質な存在といえる。同じ学校に勤務しているものでもないし，実践家でもない。相互作用が円滑になると，かえって省察の質が低下してしまう懸念を前述したが，大学教員は経験を共有できていないこともあって，容易にわかりあえないかもしれない。同じ学校に勤務する教員同士ならわかりあえたことも，大学教員は「なぜそんなことをするのか」と問うかもしれない。「学びのトライアングル」を基盤とした実践を重ねることで教員組織に「ゆらぎ」をもたらし，「経験に伴う学習の陳腐化」を打開できる可能性が見込まれるのである。大学教員の立場からすれば，そうした「ゆらぎ」をもたらす働きかけが望まれることになるといえよう。

（2）「学びのトライアングル」への関与が大学教員にもたらす効果

　「学びのトライアングル」への関与は，大学教員に対してもファンダメンタルな意味を指し示す。教職大学院に籍を置く大学教員は，それぞれの専門分野の

研究者であると同時に，新人教員の養成と現職教員の専門性向上に携わる教師教育者でもある。教職大学院の教員は「教師教育の実践者」（遠藤，2019）なのである。とどのつまり，教職大学院の教員にとって「学びのトライアングル」は，教師教育者としての実践の場であるとともに，教師教育の実践者としての力量を形成する場でもある。したがって，そこでの大学教員は，メンターやメンティと対話を重ねながら，メンターやメンティからのフィードバックに基づき省察したり，Crasborn et al.（2011）のMERIDモデル等の学術理論を手がかりにクリティカル（批判的）な思考を繰り返したりすることが要請されるのである。

（3）「省察的探究（reflective inquiry）」を実践するフィールド

　実践したことの意味を繰り返し問い直す「省察的探究」こそが，これからの専門職教育の基軸である（e.g., 遠藤，2013；Lyons, 2010）。「学びのトライアングル」にあって，メンター，メンティ，大学教員の3者は，教育に携わるものとしての同質性，経験や知識等の異質性を礎にして，対話を重ねていく。そのプロセスのなかで，実践の意味が幾度となく問い直されることになる。それぞれが優れた教師教育者となるべく，互いの成長を支え合うことにもなる。「学びのトライアングル」は，省察的探究を実践する格好のフィールドといえよう。

【引用文献】

秋田喜代美（2006）．教師の日常世界へ　秋田喜代美・佐藤学（編著）新しい時代の教職入門　有斐閣，1-18.

天根哲治・黒岩督・山中一英・新井肇・谷田増幸・北川香（2017）．新人教員の成長を促す先輩教員の指導行動に関する基礎研究　大和大学研究紀要（教育学部編），3, 141-150.

新井肇（2021）．生徒指導の力量形成と成果検証の視点　吉水裕也・片山紀子・山中一英・遠藤貴広・新井肇・山口圭介・田原俊司・筒井茂喜　教職大学院の学びとその成果－この10年の課題と今後の展開可能性－　兵庫教育大学研究紀要，58, 10-12.

Argyris, C. & Schön, D.（1974）．*Theory in practice.* Jossey-Bass.

Crasborn, F., Hennissen, P., Brouwer, N., Korthagen,F., & Bergen, T.（2011）. Exploring a two-dimensional model of mentor teacher roles in mentoring dialogues. *Teaching and Teacher Education,* 27, 320-331.

遠藤貴広（2013）．学生の省察的探究を支える組織学習の構造－「教職実践演習」をどう利用したか－　日本教育方法学会（編），教師の専門的力量と教育実践の課題　図書文化社，125-137.

遠藤貴広（2019）．コメント　福井大学教職大学院での経験を踏まえて　令和元年度日本教職大学院協会研究大会　成果発表・ディスカッション「教職大学院の学びとその成果－この10年の課題と今後の展開可能性－　発表資料

原仲碧・桑原鉄平・中山雅雄・浅井武（2013）．サッカー指導者の被指導経験と自身の指

導との関連性の研究　日本機械学会〔No.13-34〕シンポジウム：スポーツ・アンド・ヒューマン・ダイナミクス 2013　講演論文集

Hawkey, K. (1998). Consultative supervision and mentor development: An initial exploration and case study. *Teachers and Teaching*, 4(2), 331-348.

Hennissen, P., Crasborn, F., Brouwer, N., Korthagen, F., & Bergen, T. (2008). Mapping mentor teachers' roles in mentoring dialogues. *Educational Research Review*, 3, 168-186.

開一夫・鈴木宏昭（1998）．表象変化の動機緩和理論：洞察メカニズムの解明に向けて　認知科学，5(2), 69-79.

金井壽宏（2010）．支援学　伊藤守・鈴木義幸・金井壽宏（著）　神戸大学ビジネススクールで教えるコーチング・リーダーシップ　ダイヤモンド社, 205-222.

河村夏代・鈴木啓嗣・岩井圭司（2004）．教師に生ずる感情と指導の関係についての研究－中学校教師を対象として－　教育心理学研究，52, 1-11.

木原成一郎（2007）．初任教師の抱える心配と力量形成の契機　グループ・ディダクティカ（編）　学びのための教師論　勁草書房，29-55.

清河幸子（2002）．表象変化を促進する相互依存構造－課題レベル－メタレベルの分業による協同の有効性の検討－　認知科学，9(3), 450-458.

Kolb, D. A. (1984). *Experiential learning: Experience as the source of learning and development*. Prentice Hall.

Kram, K. E. (1988). *Mentoring at Work: Developmental relationships in organizational life*. University Press of America, Inc.（クラム，K. E. 渡邉直登・伊藤知子（訳）（2003）．メンタリング－会社の中の発達支援関係－　白桃書房）

Lyons, N. (2010). Reflection and reflective inquiry: Critical issues, evolving conceptualizations, contemporary claims and future possibilities. In N. Lyons (Ed.), *Handbook of reflection and reflective inquiry: Mapping a way of knowing for professional reflective inquiry* (pp.3-22). Springer.

Martin, S. (1996). Support and challenge: conflicting or complementary aspects of mentoring novice teachers. *Teachers and Teaching*, 2(1),, 41-56.

道田泰司・宮元博章（著）秋月りす（漫画）（1999）．クリティカル進化論－『OL進化論』で学ぶ思考の技法　北大路書房

宮田佳緒里（2024）．若手教員と先輩教員の関わりによる力量形成－メンタリングの考え方に基づいて－　松本剛・隈元みちる（編著）国立大学法人兵庫教育大学教育実践学叢書 7　教師の総合的力量形成　学習指導と生徒指導の統合に向けて　ジアース教育新社，42-59.

中村雄二郎（1992）．臨床の知とは何か　岩波書店

Polanyi, M. (1966). *The tacit dimension*. The University of Chicago Press.（ポランニー，M. 高橋勇夫（訳）（2003）．暗黙知の次元　筑摩書房）

佐伯胖（2012）．「まなびほぐし（アンラーン）」のすすめ　苅宿俊文・佐伯胖・高木光太郎（編）ワークショップと学び 1　まなびを学ぶ　東京大学出版会，27-68.

Schein, E. (2009). *Helping: How to offer, give, and receive help*. Berrett-Koehler Publishers.（シャイン，E. 金井壽宏（監訳）金井真弓（訳）（2009）．人を助けるとはどういうことか　本当の「協力関係」をつくる 7 つの原則　英治出版）

Schön, D. A. (1983). *The reflective practitioner: How professionals think in action*. Basic Books.（ショーン，D. A. 柳沢昌一・三輪健二（監訳）（2007）．省察的実践とは何か－プロフェッショナルの行為と思考　鳳書房）

白石弘幸（2009）．組織学習と学習する組織　金沢大学経済論集，29, 233-261.

鈴木麻里子（2011）．拠点校指導教員のメンターとしての役割－教員を対象としたメンタリング－　流通経済大学論集，46, 109-116.

田中ちひろ（2001）．メンタリング関係における親密性－メンタリング段階の横断的分析

　　−　対人社会心理学研究，1, 185-192.

内海桃絵（2019）．メンタリングとは何か−個人の成長を促進させ，チームを活性化させるために−　看護管理，29(4), 316-322.

Weick, K. E.（1979）．*The Social psychology of organizing.* The McGraw-Hill.（ワイク，K. E. 遠田雄志（訳）（1997）．組織化の社会心理学　文眞堂）

Whiten, A., Horner, V., & Marshall-Pescini, S.（2005）．Selective imitation in child and chimpanzee: A window on the construal of others' actions. In S.Hurley,& N.Chater （Eds.），*Perspectives on imitation: From neuroscience to social science-vol.1: Mechanisms of imitation and imitation in animals*（pp.263-283）. The MIT Press.

山中一英（2014）．新人教員教育における論点と展開の可能性−イングランドの 'Masters in Teaching and Learning' に関する複眼的考察−　日本教師教育学会年報，23, 114-122.

山中一英（2018）．学校教育の社会心理学論点とその展開可能性−「対話的な学び」と「教師教育」に焦点をあてた考察の試み−　教育心理学年報，57, 61-78.

山中一英（2023）．学級の子ども理解と実践行為を支える教員の認知的枠組みの問い直し　兵庫教育（兵庫県立教育研修所），75(1), 4-7.

山中一英・新井肇・天根哲治・黒岩督・谷田増幸・北川香（2012）．新人教員の成長を促すメンター教員の養成に関する研究 (1) −「優れた教育実践者」と「優れた教員養成者」に求められる職能についての探索的検討−　日本教育心理学会第 54 回総会発表論文集，582.

吉田寿夫（2004）．児童・生徒を対象とした「心のしくみについての教育」　心理学評論，47, 362-382.

第4章

ロジャーズの中核3条件による 「ファシリテーターとしての教師」の検討
アスピー尺度（簡易版）を用いた授業事後研修

松本 剛・尾前 賢哉

I　ファシリテーターとしての教師と教員研修

　昨今，進め役にファシリテーターという呼称を用いる集団援助の場面が増加している。リーダーや司会者，場を切り盛りする人といった役割の別呼称のような表面的な理解ではなく，ファシリテーターという用語がもつ人間尊重や相互理解の促進をもとにした人間の成長への援助についての視点を十分に理解しておくことが肝要である。

　また，たとえ素晴らしい教材を用意したとしても，授業において教室で共にいる教師が児童生徒にとって反発したくなるような存在であっては，教育効果は半減してしまう。教室内外における教師のありようは学校教育を魅力的なものとするうえで重要な一要素であり，教師は自分自身のふるまいについて見直し続けることが求められる。授業における教師のありようを考えるうえで，教材や教え方の吟味と同じように教師が児童生徒に対してどのような関係性を築いているのかを検討するような研修の場は有用である。その際に，今日的な研修課題として求められているありようが，「ファシリテーターとしての教師」である。

1．ファシリテーターとしての教師

　昨今，教師からの一方的な児童への伝達のような授業形態ではなく，教師と児童の双方向の関係性を大切にしたり，児童間のやりとりを促進したりする授業のありようが求められている（文部科学省，2021）。2020年代の学校教育における教師の資質のひとつとして「ファシリテーション能力」の向上への取り組みが指摘されるようになった（中央教育審議会，2021）。他者と協働して課題を解決するような学びの推進が求められるようになり，授業においてもグループ・ディスカッションやグループ・ワークが導入される機会が増している。これらの学びの場において，関係性の促進は教師の重要な役割になっているといえよう。このような児童生徒の学びを進めるうえで，教師がファシリテーション能力を発揮し，ファシリテーターとして児童生徒と接することができるよう研修を進めることが求められている。

　「促進者」と訳されることが多いファシリテーターは，以前によく見られたような一方的に知識を注入したり考え方を伝えたりするといった姿勢ではなく，児童生徒間でやりとりをしながら，さまざまな知見を生み出すような関係性を促す役割であるといえる。ファシリテーターとしての教師の役割は，「学習者を指示し，管理し，教化することではなく，教師と学習者，学習者と学習者の間に，自らの意志を自由に表明することができる関係性を築きつつ，学習者が自らを省察できる学習環境をつくること（山中，2018）」であるという指摘もある。山中の指摘は，児童同士の学習者としての関係性を築くことを促進するファシリテーターとしての教師の役割を示しているといえよう。

　ファシリテーターとしての教師の最初の役割は，児童生徒に話し合いや他者との交流をしたいと思えるような雰囲気や関係性作りを進めることである。その先に，各やりとりや内容の深化へのかかわりを進める役割がある。決められた何かを伝えるという役割から，その場にいる児童生徒から何かを引き出す促進者となるという役割への意識転換が，今多くの教師に求められているといえる。

　録音や録画をもとに客観的に観察した自分自身の話し方や立ち振る舞いなどを検証してみると，実際には自分が意図していた児童生徒へのかかわりと実際の言動や行動との間にはズレがみられる場合が多い。ファシリテーターとして

の教師が児童生徒に接する際には，教師がその場における雰囲気や関係性を瞬時に感じ取りながら，適切なかかわりを進めていくことが求められるが，教師が自身のありかたを自分一人で見直すのは容易なことではない。一方的に知識や技能を教えこむのではなく，学習者の自主性を向上させつつ自ら学ぶ姿勢を促進するファシリテーターとしての教師の役割を学ぶことは，教員自身の自主的な学びのありようを成長させていくことでもある。教師のありようをふりかえり，自分自身の課題を見直しながらファシリテーターとしての教師として研修を進めていくことが望まれているといえよう。

2．ファシリテーターの役割

「ファシリテーター」は，元来 Rogers（1970）が普通 10 人程度の人々で構成され，ゆったりとした時間の中で，あらかじめ話題を決めない自由な話し合いを中心に過ごす「エンカウンター・グループ」において，場を促進する役割を担当する人を指して使った用語である。この集中的体験グループでは，人間のもつ可能性が信頼され，メンバー相互の理解や出会いによる個人・グループの成長が目指された。エンカウンター・グループにおいては，「今ここ」における一人ひとりの存在が尊重され，参加者が自己理解を進めたり，他者と共感的に傾聴しあったりすることが重要視される。「言い合い」はよい関係をもたらさないが，エンカウンター・グループでは「話し合い」の関係をも超えて「聴きあい」による相互理解の関係を目指すと言われる。元来は，そのようなグループの促進者に対して用いられた用語がファシリテーターであった。ロジャーズには，このようなファシリテーターのありようを学校教育における教師に活かそうとする試みがみられた（Rogers & Freiberg, 1994）。

3．ロジャーズの中核3条件とファシリテーター

心理療法の分野において多くの実績を残したロジャーズであるが，本邦においては学校教育相談における最重要概念でもある中核3条件（自己一致・受容・共感的理解）がよく知られている。エンカウンター・グループのファシリテーターのありようにおいても中核3条件は最重要の姿勢である。

Rogers（1957）の中核3条件は，元来個別の心理援助に際しての心理的変化

が生じるための必要十分条件を要約したものであった。Rogers は，建設的なパーソナリティ変化が起こるためには，次のような諸条件が存在し，しばらくの期間存在しつづけることが必要であり，かつ他のいかなる条件も必要ではないとした。

「パースナリティ変化の必要にして十分な条件」（Rogers, 1957）

1) 二人の人が心理的接触を持っていること
2) 第1の人（クライエント）は不一致の状態にあり，傷つきやすい，あるいは不安の状態にあること
3) 第2の人（セラピスト）は，関係の中で一致，統合していること
4) セラピストはクライエントに対して，無条件の肯定的な配慮を経験していること
5) セラピストはクライエントの内部的照合枠に共感的な理解を経験しており，そしてこの経験をクライエントに伝達するように勤めていること
6) セラピストの共感的理解と無条件の肯定的理解をクライエントに伝えることが，最低限に達成されていること

これらの条件があれば，建設的なパーソナリティ変化のプロセスがそこに起こってくるであろうというロジャーズの主張はあまりにも単純であるという批判がある一方で，対人援助においては現代においても最も重要な要素であると考えられており，本邦の学校教育においても，特に学校教育相談の領域ではロジャーズの考えは最も大切な要素であると認識されている。

この六つの条件を要約した「自己一致」「肯定的関心」「共感的理解の伝達」の3観点がロジャーズの中核3条件である。これらは当初，先述したように個別の心理臨床における関係性として示されたが，ロジャーズは後にこのような姿勢を集団が対象となるエンカウンター・グループの場においても適用して，参加者間の関係性促進を重視する臨床実践を重ねた。ロジャーズが示した個人への支援者（セラピスト）のありかたは，集団（グループ）においても意味を持つことが示されている。坂中（2012）は，本邦におけるファシリテーターの中核3条件について検証し，その重要性を実証している。ファシリテーターの役割は場の促進であるが，その際にファシリテーター自身が一致していること，参加者に肯定的関心を示していること，共感的理解を表明することによって参加者の発言の促しや深化を進めることがわかる。

4．ロジャーズの学校教育への貢献

　他者との貴重な出会いの場であるエンカウンター・グループでは，他者との相互理解を前提として，それぞれのメンバーが自分の気持ちや問題を率直に表現しあう関係をめざす。さらにそのとりくみは，多くの社会的課題にも応用されるに至ったが，そのうちのひとつの場が学校であった。ロジャーズは，学校においても教師からの一方的な知識の注入ではなく，教師も含めた教室にいる人たちによる相互交流から学ぶことが重要であると考えた（Rogers, 1974）のである。

　ロジャーズはエンカウンター・グループを応用して，「教育組織の自主的な変化」を促進し，学校教師がファシリテーターの役割を担うことを期待してイマキュレート・ハート・プロジェクトなどの取り組みを行っている。これらの取り組みによって学校教育におけるファシリテートの必要性が認識され，多くの教師がファシリテーターについて学ぶようになった（Rogers, 1974）。

　ロジャーズの下で学んだ研究者は，「I メッセージ（Gordon, 1974）」などによる教師の児童生徒との関係性への提言を勧めたゴードンらが有名であるが，ロジャーズの考えから教師のありようについて見直し，実証したのはアスピーを中心とした研究グループである（Aspy, 1972, Aspy & Roebuck, 1977）。アスピー（Aspy, 1972）は，中核 3 条件をはじめとしたロジャーズの考えを元にした，教師の姿勢を評定するための授業評価スケールを作成し，教師自身が学校教育における教師−児童生徒関係をふりかえる材料とした。これらを用いて，より効果的に教育することができる存在となるために教師自らの態度を変えられるかどうかが探求されている（Aspy, D. N. & Roebuck, F. N., 1976, 1977）。

5．アスピー尺度と教員研修

　ロジャーズの心理治療条件測定のための尺度（Rogers, ed., 1967）を参照して，アスピーは授業中における教師の「共感的理解の伝達」「自己一致」「肯定的関心」「生徒の学習目的促進」の 4 観点，及び生徒の「授業への積極性」の計 5 観点を 5 段階評定するアスピー尺度を作成した（Aspy, 1972）。このスケールを米国 10 州の 15,000 時間以上の教師と生徒のやりとりの評価にあてはめた結果、平均的な教室の教師（現在、学業や教科の観点から選ばれ、訓練を受けている教師）

において，その機能は 1.0 〜 5.0 のスケールで約 2.5 レベルであることが示されている。また，教師が子どもたちを「傷つける」のをやめ，個人的にも学業的にも成長するのを「支援」し始めるポイントとして，3.0 レベルが最低限促進的であるとされた（Aspy, D. N. & Roebuck, F. N., 1976, 1977）。

　アスピー尺度を用いて児童生徒と教師との関係を評定し，それをもとに教師が自分自身のありようをふりかえる研修は，現代の本邦の教師研修においても必要だといえるだろうか。アスピーが作成した評定尺度そのままを用いてよいのかどうかの検討や，ふりかえる必要がある項目はどれか，研修に要する時間配分などを含めて，教師研修に必要な研修内容を作成するための吟味が必要であると考える。本邦における学校教育相談でのロジャーズの中核３条件の重要性や，昨今のファシリテーターとしての教師への要請を鑑みると，教室における教師の対人援助のありようについて，ロジャーズの中核３条件に関する評定と研修参加者の相互交流による研修に絞るのが適切であると判断し，尾前（2023）で実施した授業検討研修をデザインすることとした。

６．アスピー尺度（簡易版）の作成

　アスピー尺度は，畠瀬（1992）により邦訳され日本語版が紹介されているが，各評定項目の文章が長く，評定に際して尺度の内容を熟知しておく必要があった。加えて一文中に評定要素が複数含まれているため，評定基準が統一されにくく，教員の研修に使用するには使いやすいものであるとは言いにくかった。そこで，アスピー尺度を教育現場で用いやすいよう，松本によって原文から評定要素が抽出され，５人の現職教員との整合性についての内容検討を重ねたうえで整理された。これらの過程を経て授業における教師の関わりを評定し，教師の姿勢をふりかえるアスピー尺度を，もっと簡便に用いることができるよう，短文化したり，要素を分割したりしてまとめられた「アスピー尺度（試作版）」が試作された。「アスピー尺度（試作版）」は，10 年間教職大学院の授業において現職教員を含む大学院生に紹介され，大学院生の意見をもとに内容がさらに吟味しなおされて「アスピー尺度（簡易版）」（Appendix）が作成された。

　本尺度は，授業における教師の児童生徒への具体的かかわり場面をルーブリック評価（レベル１〜５）するものである。これらの評定では，教師と児童生徒

とのやりとりから研修参加者が受けた主観的印象を評定する。但し，場面検討においてはそれぞれの評定結果についての具体的根拠について表明が求められる。

（1）「共感的理解の伝達」についてのスケール

共感的理解は，児童生徒の発言に対する，児童の立場に立った理解とそれへの反応の程度を示していると考えられる。「共感的理解の伝達」についてのスケールについては，①教師が児童・生徒が表明している感情や児童・生徒が経験していることの意味内容への教師の対応に関するレベル，②教師自身の感情や言葉が児童・生徒に伝わっているレベル，の2下位項目が設定され，①②の平均を「共感的理解の伝達」レベルとした。

（2）「自己一致」についてのスケール

教師が自分らしく偽りのない態度で児童生徒に接していれば，人間としての信頼を児童生徒から得ることができる。「自己一致」についてのスケールについては，教師の表明する意味や感情が，真実さ，偽りのなさ，統合された印象を感じさせるものであり，自分らしさが表明されている度合いを評定する。①教師の発言の自分らしさについての印象レベル，②教師と児童・生徒がそれぞれ思っている「感じ」間の一致の度合いについてのレベル，の2下位項目が設定され，①②の平均を「自己一致」レベルとした。

（3）「肯定的関心（受容）」についてのスケール

児童生徒が教師から肯定的関心を示されたならば，児童生徒もまた教師を受け入れやすくなるだろう。教師への肯定的感情は，自分自身が意見を表明することに対する前向きな気持につながることが期待できる。「肯定的関心（受容）」に関するスケールでは，児童生徒の学習の可能性を尊重し，それを受容しつつ学習を発展させるような風土を作っている度合いを評定する。①教師の児童生徒の学習能力に対する信頼に関するレベル，②児童生徒の感情，経験していることや学習可能性への関心に関するレベル，の2下位項目が設定され，①②の平均を「肯定的関心」レベルとした。

なお，アスピー尺度の他の2観点として，教師の中核3条件に関わる態度による効果検証の側面の位置づけも考えられる**「生徒の学習目的促進」**（①児童生徒自身の教育目的への支援レベル，②児童生徒の要求・質問への対応レベル，

③授業の主題についての柔軟な対応レベル，④児童生徒を尊重するレベル），**児童生徒の「授業への積極性」**（①児童生徒の発言の意欲のレベル，②児童生徒の授業への満足度）についての評定についても検討されたものの，尾前（2023）で実施した授業検討研修では，時間的制約やロジャーズの中核3条件に特化したふりかえりを採用しようとしたこと，さらには録画ではなく録音による資料ではこれら2観点が評定しにくかったことや，内容的に評定しにくい項目が散見されたことなどの理由を総合的に判断して採用されなかった。

7．アスピー尺度（簡易版）の妥当性

　アスピー尺度（簡易版）の妥当性を検証するため，学校教育を専門とする大学生・大学院生52名を対象としてアンケート調査を実施した。回答者には，小学校～中学校で出会った教師を思い浮かべ，その印象について回答を求めるようにした。回答者各自に，「自分自身の成長にとって促進的にかかわってくれたと思われる教師」及び「自分自身の成長にとって促進的にかかわってくれなかったと思われる教師」を一人ずつ思い出してもらい，それぞれの教師の印象をアスピー尺度（簡易版）の各質問項目について回答を求めた。なお，回答に当たっては，倫理配慮として回答数の集計結果のみを紹介することとし，回答は任意とすることとした。全6項目について各評定項目を順序尺度と考え，ウィルコクソンの符号付き順位検定を用いて両者の評定分布について検定した結果，「自分自身の成長にとって促進的にかかわってくれたと思われる教師」への評定と「自分自身の成長にとって促進的にかかわってくれなかったと思われる教師」に対する評定の分布には，I-ⅰ）～Ⅲ-ⅱ）の全ての質問において有意に差（漸近有意確率（両側検定）$p<.001$）が生じる結果が得られた（表1）。

　本結果を得て，アスピー尺度（簡易版）で示した教師の姿勢と，児童生徒の成長への促進的かかわりとの関連が示唆された。アスピー尺度（簡易版）に示されたかかわりが，児童生徒と教師との関係性において具体的にどのように実践されているかを検討する研修の実施は，教師による児童生徒の成長への促進的かかわりを検討することに関連しており，ファシリテーターとしての教師のかかわりを検討する際にアスピー尺度（簡易版）を用いた授業等のふりかえりには意味があると考えた。

Appendix　アスピー尺度（簡易版）評定項目（ロジャーズの中核３条件項目）

＜Ⅰ＞共感的理解の伝達についてのスケール

Ⅰ-ⅰ）教師は「児童・生徒が表明している感情」や「今，児童・生徒が経験していることの意味」を
1　全くわかっていない。まったく無視している。
2　半分くらいは理解し，捉えている。
3　表面的には一応理解しているが，じゅうぶんではない。
4　その意味を把握し，それを明確に児童・生徒に伝えている。
5　その強さまで正確に理解しており，適切な言葉で伝えている。

Ⅰ-ⅱ）教師自身の感情や言葉は
1　児童・生徒に，その意味がまったく伝わっていない。
2　応答がぎこちない。
3　"共にいる"，"相互交流的"な雰囲気はある。
4　適切な言葉で伝えている。
5　適切に伝え，児童・生徒の目標決定や気づきを促進している。

＜Ⅱ＞　自己一致についてのスケール

Ⅱ-ⅰ）教師の発言は
1　形式的・機械的・練習通りで型にはまったものである。
2　大部分は形式的であるが，少しその人らしさが見られる。
3　形式的なものとその人らしさが相半ばしている。
4　大部分はその人らしいが，少し形式的なところが見られる。
5　まったく自発的で自由な印象を与える。

Ⅱ-ⅱ）『教師自身の感じ』は『児童・生徒が思う感じ』と比べて
1　両者のあいだに明らかに矛盾した関係が見られる。
2　あまり関係がないか，ネガティヴな発言である。
3　適切であるが，本当の教師自身を伝えてはいない。
4　幾分ためらいつつも，教師の真実な発言があり破壊的でない。
5　自分らしく開かれていて，充分にその人らしさを感じられる。

＜Ⅲ＞　肯定的関心（受容）についてのスケール

Ⅲ-ⅰ）教師は児童・生徒の学習能力に対して
1　まったく否定的な関心を表明している。（「どうせムリだ」）
2　疑いを持っていることを表明している。（「ムリだろうけど」）
3　効果的に進めて行ける能力を肯定的に認めている。
4　学習を進めていく能力があることを信頼し表明している。
5　児童生徒の学習能力を信頼し，それを尊重している。

Ⅲ-ⅱ）児童・生徒の感情，経験や，学習可能性に対して
1　全く無視している。又は，全く否定している。
2　あまり尊重していない。（機械的な応答，受身的な応答など）
3　自分の価値感に合う範囲内においては肯定的な関心を表す。
4　非常に深い尊重と関心を明確に伝えている。
5　常に適切に受け止め，勇気づけている。

表 1　アスピー尺度（簡易版）各項目のクロス集計表

Ⅰ-ⅰ）共感的理解の伝達についてのスケール

	5	4	3	2	1
促進的教師（人）	10	27	8	6	1
非促進的教師（人）	1	5	16	16	14
データの大小 （促進-非促進）	+	+	−	−	−

効果量 r =.694, p<.001

Ⅰ-ⅱ）共感的理解の伝達についてのスケール

	5	4	3	2	1
促進的教師（人）	15	24	10	1	2
非促進的教師（人）	0	3	9	26	14
データの大小 （促進-非促進）	+	+	+	−	−

効果量 r =.812, p<.001

Ⅱ-ⅰ）自己一致についてのスケール

	5	4	3	2	1
促進的教師（人）	24	15	11	2	0
非促進的教師（人）	7	2	6	15	22
データの大小 （促進-非促進）	+	+	+	−	−

効果量 r =.732, p<.001

Ⅱ-ⅱ）自己一致についてのスケール

	5	4	3	2	1
促進的教師（人）	28	15	6	0	3
非促進的教師（人）	4	4	21	10	13
データの大小 （促進-非促進）	+	+	−	−	−

効果量 r =.724, p<.001

Ⅲ-ⅰ）肯定的関心（受容）についてのスケール

	5	4	3	2	1
促進的教師（人）	9	32	11	0	0
非促進的教師（人）	0	6	23	17	6
データの大小 （促進-非促進）	+	+	−	−	−

効果量 r =.819, p<.001

Ⅲ-ⅰ）肯定的関心（受容）についてのスケール

	5	4	3	2	1
促進的教師（人）	20	17	15	0	0
非促進的教師（人）	1	3	22	17	9
データの大小 （促進-非促進）	+	+	−	−	−

効果量 r =.810, p<.001

Ⅱ 「アスピー尺度（簡易版）」を用いた研修の実際

　尾前（2023）は，新任教師として採用される直前の時期にある大学院生であったが，「アスピー尺度（簡易版）」を用いて，学校実習生として担当した授業における児童との関わりをふりかえる授業検討会を実施した。本授業検討会では，先述したように尾前が実施した授業について Rogers の中核3条件に対応する，Ⅰ）共感的理解の伝達，Ⅱ）自己一致，Ⅲ）肯定的関心（受容）にかかわる「アスピー尺度（簡易版）」を用いて評定され，児童とのやりとり場面についての検討がなされた。ここでは，どのように「アスピー尺度（簡易版）」を用いた事例検討会が進行したのかについて概観し，アスピー尺度を用いた「ファシリテーターとしての教師」につながる相互研修について検討したい。

1．授業検討会の実施
（1）検討会の形式
　教職大学院在学中の現職教員2名と学部卒業後ストレートで入学した院生2名，大学教授の5名が継続参加する4回の授業検討会が実施された。検討会は毎回，児童・保護者の了解を得たうえで録音された，教師 - 児童関係の促進にかかわると考えられる3分程度の授業場面が2カ所抽出され，その逐語録と録音資料をもとにファシリテーターとしての教師のありようについてのふりかえりを行うものであった。

　授業検討会は，畠瀬（1992）が実施したアスピー尺度を用いた研修を参考に実施されたが，本研修においては授業における中核3条件への焦点づけがより明確に位置づけられている。また，単に授業者の「自己一致」「肯定的関心（受容）」「共感的理解」の諸態度についての評定を行うだけではなく，これらの教師の態度が，教師と児童の双方向の関係性，児童間のやり取り（文部科学省，2021）にどのように関わっているか，これらの関係を促進するにはどのように関わっていけばよいかが具体的に話し合われた。

　畠瀬（1992）では，授業録音を3等分して，各部分から3分間を取り出し，逐語記録と録音を照合しながら評定し，1）原則として授業に入った始まりの

５分間と最終の５分は除外する，２）本読み，書き取りテスト，実験中などの特殊場面は除外するという形式で研修が実施されていた。一方，尾前（2023）では時間的制約等に配慮して，基本的には畠瀬の実施方法を踏襲しつつ，授業録音を前後半から教師と児童がやりとりをしている２場面を抽出して「アスピー尺度（簡易版）」をもとにした３観点（Ⅰ.共感的理解の伝達，Ⅱ.自己一致，Ⅲ.肯定的関心（受容））についてふりかえる形式が採用された。

　尾前（2023）では，授業の教師の児童との関わり場面の録音を参加者全員で聴きながら，アスピー尺度（簡易版）をもとに評定し，それをもとに教師の児童への関わりが３観点から見て，どの程度達成されていると判定するかを各自により評定された。次に，結果を紹介しあいながらその評定結果についての根拠や具体的なやりとりに関する意見を相互に述べる形式が採られた。また，さらに達成度が向上されるにはどのような要素が必要だと考えるかなどについて意見交換する形式で進められた。

（２）中核３条件への焦点化と参加者自身のふりかえり

　ファシリテーターの役割は多岐に渡るが，尾前（2023）では，ロジャーズの中核３条件に着目することにより，授業における教師が促進者として，自己一致・肯定的関心（受容）・共感の態度が，児童の授業への参画や児童と教師の関係性をどのように促進しているかといった観点に着眼して検討された。また，研修の進行においてもこれら３条件の関係性を重視することが求められ，参加者は意見交換の際は相互批判的にならずに，提案や自分自身の経験との比較に基づいた発言にするよう配慮が求められた。検討会を進める上での留意点としては，①参加者の相互理解への配慮，②授業者への批判ではなく提案をすること，③授業者のかかわりの意図への理解とその実現への提案，④授業を受けている児童の気持ちの想像などの観点を持つことが重要であるとされた。

　尾前（2023）では，教師－児童間，児童間の関係性促進に教師の態度がどのような役割を果たしているかという観点に焦点を当てた授業の振り返りが行われた。同時に，参加者自身のこれまでの授業実践や今後の授業における自分自身の教師としてのありように関する発言もあり，意見交流を通して得られた教師の役割に関する気づきについても話し合われた。

　このような話し合いの機会は，現職教員院生参加者にとっては教員としての

自分のありかたとしての自分自身についてのふりかえり，これから教員として奉職するストレート学生にとっても，今後の自分のありようを考える機会となったことがわかる。また，自分が児童であったら，教師からどのようなかかわりをしてほしいかといった，児童生徒からの視点に立った意見も交換されており，尾前が準備した逐語録は，尾前自身の授業におけるふりかえりに留まらず，参加者自身の教師としての自分自身のふりかえりにつながるものとなっていた。

（3）授業検討会の過程

　尾前（2023）では，参加者の発言は，示された授業の中核3条件の評定の報告から出発するものの，発言の進行につれて自分自身の教育実践との照合がなされるようになっていった。また，参加者間におけるこれらの発言への相互理解の関係性が促進される場面も散見された。参加者が「評価者」に留まらず，実践者としての「当事者」性を示し合うことが相互交流的な場の運営には欠かせない。単なる授業者への評定や批判的指摘に留まらない，研修会における相互理解の関係性がこのような参加者相互の発言につながると考えられる。ここでは，研修の進行におけるファシリテートが重要であった。

1）授業者への中核3条件評価の変遷

　全4回の授業検討会における Rogers の中核3条件「共感的理解」「自己一致」「肯定的関心（受容）」の各項目についての授業者への評価や授業者自身の気づきの概略に関しては次の変遷を経た。

①共感的理解

　第1回検討会では，一貫した態度で児童に対する共感的理解を示すまでには至らないという評価，第2回では，共感的に受け入れる意識が生じているものの深いところにまでは至っていない段階であるとの評価が大半であった。第3回では，受け入れる姿勢から，教師側の理解を児童に伝える段階に移行したという評価が得られるようになり，教師－児童のやりとりのステップとしては成長の変化の方向と捉えることができるという意見がみられるようになった。児童の発言を受け身的に受け入れる姿勢（第2回まで）から，受け入れた上で教師側の理解を伝える（第3回以降）段階へと，授業検討会を経て変化をしている様子が評価された。

②自己一致

　第１・２回では，「自分らしさが出ている」と「形式的に感じる」の両方の印象があり参加者によってまちまちであったが，概ね自己一致しているとは言いにくいという評価（２程度）であった。第３回では，「落ち着いている」といった印象の意見が増した一方で，「自分らしさが出ている」というコメントがなくなり，「形式的である」というコメントが増加した。また，落ち着いてスムーズに授業をしてはいるが，それが自己一致として児童に伝わるという印象には結びついていないという意見もあった。第４回では，「自分らしさが出ている」（３〜４程度）が増加した。

③肯定的関心

　全４回の授業検討会を通して，肯定的関心をもって児童とやりとりしているという姿勢についてのコメントが継続して得られた。第１回では，肯定的関心を示す姿勢はまだ低い段階（２程度）にあるという意見もあった。第２回には「なるほど」と相槌を打つようになったが，逆に肯定的な反応や深い尊重や関心の姿勢が児童に伝わっている印象にはつながっていないという感想が多かった。第３回では，肯定的な関心をもって授業に取り組んでいる印象は増したが，一貫して肯定的関心をもっているとまでは言えないという声も聞かれた。第４回では，今後の課題として間のとり方や言葉のニュアンスに気をつける必要性について話題になった。

Ⅲ　研修のふりかえり

１．授業検討会の効果

（１）授業検討会による気づき・学びの過程

　尾前（2023）では，授業中の教師と児童がやりとりしている場面について検討されたが，授業者は，第１・２回授業検討会での教師の一方的なやりとりについての気づきや意識してしまうありかたを経て，第３回では教師が児童に伝え返しをする場面が実際に増えたといった研修継続の効果がみられた。第４回では，授業者は伝え返しについて考え，形式的ではなく教師の本心の疑問や感情

を伝えていくことが児童の意見を尊重することにつながるという学びを得ている。

　授業検討会では，評定を行う以上，具体的な数字が示されることになるが，これらの評定では毎回1～2の範囲で評定結果に個人差が見られ，意見が一致することは少なかった。「アスピー尺度（簡易版）」は，教師の児童へのかかわりの印象を評定する側面が多く，教師の発言が児童との間でどのような関係を生じさせていたかについて話し合うための共通の観点を示すものとして捉えられることが妥当であるといえよう。その意味においては，評定の数値についてよりも評定してみることによって何を授業者に伝えることができるかという観点をもつことに意味があると考えられた。

（2）授業検討会に対する参加者のコメント

　授業検討会は，授業実施者の実践記録を元にして児童との関係性を考えるものであったが，参加者は自分自身の教育実践についてもふりかえる機会となったという。授業実施者のみならず参加者にも気づきがあったことがわかる。一方では，全4回を通して「アスピー尺度の解釈の難しさ」「評定する際の情報量の不足」「評定が難しい」という意見も聞かれた。

2．参加者への事後インタビュー

（1）ファシリテーターとしての教師研修

　参加者への事後インタビューでは，どの参加者も本研究の授業検討会を通して，自身の児童生徒との関わり方についてもふりかえることができたという主旨の発言がみられた。評定を用いた振り返りを採用したことで，話し合いが促進されたことに加えて，参加者自身が授業者としての自己をふりかえり，考えを整理する機会にもなったことがわかる。事例発表者のみならず，参加者各自のファシリテーターとしての教師の成長にもつながることが示唆された。

　具体的には，これまで深く意識していなかった「生徒に発言を促すときの言葉」や「相槌の打ち方」などについて考える参加者があり，「生徒が発言しやすい，考えを深めやすい授業」に役立つという見解も述べられていた。複数人で様々な価値観や意見を交換しつつふりかえりを進めることによって，相互に考えを深めたり広げたりすることを促進するうえで，「アスピー尺度（簡易版）」を用

いた研修は有効であることが示唆された。

（2）アスピー尺度を用いた授業検討会

　尾前（2023）では，アスピー尺度を用いたことへの「話題が焦点化された」「評価基準があるため意見が言いやすかった」という参加者の意見が述べられており，本研修が検討課題や研修目的が明確であり，意見が述べやすい検討会となったことがわかる。また，「教科の専門性も関係なく検討会に参加できる」という意見からは，アスピー尺度を用いたことによって，児童と教師のやり取りの場面に焦点化された検討会になり，教師としての児童との関係性を考えるという参加者共通の課題設定の範囲内で研修を進めるという本研修の特徴が見出された。

　ファシリテーターとしての教師のありようを学ぶには，児童生徒との関係性を見直して，ファシリテートする存在として自らのかかわりをふりかえることが重要になる。その際，児童生徒へのかかわりをひとりでふりかえるだけでなく，教員研修として協働でふりかえることが有用であると考えられる。しかしながら，一般的には学校内外における授業研究に積極的に事例提供したいと思っている教員は多くないようである。この背景には，授業を実施した教員自身が自らの授業について表し，ふりかえり，気づいていく過程よりも，例えば技術的な不備を指摘されるような研修会の進め方，言い換えると授業実施者への注入型の研修，いわゆる「ダメ出し」型の研修が多いことがあろう。

　ファシリテーターがエンカウンター・グループの促進者を指す用語として用いられてきたことはすでに述べた。エンカウンター・グループは参加者の相互理解を基盤とした個々の成長の場である。本研修はアスピー尺度の評定を用いた授業における教師のかかわりを検討する教員研修のモデルであるが，エンカウンター・グループと同じように相互理解をもとにした成長を促す場でなければ，教師としてのファシリテーターの研修の機会にはならない。アスピー尺度の評定をもとにした話し合いでは，ルーブリック評価に基づく授業者の到達点に焦点が当たることから，授業者に対して評価的であったり出来ていないことに対するコメントを伝える場に陥ってしまったりする可能性が高まる。「ファシリテーター」という用語がどのような意味をもつものであるかということを十分に理解し，授業者が傷つくような関係性が生まれないような参加者の配慮が

重要である。

3．本研修の現代的意味

　これらの結果より，アスピー尺度（簡易版）を用いて児童生徒と教師との関係を評定し，それをもとに教師が自分自身のありようをふりかえる研修は，現代の本邦の教師研修においても意味のあるものをもたらせると考えられた。ロジャーズの中核３条件の重要性や，今日のファシリテーターとしての教師への要請を鑑みると，アスピーが作成した評定尺度そのままを用いるのではなく，教室における教師の対人援助のありようについて，ロジャーズの中核３条件に関する評定と研修参加者の相互交流による研修に絞り，ファシリテーターとしての教師のありようを考える研修が現実的であると思われる。留意点としては，実施の際に研修もまた場が相互ファシリテートされるような関係性を目指すことがあげられる。相互援助的な研修の進行は，教室における児童生徒との関係性にも反映されると考えられる。

　最後に，評定を用いて研修を進めることから，授業提供者への批判的な雰囲気を作り出しやすくなってしまうことへの参加者相互の配慮の重要性を再度指摘しておきたい。ロジャーズは，相互理解，相互交流促進のために中核３条件を示したのであって，決してこれらの達成度を評価するために示したわけではない。研修もまた相互理解，相互交流が進む場にする必要があり，何より授業提供者が前向きに取り組んでいくことができるような授業研究にするという共通認識を育むよう配慮することが肝要であるといえよう。

【引用文献】

Aspy, D. N (1972). *Toward a Technology for Humanizing Education*. Champaign, Illinois: Research Press Company.

Aspy, D. N.& Roebuck, F. N. (1976). *A Lever Long Enough*. Dallas, Texas; The National Consortium for Humanizing Education.

Aspy, D. N.& Roebuck, F. N. (1977). *Kids Don't Learn from People They Don't Like*. Amherst, Mass.: Human Resource Development Press.

中央教育審議会 (2021).「令和の日本型学校教育」の構築を目指して～全ての子供たちの可能性を引き出す，個性最適な学びと，協働的な学びの実現～（答申）（令和３年１月26日）．

Gordon, T. (1974) *TET : Teacher effectiveness training*. PETer H. Wyden.（奥沢良雄・

市川千秋・近藤千恵（1985）『教師学』小学館)

畠瀬稔（1992）．エンカウンター・グループと心理的成長　創元社，170-178.

文部科学省（2013）．教職員のメンタルヘルス対策について（最終まとめ），6-9.

文部科学省（2021）．「令和の日本型学校教育」の構築を目指して－全ての子供たちの可能性を引き出す，個別最適な学びと，協働的な学びの実現（答申），85-91.

尾前賢哉（2023）．初任者教育へのファシリテーターとしての教師に関する研修－ロジャーズの中核３条件に着目して－　兵庫教育大学大学院教育実践報告書

Rogers, C.R.（1957）．The necessary and sufficient conditions of therapeutic personality change. *Journal of Consulting Psychology*, 21(2), 95–103.（野島一彦監修　三國・山本・坂中編集（2015）『共感的理解』　創元社，22-23.

Rogers, C.R., ed.（1967）．*the Therapeutic Relationship and its Impact. a study of Psychotherapy with Schizophrenics*. The University of Wisconsin Press.（友田不二男編『サイコセラピィの研究』（ロージャズ全集第19巻），古屋健治編訳『サイコセラピィの成果』（同第20巻），伊東博編訳『サイコセラピィの実践』（同第21巻）に分訳，岩崎学術出版社.)

Rogers, C.R.（1974）．The project at Immaculate Herat : An experiment in self-directed change. *Education*, 95(2), pp.172-189.（畠瀬稔監訳 1980『エデュケーション』関西カウンセリングセンター，第８章.)

Rogers, C.R. & Freiberg, H.J.（1994）．*Freedom to Learn*（3rd. ed.）. Merrill/Macmillan College Publishing Co.（畠瀬稔・村田進訳（2006）『学習する自由』第３版　コスモス・ライブラリー）

坂中正義（2012）．ベーシック・エンカウンター・グループにおけるロジャーズの中核３条件の検討　関係認知の視点から　風間書房.

坂中正義・田村隆一・松本剛・岡村達也（2017）．傾聴の心理学　創元社，154.

山中信幸（2018）．ファシリテーターの教師の養成－豊かな心を育む生徒指導の実践者の養成に向けて－　川崎医療福祉学会誌，27(2)，269–277.

───── 第 *5* 章 ─────

ポジティブ心理学と教員養成

教員養成課程学生の「児童生徒の強みを見出し活かす力」の育成

森本 哲介

I　はじめに

1．教員養成課程の学生の教員としての資質の向上

　学校教育の現場において，教師の質の向上はいつの時代も重要な課題である。子どもの意欲を高め，子どもが持つ本質的な才能や強みを見出し，自己形成を促進できるかということは，すべての教師にとって共通の関心事であると思われる。山田（2022）は，教職に就いた，あるいは就きたいという理由について現職の教員，教員養成課程の大学生を対象に調査を行ったところ，どちらも同様の傾向が示され，子どものため，社会的責任，生きがい，経済的安定，社会を構築するといった事柄が上位に上がりやすいことを報告している。教師になる前も，教職に就いてからも，学校教育に関わる者にとって子どもの人格的成長や社会の担い手として育てていくことは最も大きくやりがいを感じることなのである。

　教員養成課程の段階では教師として必要になる様々なことを学ぶ。その中でも子どもとの関わり方は最も重要な事柄の1つだろう。山根他（2010）では，教員養成課程の学生は子どもと肯定的に関われるようになることについての高い理想を持つことが報告されている。子どもとの関わりは，教員となり現場に立った直後から必要となることを学生側も十分に理解している。一方，毎日学

校で子どもと関わっている現職の教員と比較した研究では，授業観や子どもとの関わりにおける差異が示されている。現職教員と教員養成課程の大学生を比較した研究として，例えば秋田（1996）は，現職教員は授業を子どもと協働で作り上げていくものととらえるのに対し，大学生の場合は，教員志望の有無にかかわらず，授業は教師から子どもへの筋書き通りの情報伝達の場ととらえやすいことを報告している。また，Hosotani & Matsumura（2011）では，教師は子どもに対しての感情表現をスキルとしてとらえ，様々な目的にあわせて感情表現を適切にコントロールしていることが示されている。それに対し大学生を対象に調査を行った細谷・松村（2012）では，情動豊かな教師像と，怒りの表出をしない教師像の両方の理想像をもつ学生がおり，さらに，大学生は怒りの表出が現職の教員ほどにスキルとして実践されておらず，踏み込んだ対応をとることに難しさを感じやすいことが報告されている。もちろん，大学生が現場経験の機会や経験の蓄積という点において，毎日学校で子どもと関わる現職教員に劣ることはどうしようもないことである。そのため教員養成の段階では，教員としての資質・能力を向上させようと様々な教育的内容のアプローチが行われている。例えば教員養成のカリキュラムとして代表的な教育実習について，三島（2008）では，教育実習の前後で，授業中の問題点を的確に指摘できるようになることや，代案の生起数が向上し，授業観察力が高まることを示している。また深見（2016）では，教員志望の学生を対象に，カリキュラム開発の力量向上に関するプログラムを行い，講義やフィールドワークを含んだ実践的な内容に取組むことによって，カリキュラム開発に関する得点が向上したことを報告している。さらに金山・吉竹（2018）では，教員志望の学生を対象に，構成的グループエンカウンターに関する研修プログラムを行い，その効果を報告している。このように，教員養成課程の段階から，授業観，教育観，対人関係などの様々な面について，様々な方法・アプローチによって学生の資質・能力を向上させる取組みが行われてきている。

2．ポジティブ心理学における「強み」に焦点を当てた取組み

　さて，人の持つポジティブな側面や機能についての基礎研究とその成果の応用について探求し，人の幸福や生活の質の向上を目指す研究領域の 1 つに

ポジティブ心理学がある。ポジティブ心理学では，人が活躍したり最善を尽くすことを可能にさせるような特性を"強み（strengths）"として（Wood et al., 2011），強みを見出し，高め，発揮するための様々な研究が行われている。さらに，人の持つ強みを様々な実践的な形で応用する"強みを中心とした介入プログラム（Strength-Based Program：以下，SBPとする）"が世界中で実施されており，教育現場においてもその成果が注目されている。

　学校現場で行われたSBPの実践例として，中学生を対象にStrengths Gymというプログラムを行ったProctor et al.（2011）や，小学生を対象に学級単位でプログラムを行ったQuinlan et al.（2015）などがあり，生活満足度やポジティブ感情，教室でのエンゲージメント，自律性，個人および集団の人間関係の向上が報告されている。日本国内においても，小学校（伊住，2019），中学校（阿部他，2021），高校（森本他，2015）のそれぞれにおいてSBPの実践は行われており，ウェルビーイングや生活満足度，抑うつ症状や自己形成意識などについての効果が報告されている。

　学校教育現場におけるSBPの各報告をみると，プログラムの内容は研究ごとに異なるものの，Linkins et al.（2015）は，強みに関する知識を伸ばす心理教育，他者の強みについて認識し考える取組み，自己の強みについて認識し考える取組み，強みによる行動を実践し，強みを発揮する取組み，という4つの要素を含めることが必要であるとしている。すなわち，強みとは何かを知り，自分の強みや他者の強みについて考え，さらに実際に強みに基づいた行動を実践する。日本の学校教育におけるSBPをみると，主として特別活動や道徳などの授業カリキュラムの一環として学級単位で実施されており，具体的には，子どもの強みを尺度などにより測定して自覚を促したり，自己の目標達成のために自分の強みを活かしたり，仲間同士でお互いの強みを見つけあう，といった取組みが行われている（阿部他，2021；伊住，2019；森本他，2015）。

　調査研究においても，子どもが自分や他者の強みを認識し，また日常の学校生活の中で自己の強みを発揮できることの重要性が示されている。例えば，小國・大竹（2017）は小学5，6年生を対象に調査を行い，強みの活用感や強みの認識の程度がストレスと負の関連を示すことを報告している。また，阿部他（2019）が小中学生を対象にした調査では，自他の強みに注目できることや自他

の強みを具体的に記述できることは生活満足度と正の，抑うつと負の関連を示されている。さらに田畑・森本（2023）においても，中学生の自他の強みへの注目や強みの活用感，強みの保有度と，学校エンゲージメントや，対人的感謝との関連が報告されている。このように，SBPの実践報告だけでなく調査研究においても，児童生徒が自分や他者の強みを見つけ，また日常の学校生活の中で自己の強みを発揮できるように促すことが，子どものウェルビーイングや主体的な自己形成において有効であることが示唆されている。

3．教師の資質としてのストレングススポッティングとその向上の可能性

　さて，子どもが自他の強みに気づき，強みを発揮できるようになるために，教師はどのような関わりをすることが求められるだろうか。個々の特徴や強みを理解したうえで，その強みを本人に気づかせ，活動の中でさらにその強みを発展させていく，そのような資質をあらわす特性として「ストレングススポッティング（strength spotting；以下，SSとする。Linley et al., 2010）」という概念が提唱されている。SSは，コーチングの実践研究から示されたもので，他者の強みを見出し活かす力である。これを学校教育に置き換えると，児童生徒の強みを発見・促進する力ということになるだろう。SSは，他者の強みを上手に見つけられるという能力，強みを見つけることで感情的な高揚を得るという感情的反応，強みを見出す頻度，強みを見出すことを重要ととらえる動機，強みを見出した後にそれを発揮させるように促す応用の5つの因子から構成される（Linley et al., 2010）。

　教員がSSを備えることは，子どもとの関わりにどのような恩恵をもたらすだろうか。まず考えられるのは，強みを見出す能力や，強みを発見する頻度が多いほど，児童生徒の個別具体的な強みや長所をたくさん発見することができることである。強みはすべての人が潜在的には有しているとされており（Wood et al., 2011），学校生活の様々な活動における児童生徒の行動には，強みの種や強みの芽となりうるものが隠れている。強みを見つけられれば，いわゆる褒めのポイントを見つけやすくなる。これは，個別指導の際に有効なだけでなく，全体指導においても有用であろう。また応用が高いことは，児童生徒が学校生活の中で自らの強みを発揮することを支援することにつながり，発達支持的な

生徒指導にも役立つであろう。現職教員を対象とした調査において，SS は教師効力感や目標達成機能を持つ指導行動（P 行動），授業力の自己認知や児童生徒の積極的授業参加と正の関連を示すことが報告されている（森本・高橋，2021；森本・高橋，2022）。また，SBP の実践においても，教師の SS が，児童のポジティブ感情や学級へのコミットメントおよび満足度などの介入効果をより高めることが報告されている（Quinlan et al., 2019）。このように，教師が SS を備えることの有効性は，理論的にも，実証研究においても支持されている。なお，子どもとの関わりという点においては，SS の重要性は教師のみに限定されるものではない。例えば，Waters（2015）は，親が自分の強みに気づき色々な場面で活かそうとすすめてくれていると認識している子どもほど，ストレスや不安が少なく，かつストレスへのコーピングにおいて自己の強みに基づいた方法を取りやすくなることを報告している。強みに焦点を当てる取組みは，子どもを育み，支援する者すべてにおいて有用といえる。

　さて，学校現場で実際に子どもたちと関わり続けている現職の教師と，教員養成課程において学ぶ過程にいる学生では，SS の程度に差はみられるのだろうか。森本・高橋（2022）のオンライン調査の結果をみると，SS の能力因子と頻度因子に教員歴による差がみられており，若手よりもベテランの得点が高かった。一方，現職教員と教員養成課程の学生を比較した高橋・森本（2021）では，調査に回答した教員の数が少なく結果の一般化には課題が残るものの，感情的反応，動機，応用において差がみられ，教員の得点が高いことが報告されている。このようにみると，教員として実際に活動し経験を積むことで，児童生徒と関わるスキルが高まったり，あるいは学級経営に余裕が生まれたりして，徐々に強みに注目しやすくなる可能性が示唆される。しかしながら，教師は，採用され教壇に立った時点で，新米の教師もベテランの教師と同じように子どもとの関わりをもつようになる。そのため教員養成課程の段階から，SS を高められるように支援していくことは重要であると考えられる。

　教育的支援による SS 向上の可能性について阿部他（2021）や森本他（2015）では，SBP により自分自身の強みを意識する程度や強みの活用感が高められたことが報告されている。対他者認知について，阿部他（2021）による介入では，自他の強みに注目させる介入のみを行った場合には他者の強みへの注目の得点

が向上したものの，強みの測定と強みを発揮するプロセスを加えたところ，得点の向上がみられなくなり，効果が安定していない。さらに，教師に求められるSSは，単に児童生徒の強みに注目するだけでなく，児童生徒が，学校生活の中で強みを発揮できるように促す応用の部分までを含める必要がある。

4．本研究の目的

　以上のことから本研究では，現職教員と大学生のSSの程度と差異を調査し，教員養成課程の大学生においてどのようなSSの育成が求められるかを明らかにするとともに，SSが取組みによって変化，向上するかを明らかにする。具体的には，教員養成課程の大学生を対象に，SSの向上を意図したSBPを行い，その効果を検証する。

Ⅱ　研究1　現職教員と教員養成課程学生の比較

1．目的

　研究1では，現職教員と，教員養成課程の大学生を対象に調査を行い，調査協力者の持つSSについて比較を行うことを目的とする。なお大学生は，児童生徒との関わりについて自己の体験から自己評価ができるよう，学校実習や教育実習を経験し，すでに児童生徒との関わりを持っている学生のみを対象に調査を行うこととする。

2．方法
＜調査協力者＞

　近畿圏，東海圏，および首都圏の小中学校の現職教員112名と，4年制大学の学生100名を対象とした。現職教員には校内研修時に調査依頼をし，アンケートを配布した。学生には授業時間を利用して，アンケートを配布した。

＜アンケート項目＞

　SS　Linley et al.（2010）が作成したSS尺度をKomazawa & Ishimura（2015）が邦訳した日本語版を用いた。本尺度は，能力，感情的反応，頻度，動機，応

用の下位尺度がそれぞれ4項目，計20項目で構成されている。なお，強みを見出す対象を児童生徒に限定するため元尺度の「人」を「児童生徒」に修正して使用した。回答は，「1．全くあてはまらない」から「5．非常にあてはまる」の5件法で求めた。各下位尺度の項目例は，表1の通りである。

表1　SS 尺度の項目例

下位尺度	説　明
能力	どれほど上手に強みを見つけられるか 項目例：私は，児童生徒の強みをたやすく特定することができる
感情的反応	強みを見つけることで感情的な高揚を自然に得るか 項目例：児童生徒の強みに気がつくと気分がいい
頻度	強みを見出す作業を提供する頻度 項目例：私はいつも児童生徒の強みに気がついている
動機	強みを見出すことが重要であると考えるか 項目例：私は，常に児童生徒の強みに注意を向けている必要があると強く思っている
応用	強みを見出したのちにそれを発揮させるよう促すか 項目例：私はしばしば，児童生徒が強みを活かしたり伸ばしたりするために提案する

注）Komazawa & Ishimura（2015）から項目を修正して抜粋

＜倫理的配慮＞

　参加協力者には，回答は強制ではなく，途中で回答をやめることも可能であり，そのことにより不利益が生じることはないこと，データは匿名で扱い研究以外の目的に使用しないことを口頭，紙面にて説明し，同意できる場合にのみ質問紙への回答を求めた。また，現職教員に対しては，経験年数や勤務校種の記入は任意とした。大学生に対しては，回答内容や研究協力の有無は授業の成績とは関係がないことを併せて説明した。

3．結果と考察
＜SS 尺度の得点＞

　まず，現職教員と大学生のそれぞれについて，SS 尺度の平均値と標準偏差を算出した。現職教員，大学生ともに，動機が最も高く，2番目に感情的反応が高かった。現職教員の各下位尺度の平均値や得点の高低については，Quinlan et al.（2015）やオンライン調査による森本・高橋（2021）と同程度であった。教師は子どもの強みを見つけたいと思っており，また見つけられると嬉しく感じられるということであろう。また，応用において最も低い得点を示しているこ

とも両者で共通しており，他者の強みを発揮させるということが，自分自身が
強みを活かすのとは異なる困難さを有していることが示唆される。

　次に，現職教員と大学生の SS について比較するために，下位尺度ごとに対応
のない t 検定で比較した（図1）。分析の結果，感情的反応，動機，応用では，
現職教員のほうが大学生に比べて得点が高く，能力においては，大学生の得点
の方が高かった（能力：t (210) = 2.11，p = .02，d = 0.29；感情的反応：t (210)
= 4.44, p <.01, d = 0.61；頻度：t (210) = 0.67, n.s., d = 0.09；動機：t (210) = 7.45,
p <.01，d = 1.03；応用：t (210) = 3.83，p <.01，d = 0.53）。感情的反応，動機，
応用の差は，高橋・森本（2021）と同様であった。感情的反応と動機では現職
教員のほうが高いことは，実践の場で児童生徒の強みを見出すことの重要性を
より実感しやすいということであろう。応用における差も，実践の場で，目の
前の児童生徒に対して様々な言葉かけや提案をする機会が多いということを考
えると理解しやすい。また，能力において大学生の得点が高かった。この点に
ついて現職教員は，大学生の学校教育実習のような短期的な関わりと違い，常
時継続的に子どもと関わる必要がある。日々，様々な出来事が起こる中で，強
みを見つけ続けること，強みに焦点を当て続けることの難しさを感じているの

図1　現職教員と教員養成課程学生の SS の比較

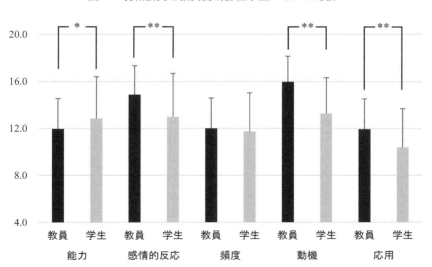

かもしれない。ただし，本研究だけでは十分な検討が難しく，今後の検証が必要である。

教員養成課程の大学生を対象としたSSの支援について考えると，まず，感情的反応と動機付けを高めるということへの介入の必要性が示されたといえる。その為には，児童生徒の強みを見出す必要性やその意義を伝える心理教育の部分が重要になるであろう。さらに，大学生にとって困難さがうかがわれる応用についての支援としては，自分自身でも強みを活用してみることや，様々な強みに基づく行動の実践例を紹介したり，互いの実践例を報告しあったりするなど，強みが発揮される場面や強みを発揮する方法の多様さを示せるような工夫を取り入れ，プログラムを実施する。

Ⅲ　研究2　教員養成課程学生に対する心理教育プログラム

1．目的
研究2では，児童生徒の強みを見出し活かせるようになることに焦点を当てた心理教育プログラムを実施し，教員養成課程の大学生のSSを高めることができるかを検証する。

2．方法
＜参加協力者と実施手続き＞
研究1に参加した大学生を対象に，授業時間を利用して，心理教育プログラムを実施した。プログラムを実施後に，再度のアンケート調査への回答を求めた。

3．実施手続きとプログラムの内容
プログラムは，以下の内容で構成された（表2を参照）。プログラムに先立ち，参加協力者にフィードバックするための心理学的強みを，尺度を用いて測定した。プログラムの1日目は，強みに関する心理教育と，自己および他者の強みを認識し，見つけようとする取組み，強みを活用するための取組みについての8つの内容で構成された。1日目と2日目の間に，強みに基づいた行動を実践

表2　プログラムの内容と流れ

	テーマ	小項目	目的と方法
1日目 (90分)	強みに関する心理教育	1．教育機関とポジティブ心理学	本プログラムの導入を目的として，学校適応や自己実現，メンタルヘルスとの関係の中で，ポジティブ心理学が活用されてきた事例を紹介。
		2．強みに関する心理教育	強みの理論の紹介。学校教育だけでなく，様々な分野での応用の成果を説明し，児童生徒の強みに注目することの有効性を説明。
	自己と他者の強みを認識し，発見する	3．強みの自己理解ワーク	自己理解・強み理解を深めることを目的として，20答法を体験し，強みを認識することの難しさを確認。その後，ストレングスシートを用いて，自己認識している強みを確認。
		4．他者の強み発見ワーク	自他の強みの見え方の違いについての理解を促すためジョハリの窓を説明。ジョハリの窓の体験と強みを多様な言葉で表現することを目的として，6人程度のグループになり，ストレングスシートを用いながら他者の強みを当てるゲームの実施。
		5．強みの測定結果をフィードバック	強み尺度の結果を個別にフィードバック。尺度の結果と，自己理解による強みや他者から指摘された強みとを比較。
		6．弱みを強みに言い換えるワーク	参加協力者に，弱みエピソードを挙げてもらい，そのエピソードをマイナス印象を与えないで伝える方法か，プラスにリフレーミングして伝える方法をグループで提案しあうワークを実施。
		7．事例の中で強みを発見するワーク	不登校や暴力行為，特別支援など，ネガティブにみえる特徴のある児童生徒のエピソードを紹介し，その事例の中で，関係者の強みが表れているところを見つけるワークを実施。その後，改めて児童生徒の強みに注目する意義を確認した。
	強みを活用する	8．強みの活用に関するワーク	日常生活の中で，強みに基づく行動を実践する意義について説明。強みのリストの中から，強みを活用・発揮する方法をペアで考えるワークを実施。
HW (1週間)	強みを活用する	9．ホームワーク（HW）の説明	日常生活における強みの発揮・活用の実践。説明と資料の配布。
2日目 (90分)	強みを表現する	10．強みをエピソードで表現する	宿題記録表に記したエピソードを見返し，どんな強みをどのように発揮・活用したのかを振り返る。強みを，エピソードを用いて具体的に描写することを説明。
		11．強みと日常の実践を紐づける	自己の強みを，子どもと関わる活動との関連で掘り下げる。自己の強みが，子どもと関わる時にどのように生かせるかを考え，グループに説明する。グループメンバーは，発表されたエピソードに加え，ノンバーバルやこれまでの活動も含め，発表者の良かったところを見つける。ワークを通して見つかった強みを，個別にフィードバックをする。
	振り返り	12．ディスカッション	これまでの学びや感想をグループで説明。その後，全体で共有。

するための１週間のホームワーク期間を設けた。プログラムの２日目は，自分が行った強みに基づく活動の実践について，具体的なエピソードとして自分なりに表現をすることと，強みの活用を日常の実践と紐づけ，他者の強みの表現に注目する取組みを行った。最後に，プログラム全体を通して学んだことを振り返り，参加協力者全体で共有した。これらのプログラム終了後，介入後時点のSS尺度の測定を行った。なお，強みの理解を促進するために，強みの一覧と説明をまとめたストレングスシートを配布したほか，ホームワーク時に使用する宿題記入票や，各ワークの中で必要となるワークシートや資料をその都度配布した。

＜アンケート項目＞

SS　研究１で使用したものと同じ尺度である。

強み　Komazawa & Ishimura（2014）による強み同定尺度を用いた。60の強みについて各１項目で測定される。各項目について「1. 全くあてはまらない」から「10. 非常にあてはまる」の10件法で回答を求めた。なお，本尺度はプログラム内で結果をフィードバックした（プログラムの５番）。

プログラムへの評価　実施したプログラムの各内容に関して，以下の６項目で自己評価を求めた。(1) 授業を通して，自分の「強み」を理解できるようになりましたか，(2) 授業を通して，自分の「強み」の使い方・活用の仕方について学ぶことができましたか，(3) 授業を通して，他者の「強み」に注目するようになりましたか，(4) 授業を通して，「弱み」を「強み」に言い換える方法について学ぶことができましたか，(5) 授業を通して，「ネガティブな事例から良いところを見つけ出す方法」を学ぶことができましたか，(6) 宿題（ホームワーク）を通して，自分の「強み」の使い方・活用の仕方について学ぶことができましたか，の各項目について，「1. 全くあてはまらない」から「5. 非常にあてはまる」の５件法で回答を求めた。

＜倫理的配慮＞

予備調査時の説明に加えて，本プログラムへの参加は授業の一環として行われるが，結果は成績には関係しないこと，回答した調査データの研究のための利用を同意できる場合にのみ同意書への署名を依頼した。また，ワーク中に負担に感じたり，取り組みたくないと思ったりしたら直ちに中断してよいこと，

本プログラムは，公認心理師兼臨床心理士（日本臨床心理士資格認定協会認定資格）が行い，研究実施期間に研究協力のために不調を感じた場合には，他の相談機関や心理士に紹介ができることを説明した。なお，研究実施期間中および実施後において，不調などの訴えはなかった。

4．結果と考察

　研究1の参加協力者100名のうち，心理教育プログラムに参加し，かつ，同意書を提出し介入後のアンケートに回答した参加協力者は93名であった。

＜プログラム実施によるSSの変化＞

　大学生のSSの変化について比較するために，下位尺度ごとに対応のあるt検定で比較した（図2）。その結果，感情的反応，頻度，動機，応用において有意または有意傾向の変化がみられ，プログラムによる得点の向上が確認された（能力：$t(92) = 0.96$, n.s., $d = 0.11$；感情的反応：$t(92) = 2.84$, $p < .01$, $d = 0.30$；頻度：$t(92) = 2.26$, $p = .01$, $d = 0.23$；動機：$t(92) = 1.71$, $p = .09$, $d = 0.18$；応用：$t(92) = 5.82$, $p < .01$, $d = 0.59$）。

図2　プログラム前後のSSの比較

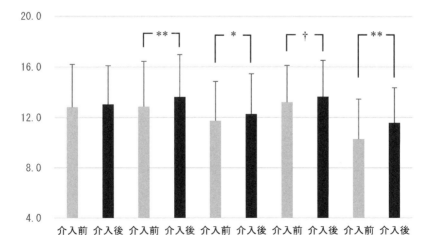

<プログラムについての自己評価>

　次に，プログラムの各取組みついての自己評価を集計した（図3）。各項目の平均値は，項目1が3.73 ± 0.78，項目2が3.67 ± 0.80，項目3が3.87 ± 0.71，項目が4.05 ± 0.73，項目5が4.09 ± 0.67，項目6が3.56 ± 0.79であった。いずれの項目も「非常に当てはまる」と「あてはまる」で50%を超えており，特に弱みを強みに言い換える取組みや，ネガティブな事例から良いところを見つけ出す取組みについては，できるという実感を得やすかったようであった。

図3　プログラムの取組みについての自己評価

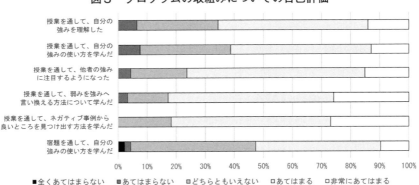

< SS とプログラムについての自己評価との関連>

　SS とプログラムの取組みとの関連について検討するために，相関分析を行った（表3）。その結果，他者の強みに注目するようになったという項目3では，SS と全般的に関連がみられたほか，弱みやネガティブな事例からポジティブを見出そうとする項目4，5についても SS の全下位尺度と関連がみられた。

表3　SS とプログラムについての自己評価との相関分析結果

	能力	感情的反応	頻度	動機	応用
項目1	.12	.32 **	.35 **	.29 **	.18
項目2	.04	.15	.27 **	.18	.21 *
項目3	.31 **	.51 **	.45 **	.46 **	.47 **
項目4	.28 **	.27 **	.32 **	.34 **	.27 *
項目5	.36 **	.33 **	.27 **	.33 **	.31 **
項目6	.07	.28 **	.29 **	.21 *	.24 *

*p < .05，**p < .01

＜ SBP の成果＞

　研究２では，教員養成課程に在籍する大学生を対象に，SS の向上を意図した SBP を実施した。プログラム前後の変化をみると，感情的反応，頻度，動機，応用の得点について変化がみられた。有意傾向が含まれるため解釈には慎重を要するものの，本研究の SBP は，SS の向上に一定の効果を示すことができたといえるだろう。図３をみると，ほとんどの参加協力者が，プログラムの各内容について，取り組むことができた実感を持っていた。特に項目３，４，５の他者の強みに注目することや，弱みやネガティブな事例からポジティブなものを見出そうとする取組みへの評価についてはよくできたという実感をもつことができたことがうかがえる。これらの項目は，SS の各因子と全般的に正の相関を示しており，実践における SS の向上に寄与したものと考えられる。項目２，６は強みの活用についての項目であったが，自分自身の強みを活用することが応用と正の相関を示しており，自分自身が強みに基づいた行動を実践することが他者の強みの発揮を促すことにつながることが示唆された。

Ⅳ　まとめと今後の課題

　本研究は，学校教育の中で児童生徒が持っている様々な資質・能力を見出し，発揮させるために教師に求められる力という点から２つの研究を行った。研究１では現職教員と教員養成課程の大学生の SS の違いについて検討した。研究２では，教員養成課程の大学生を対象に，SS を育成するための心理教育プログラムを実施した。その結果，特に応用については大きく向上し，現職教員と同程度の水準まで向上した。一方で，感情的反応や動機は得点の向上はみられたものの現職教員の水準には達しなかった。また，能力因子に関しては有意な変化がみられず，プログラムをより効果的な構成へと修正していく必要性も示唆される。本研究のプログラムは大学の授業時間を用いた実践を行っており，実際に子どもと交流する内容を含めていない。板書の工夫や授業案の添削など子どもとの交流がなくても行いやすいものと違い，児童生徒の強みを見つける，という行為を般化，促進していくためには，教育実習や日々の活動の中で実践を

どのように取り入れていくかが課題になるのかもしれない。また，大学生は現職教員と違い，常に子どもと関わっているわけでない。そのため，プログラムで向上がみられた部分についても，時間経過や子どもとの交流がなくなるにつれて少しずつ減少してしまうことが懸念される。この点について，庭山・松見（2016）が現職の若手教員を対象に行った実践研究によれば，日常の子どもへの言語的賞賛の関わりを意識的に行い，振り返る工夫をすることにより，介入効果が持続させられることが示されている。対人関係の中で他者の強みを見出し，発揮させるように促していくことは，子どもとの関わりの中だけでなく，大学生同士，授業中やゼミ，あるいはアルバイトなどの人間関係の中でも実践できることである。日常生活の中で，他者の強みに注目することを意識づけていく工夫は，プログラムの効果の持続にも関わると考えられる。

　最後に本研究の課題として2点あげる。1つ目は，現職教員への応用を含めた本プログラムの展開の可能性についてである。他者の強みに関する部分についての工夫を行うことによって，より多様な対象にSBPを実施できるかもしれない。例えば，本研究では，教員養成課程の大学生を対象としたため大学生同士での活動を行ったが，現職の教員であれば，学級にいる児童生徒の強みに注目したり，教員同士の強みに注目するという取組みがより実践的で効果を高める可能性がある。2つ目は，本研究では統制群が設定されておらず，SBPの内容はSSと正の関連があることは示されたものの，SSに関する変化が介入効果によるものであるとは断定ができないことである。本研究の成果をより確かなものにしていくためには，現職教員，大学生それぞれに介入群，統制群を設定し，改めて検証を行う必要があろう。また，子どもと肯定的な関わりをもてることは教師として望ましいことと思われるが，実際に，働きやすさやメンタルヘルス，やりがいなどの向上につながるかについて，今後のさらなる検証が望まれる。

【引用文献】
阿部望・岸田広平・石川信一（2019）．子ども用強み注目尺度の作成と信頼性・妥当性の検討　パーソナリティ研究, 28(1), 42-53.
阿部望・岸田広平・石川信一（2021）．強み介入が中学生の精神的健康に及ぼす効果に関

する検討　教育心理学研究, 69(1), 64-78.

秋田喜代美（1996）．教える経験に伴う授業イメージの変容－比喩生成課題による検討　教育心理学研究, 44(2), 176-186.

深見俊崇（2017）．教員志望学生のカリキュラム開発力量に資するプログラムの開発　日本教育工学会論文誌, 40, 181-184.

Hosotani, R., & Imai-Matsumura, K.（2011）. Emotional experience, expression, and regulation of high-quality Japanese elementary school teachers. *Teaching and teacher education*, 27(6), 1039-1048.

細谷里香・松村京子（2012）．児童と関わるときの教育実習生の情動能力－優れた教師との比較　発達心理学研究, 23(3), 331-342.

伊住継行（2019）.「道徳的強み」の自覚と活用は促進的援助サービスになり得るか？－児童に対する短期間のキャラクター・ストレングス活用介入を通して　学校心理学研究, 19(1), 41-54.

金山元春・吉竹由（2019）．教員志望学生を対象とした構成的グループエンカウンター研修プログラムの開発と効果検証　教育カウンセリング研究, 9(1), 35-43.

Komazawa, A., & Ishimura, I.（2014）. Construction of a new strengths identification scale. *GSTF Journal of Psychology (JPsych)*, 1(2), 61-67.

Komazawa, A., & Ishimura, I.（2015）. Strengthspotting and interpersonal relationships: development of the Japanese version of the strengthspotting scale. *GSTF Journal of Psychology (JPsych)*, 2, 1-8.

Linkins, M., Niemiec, R. M., Gillham, J., & Mayerson, D.（2015）, Through the lens of strength: A framework for educating the heart. *Journal of Positive Psychology*, 10(1), 64-68.

Linley, P. A., Garcea, N., Hill, J., Minhas, G., Trenier, E., & Willars, J.（2010）. Strengthspotting in coaching: Conceptualisation and development of the Strengthspotting Scale. *International Coaching Psychology Review*, 5(2), 165-176.

三島知剛（2008）．教育実習生の実習前後の授業観察力の変容－授業・教師・子どもイメージの関連による検討　教育心理学研究, 56(3), 341-352.

森本哲介・高橋誠（2021）．現職教員のストレングススポッティングに関する探索的検討　兵庫教育大学研究紀要, 58, 57-63.

森本哲介・高橋誠（2022）．教師の授業実践力とストレングススポッティングの関連およびメンターから受ける支援　兵庫教育大学学校教育学研究, 35, 23-31.

森本哲介・高橋誠・並木恵祐（2015）．自己形成支援プログラムの有用性－高校生女子を対象とした強みの活用による介入　教育心理学研究, 63(2), 181-191.

庭山和貴・松見淳子（2016）．自己記録手続きを用いた教師の言語賞賛の増加が児童の授業参加行動に及ぼす効果－担任教師によるクラスワイドな"褒めること"の効果　教育心理学研究, 64(4), 598-609.

小國龍治・大竹恵子（2017）．児童用強み認識尺度と児童用強み活用感尺度の作成及び, 信頼性と妥当性の検討　パーソナリティ研究, 26(1), 89-91.

Proctor, C., Tsukayama, E., Wood, A. M., Maltby, J., Eades, J. F., & Linley, P. A.（2011）. Strengths gym : The impact of a character strengths-based intervention on the life satisfaction and well-being of adolescents. *Journal of Positive Psychology*, 6(5), 377-388.

Quinlan, D. M., Swain, N., Cameron, C., & Vella-Brodrick, D. A.（2015）. How 'other people matter' in a classroom-based strengths intervention: Exploring interpersonal strategies and classroom outcomes. *Journal of Positive Psychology*, 10(1), 77-89.

Quinlan, D., Vella-Brodrick, D. A., Gray, A., & Swain, N.（2019）. Teachers matter : Student outcomes following a strengths intervention are mediated by teacher strengths spotting. *Journal of Happiness Studies*, 20, 2507-2523.

田畑好基・森本哲介（2023）．中学生の学校エンゲージメントおよび対人的感謝と強みと

　の関連－教師の関わりにも焦点を当てて　学校メンタルヘルス，26(1), 71-83.

高橋誠・森本哲介（2021）．教員養成課程の学生が持つストレングススポッティングに関する探索的研究－教師効力感・教師リーダーシップとの関連ならびに現職教員との比較　学校メンタルヘルス，24(1), 24-32.

Wood, A. M., Linley, P. A., Maltby, J., Kashdan, T. B., & Hurling, R.（2011）．Using personal and psychological strengths leads to increases in well-being over time: A longitudinal study and the development of the strengths use questionnaire. *Personality and Individual Differences*, 50(1), 15-19.

山田智之（2022）．現職教員と教員志望の大学生・大学院生の教職観に関する研究　上越教育大学研究紀要，41(2), 339-346.

山根文男・古市裕一・木多功彦（2010）．理想の教師像についての調査研究 (1) －大学生の考える理想の教師像　岡山大学教育実践総合センター紀要，10(1), 63-70.

【付記】

本研究は一部に JSPS 科研費 22K13814 の助成を受けた。

第6章

学校で行う
「未来語りのケース会議」
「チーム」として児童生徒支援に取り組むために

隈元 みちる

Ⅰ　学校でケース会議が求められる背景

　学校において児童生徒が示す困難や問題が多様化・複雑化してきていること
が指摘されるようになって久しい。それらの困難や問題には，個々の児童生徒
の学習面・進路面・心理社会面・健康面が相互に関連しており，さらには児童
生徒を取り巻く環境が大きく影響しているといえるだろう。藤原（2018）は，
学校でこれらに対応するためには，児童生徒への包括的な支援体制の構築が不
可欠であると述べている。こうした状況も踏まえ，現在学校にはスクールカウ
ンセラー（以下 SC），スクールソーシャルワーカー（以下 SSW）をはじめとし
たさまざまな専門職が配置されている。学校は，これらの専門職を含めた包括
的な支援体制を構築し「チームによる支援」（文部科学省，2010，p.137）を機
能させていくことが求められている。
　では，どのようにすれば「チームによる支援」は機能しうるだろうか。体制
を整えただけではチームは動き出すことはできない。具体的な事象にあたり，
どのように情報を共有し，どのように動くかという方針や方法を共通理解し協
働する起点となる場が必要となるだろう。この場を事例検討会またはケース会
議と呼ぶ。生徒指導提要（文部科学省，2010）では，ケース会議とは「「事例検

討会」や「ケースカンファレンス」ともいわれ，解決すべき問題や課題のある事例（事象）を個別に深く検討することによって，その状況の理解を深め対応策を考える方法。(p.109)」であるとしている。2022年に改訂された生徒指導提要（文部科学省，2022）では，より「ケース会議」の開催機会が例示されその必要性の高まりが見て取れる。そこでは例えば，スクリーニング会議でより集中的な関わりが必要とされた児童生徒についてケース会議を開く場合や，児童生徒の課題解決の端緒となるアセスメントのためのケース会議を開く場合などが挙げられている。このように，学校で「チームによる支援」を機能せしめるためには，この会議がいかに定着し実を持つかが鍵になると考えられる。

　生徒指導提要（文部科学省，2022）では，ケース会議の目的を「課題を明確化し，具体的な目標（方針）を共有した上で，それぞれの専門性や持ち味を生かした役割分担を行う（p.91）」こととされている。この目的を達することが第一義であるが，ケース会議の意義はそれだけではない。参加する教員にとっては，小林（2012）がまとめているように，1）事例の問題解決，の他に，2）事例理解に関わる新しい視点の獲得，3）新しい問題解決策や支援策の獲得，4）参加者のスキルアップ，が見込まれる。また，職員の同僚性・協働性の向上，教員の意欲を向上とメンタルヘルスの維持・向上，若手教員のOJT（オン・ザ・ジョブ・トレーニング）とベテラン教員の気づきの促進，の効果も加えられるだろう（新井，2012）。つまり，ケース会議によって，具体的な事例の課題解決ということだけでなく，参加した教員の職能開発や職場環境の改善等も図られるといえる。

Ⅱ　これまで紹介されてきたケース会議の方法

　ただ，教員はケース会議はいつも効果だけをもたらすものとはみなしていないようだ。隈元・藤島（2023）は教員のケース会議への意識を調査する中で，「支援方針の決定」「資質向上」「意欲向上」という効果が認識されている一方で，「不安」や「時間的負担」も感じられていることを明らかにしている。これらのケース会議が陥りやすい欠点を克服するために，これまでもさまざまな手法が紹

介されている。村山・中田（2012）は，時に会議が事例提供者の役に立つものになっておらず，傷つきを感じることもあるという状況を回避し，事例提供者がエンパワーされ心理的成長を得られる方法として，エンカウンター・グループを援用したPCAGIP法を考案・実施している。また，石隈・田村（2003）はケース会議の前提となる情報を，学習／社会・心理／進路／健康のそれぞれについて，いいところ／気になるところ／してみたことを整理できる「援助シート」にまとめて，全員が同じ情報をもとに検討できるような形式を開発している。また，藤島・隈元（2022）は先行研究を参考に，「チームで情報をシェア（共有）し，役割をシェア（分担）し，会議での会話を交わしながらシェアリング（感情の交流）する（p.270）」ことを重要視した「チーム・シェア会議」を考案している。これらの会議の方法は，それぞれの学校環境やケースの状況に応じて選ばれ実施されており，成果を挙げているといえる。

Ⅲ　学校で行う「未来語りのケース会議」の考案

1．「未来語りのダイアローグ」（Seikkula & Arnkil, 2006/2016）

　前節で見たように，これまで様々なケース会議の方法が考案されてきた。それらは，場面に応じて使い分けることでさまざまな有用性を発揮しているといえる。ただ，筆者は時として困難や課題に直面している"当事者"の声が尊重されにくい，あるいは他の参加者の声にかき消されてしまう場面があることが気になっていた。もちろんケース会議では，グランドルールとして「事例提供者（当事者）の尊重」が掲げられてはいる。ただそれは，逆説的にはそのルールがないとかき消されてしまうかもしれない事例提供者の声や意向への危惧があるからともいえるだろう。また，事例を取り巻く環境や当事者の課題や困難さに焦点があたり，事例の理解は深まるものの，参加者たちに重苦しい空気が蔓延し，なかなか次の支援の行動に移りにくい，という様子も見聞きしてきた。せっかく課題や困難を克服しようとして関係者が集まったにも関わらず，意気消沈して終わるというのは，非常にもったいないと言わざるを得ない。そんな時に，フィンランドで開発・実施されている対話をベースにした援助技法であ

る「未来語りのダイアローグ Anticipation Dialogues」に出会った。

　Seikkula & Arnkil（2006/2016）によれば「未来語りのダイアローグ Anticipation Dialogues」とは，福祉分野の様々な支援者が集うネットワーク・ミーティングにおける対話の方法である。同じくフィンランド発の対話の方法である「オープンダイアローグ」が精神科臨床における危機状態で定期的に用いられるのと対照的に，「未来語りのダイアローグ」は，危機とまではいえない段階で，しかし多くの支援者が関わりながら行き詰まりや混乱した状況にある時に1回限り（フォローアップの会議は持ちうるが）で行われるものである。

　以下，Seikkula & Arnkil（2006/2016）に従って「未来語りのダイアローグ Anticipation Dialogues」について，その要点をまとめる。

　「未来語りのダイアローグ」の参加者は，当事者および家族と，支援に関わる専門家，そして2名のファシリテーターである。ファシリテーターは各々が後述する参加者への質問と記録とを交代しながら行う。ファシリテーターはまず，当事者と家族のグループに質問し，続いて支援者グループに質問する。

　「未来語りのダイアローグ」の質問の要諦は，最初に「うまくいっている未来」を想起することにある。次に参加者たちは，「うまくいっている未来」の視点に立って，そこから現在を見通し，逆向き再生のような形で現在から未来に至ったプロセスを振り返る。「うまくいっている未来」へのプロセスが明らかになったあとで，最後に，参加者たちは，今度はプロセスを順行させるための具体的な計画を立案することになる。なお，支援者グループには「うまくいっている未来」については質問されず，未来へのプロセスの質問から始められる。

　「うまくいっている未来」へのプロセスの想起では，そのためにa. 自分がしたこと，b. 助けになった人・こと，c. 未来から見た現在の不安や困りごととその軽減方法，について質問される。最後の具体的な計画の立案段階では，これまで想起され，ファシリテーターによって記録されてきた行動や相互のサポート，不安の軽減方法などを見渡して，計画を具体化する助けとする。計画を実行に移す最初の一歩を決めることが重要だとされている。最後に，フォローアップのための次の日程を決める。

　Seikkula & Arnkil（2006/2016）では，特にファシリテーターの重要性が繰り返し述べられている。ファシリテーターは，語られる題材から十分に距離が取

れていることが重要で，それは一つには当事者が煩わしく思わないためであり，また対話の明瞭さを保つためであり，参加者間の不安や相互信頼のゆらぎから距離をとり，参加者との一対一の関係を保ち他の参加者からの遮りや力関係からの影響を受けないようにするためである。ファシリテーターの役割は，主には次の6点にまとめられる；①参加者が交互に話しを聴くように対話を構造化すること，②参加者の思考プロセスを促すこと，③参加者の未来の想起を助けること，④参加者の相互理解の促進，⑤参加者たちが一緒に行動する計画を立てられるよう支援すること，⑥参加者たちの情緒的なふれあいを支援すること，である。

　「未来語りのダイアローグ」の重要な要素として，その事象に実際に関わりのある個人の集まりからなっていることがある。参加者たちはそれぞれの立場から，しかし境界を重ね合わせながら事象に関わり，対話によって協働して新たな理解を生み出す。また対話は日常の状況や人間関係に根ざしていることも重要である。対話を通じて，参加者たちは外的には小さな変化であっても，より広い文脈から事象をみるようになる。

2．学校で行う「未来語りのケース会議」

　「未来語りのダイアローグ」は，日本でも医療や心理臨床領域において少しずつ言及や実践が見られるようになってきている（川田，2017；長沼，2022など）。

　川田（2017）は，当事者や家族のみならず支援者も「自分の心配事」に対する「助けや協力」を請うことが重要であるが，それは時に難しく「誰かの問題になっていたり，非難めいた表現になったり，非難めいた取り上げ方（p.E8）」になったりするという経験を述べている。これは学校で行うケース会議でも同じようなことが経験されているだろう。「未来語りのダイアローグ」の一人ずつ順に話したり，「あなたは何をしましたか」と自身に焦点化した質問があるという構造は，このような「他人事」的なコメントを防ぐ一つの要素になっている。川田はまた，Arnkilのセミナーにおいて「心配事を抱えていると，人はショートカットする」と氏が繰り返し訴えていたことを紹介している。問題や心配事があるときにこそ対話が必要であるにも関わらず，人は「あなたの考えは聞かなくてもわかっている」と対話を閉じる方向に動いてしまいがちだというのである。

「未来語りのダイアローグ」で示される構造によって，ショートカットしてしまおうとする傾向を一旦脇に置き，一人ずつの声に耳を傾けながらそれぞれが内省することが可能となるのであろう。

　「未来語りのダイアローグ」では，当然のことながら「未来の想起」が重要な鍵を握る。Seikkula & Arnkil（2006/2016）が指摘するように，「未来」を語ることで現状の縛りから自由になり大きな創造性へと開かれる。そして，参加者それぞれの創造性が他の参加者の創造性と響きあい「新たな意味」が創造される。「未来」は対話を促し，創造性を呼び起こす「道具」となる。

　さて，筆者がこの「未来語りのダイアローグ」を学校で行うケース会議に応用したいと考えたのは，これまで述べたようなこの方法の【構造性】と【リソースへの志向性】がある。【構造性】については，まずファシリテーターが，最初に「うまくいっている未来」を当事者や家族に問い，そこから話を始めることの利点が挙げられる。これによって，ケース会議においてもっとも重要なことといえる「最も困っている人の尊重」が可能となるだろう。また，同じくファシリテーターが聞く人（時）と話す人（時）を明示することで，学校で行われるケース会議でも起こりがちな発言者の力の不均衡による場の支配が起こりにくくなると考えられる。そして，自分の発言の順番が回ってくるまで，参加者は他者の発言から他者の気持ちや関わりを知り，自らの気持ちを味わい関わりを内省することに専念することができる。それによって，各々の発言はさらに「自分ごと」として深くなっていくと考えられる。

　【リソースへの志向性】も，学校で行うケース会議で重要なポイントとなる。ケース会議はたいてい行き詰まりや大変な状況の中で開かれるため，得てして，その事象に係るネガティブな面に目が向きがちになる。学校でのケース会議がうまく行かないときには，会議でその事象の難しさを参加者たちが再確認することで，これからも支援は難しいのではないかというような気持ちになってしまったり，それによって具体的な行動計画を立てることができなくなってしまったり，ということもあるように思われる。「うまくいっている未来」から話を始めることで，現状の困難に囚われすぎずに，参加者たちは「どうやってその未来に行き着いたのだろう」と思考を広げる事ができる。しかもそれは魔法の杖のような方法ではなく，参加者である私自身や，他の参加者によってなし得

る方法である。参加者たちがみなその事象にかかわっているからこそ，その日常から浮遊することなく，提示された「うまくいっている未来」につながるものを，参加者たち自身やおかれた環境からなんとか探し出そうとするのだが，それはまさにまだ十分に使われていなかったリソースを探すことと同義である。そしてこのリソース探しは自身や他の参加者，あるいは環境の力を見出しエンパワメントすることに繋がる。ケース会議を経て「どうしようもない」という気持ちではなく，「まだこんなにやれそうなことがある」という明るい気持ちになれるための重要な要素である。

　一方で，「未来語りのダイアローグ」をそのまま日本の学校現場に取り入れることは困難もあると考えられた。まず参加者について，現状では「当事者（児童生徒）や家族」をメンバーに加えることはハードルが高いだろう。また，学校で行うとなると，やはり時間はやや制約される。隈元・藤島（2023）で見られたように，教員にとっては，時間がかかることはケース会議のデメリットの一つとして挙げられている。

　そこで，学校で取り入れるにあたって，参加者を支援者グループ（学校では教員とSCなどの専門職）に限った場合で試案した。この場合「うまくいっている未来」を語るのは，その事象に一番近い人（担任，部活の顧問等；以後，事例提供者）とする。また，ファシリテーターも外部の人ではなく，事象に関わっている参加者のうち，事例提供者が指名した1名が行う。このとき，ファシリテーター役は，「未来語りのダイアローグ」のファシリテーターのように，対話の中で中立的な立場をとることが重要である。記録はファシリテーター自身が行ったり，他の参加者に依頼したりする（教員は，黒板やホワイトボード，大きな紙などへの記録に長けている人が多い）。さらに，質問は，a. 自分がしたこと，b. 他者からのサポート，c. 未来から見た現在の不安や困りごととその軽減方法，の中のa. とb. に限定することにした。会議を試行するうちに，参加者は多くの場合同じ学校に勤務する同僚であり，現状の不安や困りごとについて，項をたてて質問することの重要性はあまり大きくないことが実感されてきたためである。またそれによって，全体の時間短縮も図ることができる。このような形で行うものを，学校で行う「未来語りのケース会議」とする。

　学校で行う「未来語りのケース会議」でもっとも尊重すべきは，事例提供者と，

語られた「うまくいっている未来」である。まれに，事例提供者が提示した「うまくいっている未来」について，「もっと違う未来を想定すべき」といった意見をいう参加者がいるが，その事象に関わり日々奮闘している事例提供者が語る未来は，もっとも想起および実現可能なものであろう。まずはそれを十二分に尊重し，その未来を想起するに至った参加者の気持ちや関わりに思いを馳せ，自身の関わりや未来へのプロセスを考えることこそが参加者には求められる。もちろん，事例が動いていく中で，想定される未来が変わることもあるだろうが，それはまたその時に計画を考え直せばよいのである。

　また，学校で行う「未来語りのケース会議」における事例提示は，既存のケース会議で行われている方法をアレンジして使用する。元々の「未来語りのダイアローグ」では，この部分もファシリテーターからの質問によって明らかにしていく。ただ，学校で行う場合には，同僚として情報の共有がある程度行われていることや時間短縮のためもあり，このように変更した。ただ，事例提供が一方的なものにならないように，最初に提示する情報は少なくし，支援に必要だと参加者が思う情報を，事例提供者に聞くという段階を取り入れることで，自分事として対話に関わる素地を醸成できるように工夫した。

3. 学校で行う「未来語りのケース会議」の実施手順

　ここからは，学校で行う「未来語りのケース会議」の具体的な手順について解説する。

　まず，準備段階として，①事例提供者が事例をまとめる段階，②事例提供者とファシリテーターとの打ち合わせの段階，がある。①事例提供者が事例をまとめる段階では，相談したいことのある人（＝事例提供者）はA5の大きさに事例の概要をまとめる。概要は，いずれもわかる範囲で短く次の点についてまとめる。a. 話し合いたいこと：箇条書きで2-3点，各30字程度。b. 対象児童生徒の概要：学年，性別，学業の様子，部活など課外活動の様子，友人との様子，家庭の様子。c. 課題の状況：話し合いたいことにまつわる具体的状況を200字程度でまとめる。d.「うまくいっている未来」の状況と時期も短くまとめる。書き始めると20-30分で書き上がる人が多い。書き上がったら，ファシリテーターを頼みたい人に声をかける。

　準備段階の②事例提供者とファシリテーターとの打ち合わせでは，事例提供者がまとめた内容を事例提供者と確認する。ここでは詳細な内容に立ち入る必要はなく，書いてあることが正しく伝わるかに焦点を絞る。次に，事例提供者とケース会議に参加して欲しい人を決め，声をかける。参加者が決まったら，時間・場所の設定をする。参加者が5-8人ほどであれば，45-50分程度で行いやすい。参加者分の概要用紙を印刷しておく。

　ケース会議当日は，①参加者の確認，②約束事の確認，③課題状況の問題提起，④事実関係の確認，⑤目標の確認，⑥想定される手立ての発案，⑦手立ての具体化と実施者の決定，⑧次回日程の決定，の順に進める。45-50分を目安と考えると，おおまかに①～⑤までで20分程度，⑥～⑧までで25-30分程度となる。

　①参加者の確認では，ファシリテーターから参加者を呼名し，対象児童生徒との関わりを確認する。

　②約束事の確認では，ファシリテーターから全員にグランドルールの周知を行う。それは，事例提供者を最大限尊重すること，どの意見・参加者も等しく尊重されること，ほかの人の意見を否定しないこと，一人が話すときは他の人は「聴く」ことに徹することであり，ここで終わりの時間の確認も行う。

　③課題状況の問題提起では，事例提供者がまとめた概要を読み上げる。

　④事実関係の確認では，ファシリテーターから，支援に必要だと思われる情報を一問一答形式で全参加者に順番で聞く。2-3周しながら，全員で状況を確認していく。質問がなければ「パス」あり，とすることも重要である。情報は，ファシリテーター自身か，指名した記録者によって全員が見える形にしておく。ここからは，なるべく視線を紙に落とさずにお互いの顔を見れるようにしておくことが，対話を促進する。

　⑤目標の確認では，ファシリテーターが事例提供者に，想起される「うまくいっている未来」の様子を質問する。うまくいった未来の時期は，年度末や卒業時等に設定されることが多い。具体的には「○○（事例提供者が想定した時期）になり，Aの状況はとてもうまくいっています。あなたが特にうれしいと思うことはどんなことですか？」というような質問となる。ここからは，参加者全員が未来にいる想定で話を進める。それにあたって，ファシリテーターと事例提供者がいかに素敵な未来をイメージして嬉しい気持ちになって語れるか，が

会議の雰囲気に大きく影響する。できれば参加者全員が「おお，それはすごい」「良かったね」と言いたくなるような雰囲気になると，その後の対話が促進される。

　⑥想定される手立ての発案では，**参加者全員が「うまくいった未来」の時期にいると想定**し，ファシリテーターが事例提供者から順に a. 自分がしたこと，b. 助けになった人・ことを聞いていく。ここでは，ファシリテーターと発言する人との対話となり，他の人はそれを聞くという構造を堅持する。具体的な質問は a.「この良い状況をもたらすにあたり，あなたはどんな支援をしましたか？」，b.「あなたの支援を誰かが助けてくれましたか？　どんなことが助けになりましたか？」というものになる。2つを繋げて参加者を一周するのでも，一つずつの質問にわけて参加者を2周して聞くのでも，ファシリテーターのやり易さや場に応じて決めて構わない。参加者は，それぞれ「うまくいった未来」にいる想定で，自分のした支援，助けになった人・ことを“過去形で”語ることがポイントとなる。実際にこの場面にいる教員たちを観察していると，他の参加者が行った支援を聞きながら，それを参考にして自身の支援を考案したり，自身の行動が助けになったと他の参加者に言及されるのを嬉しそうにあるいは驚きとともに（ときにはニヤリとしながら）聞いている様子が見られる。

　⑦手立ての具体化と実施者の決定では，ファシリテーターが⑥で出された各手立てについて，誰が・いつ・どのように行うかを聞いていく。まずファシリテーターが「**ここで，現在に戻ってきましょう。**これから誰が誰と何をするのかを確認しましょう」という。参加者全員で，これまで過去形で語られた手立てを整理・確認し，どのように具体化するかを決めていく。ここでもファシリテーターが仲介しながら，一人ひとりの参加者にいつ・どのように・誰と行うかを質問し具体化を促す。手立ての中にはすぐには実行しにくいものもあるかもしれない。その場合にも，まず着手するものを決めることが重要である。手立ては具体的であればあるほどよい。⑥で「情報を共有してもらえて，安心できた」という言葉があったとしたら，情報共有のために「毎月の学年会議でその児童について一人一言言及する」であったり，⑥で「生徒がしんどくなったときに一人で落ち着ける場所があったのが良かった」という発想がなされていたら「落ち着ける場所として，南棟の空き教室を月末までに教頭が中心になって整備する。しんどくなったときは使えることを生徒には担任から伝える」というよう

に，すぐに取り掛かれるように細部を詰めることができるのが望ましい。よい手立てがたくさん想起されそれで満足とはならずに，実際に支援につなげるためである。ただし，実際の「未来語りのケース会議」の場面では，それは杞憂であることが多い。Seikkula & Arnkil（2006/2016）が指摘するように，今はもう会議を始める前の今と同じではない。「うまくいった未来」を見た参加者たちは，むしろ嬉々としてそこに連れて行ってくれる手立てを具体化し始めるだろう。

　さて最後に⑧次回日程の決定では，⑦の進捗状況を確かめるための次回の会議日程を決定する。状況はその後どうなっているか，具体化された手立てはうまくいっているか，なにか変更したほうが良い点はないか，等を話し合うことを想定して，次回の日程を決める。手立て内容や現在の時期によって，次回日程は，例えば1ヶ月後であったり，夏休み中にとされたりする。

　ここまでの学校で行う「未来語りのケース会議」の全体の流れを表1にまとめた。

表1　学校で行う「未来語りのケース会議」実施手順

☆準備
①相談したいことのある人（＝事例提供者）はA5の大きさに概要をまとめる。概要は，いずれもわかる範囲で短く次の点についてまとめる。①話し合いたいこと；箇条書きで2-3点，各30字程度。②対象児童生徒の概要；学年，性別，学業の様子，部活など課外活動の様子，友人との様子，家庭の様子。③課題の状況；話し合いたいことにまつわる具体的状況を200字程度でまとめる。
②ファシリテーターは，事例提供者のまとめた内容を事例提供者と確認。事例提供者と参加者を決め，声をかける。時間・場所の設定をする。5-8人で45-50分程度を目安にする。概要（上述）を人数分印刷しておく。
☆当日の進め方
①参加者の確認（ファシリテーターから呼名・内容や対象児童生徒との関わりの確認）
②約束事の確認（ファシリテーターから全員に周知：事例提供者を最大限尊重する，どの意見・参加者も等しく尊重される，ほかの人の意見を否定しない，一人が話すときは他の人は「聴く」，終わりの時間の確認）
③課題状況の問題提起（事例提供者が概要を読み上げる）
④事実関係の確認（ファシリテーターから一問一答形式で全参加者に順番で聞く，2-3周しながら，全員で状況を確認していく。質問がなければ「パス」あり）
⑤目標の確認（ファシリテーターが事例提供者に「想像されるうまくいっている未来」を聞く）
⑥想定される手立ての発案（ファシリテーターが事例提供者から順に，うまくいった未来のためにa.「自身が行ったこと」，b.「助けになった人・こと」を聞く）【全員が未来にいる想定で話す】
⑦手立ての具体化と実施者の決定（ファシリテーターが⑥で出された各手立てについて，誰が・いつ・どのように行うかを聞いていく）【全員，現在に戻ってくる】
⑧次回日程の決定（⑦の進捗状況を確かめるための次回の日程を決定する）

Ⅳ　学校で行う「未来語りのケース会議」の特徴

　ここでは，学校で行う「未来語りのケース会議」の特徴を，特にその参加者に与えるイメージについて，他のケース会議の手法と比較検討してみたい。

1．方法
【対象者】
　X大学における大学院生向けの授業の受講生のうち，4つすべてのアクティビティに参加した56名。参加者のうち29名は大学学部卒業後すぐに大学院に入学し教職を目指す者，11名は教職経験1-10年の者，13名は教職経験11年以上の者，3名の教職経験は不明であった。教職経験者の勤務する学校種及び教職を希望する学校種は多様であり，また事例検討の経験回数も未経験から21回以上の者まで多様であった。

【研究デザイン】
　本研究では，参加者は教職経験年数や勤務校種のばらつきが均等になるように，あらかじめ4つのグループに割り当てられ，グループごとに一時間ずつ3つのケース会議と1つの対人関係の整理をもとにした事例検討へ参加した。

【実施時期】
　本研究は，20XX年6月に実施した。それぞれのアクティビティは50分〜80分で行われ，全ての行程は1日で終了した。

【実施したケース会議】
　4つのアクティビティの方法は以下の通りである。
・学校で行う「未来語りのケース会議」：前節までに詳述したもの。
・「SPトランプ法」：SPトランプ（八尾・角本，2007）を用いて，改善を期待する誰かとの関係についての整理を進める事例検討を行った。
・「解決志向要素を取り入れたPCAGIP」：PCAGIP法をベースに，解決志向アプローチの要素を取り入れた事例検討の方法。参加者が「明日以降，事例提供者の立場からできることを一緒に考える活動」を通して，事例についてのアイデアや気づきを得ることを目指す。具体的には，事例の共有，本人・友達・

家族など事例に関わるリソースの発掘，目的・目標の再確認，援助・支援アイデアの作成・提案，アイデアの共有，学びの共有，の流れで実施した。
・「行動随伴性から考える事例検討」：応用行動分析学におけるストラテジーシート（井上・井澤，2007）を用いて，事例の中で生じている行動の随伴性を特定し，支援方法を考える事例検討方法。

【分析方法】

　事例検討の方法による参加者のイメージの違いを評価するために，各アクティビティ後にアンケート調査を行った。アンケート調査は Microsoft Forms で作成された。参加者は自身の所有するデバイス（パソコン，スマートフォン，タブレット等）を用いてアンケートにアクセスし回答を行った。

　アンケートは「あなたのケース会議／事例検討会のイメージを教えてください」という質問に対し，「明るい」「消極的な」「親切な」「不真面目な」「素直な」「無気力な」「親しみやすい」という7つの印象に関する項目に「1：とてもそう思う」「2：そう思う」「3：どちらとも言えない」「4：ほとんどそう思わない」「5：全くそう思わない」の5件法で回答を行う形式で作成された。上記の7つの項目は，井上・小林（1985）の自己概念の測定に有効な尺度をもとに作られたもので，山本ら（2022）で使用されその識別性が認められたものである。収集したデータは，SPSS を用いて分析を行った。

　アンケートは同時に「本時の感想等あれば，ご自由にお書きください」と自由記述も求めた。自由記述は本項の目的に照らし，学校で行う「未来語りのケース会議」についてのものを最後にまとめた。

【倫理的配慮】

　アンケート実施に際しては，本授業の受講者（調査参加者）に対して，依頼したアンケートの結果について研究・教育に使用することについて同意を求めた。同意できない場合にはデータを削除する旨説明し，回答は自由であること，成績への不利益がないこと，まとめられたデータは個人を特定できないよう配慮されること，研究・教育目的以外には用いないこと，守秘義務について説明した。参加者全員の同意と協力を得ることができたため，4時間のアクティビティのすべてに参加した参加者のアンケートを本研究における分析の対象とした。

2．結果

　本研究の参加者の，アクティビティの形態によるイメージの違いを検討するため，1要因の分散分析（被験者内計画）を行った。分析に先立ち，4つのグループに差があるかを検討したが，有意差は見られなかった。「明るい」について，会議形態の効果は F（2.52,138.69）=7.00で，0.1%水準で有意であった。事後検定の結果，SPトランプと行動随伴性から考える事例検討で $p<.05$ の差が見られた。また，未来語り法と解決志向要素を取り入れた PCAGIP 法及び行動随伴性から考える事例検討で $p<.001$ の差が見られた。「親切な」についても，会議形態の効果は F（3,165）=3.19で，5%水準で有意であった。事後検定の結果，解決志向要素を取り入れた PCAGIP 法と行動随伴性から考える事例検討に $p<.05$ で差が見られた。「親しみやすい」についても，会議形態の効果は F（2.51,137.88）=4.39で，1%水準で有意であった。主効果の比較を行った結果，SPトランプ・未来語り法と行動随伴性から考える事例検討で $p<.05$ の差が見られた。なお，それ以外の形容詞「消極的な」「不真面目な」「素直な」「無気力な」については有意な差は見られなかった。

　SPトランプを用いた自己分析や未来語り法で，参加者らは「明るさ」や「親しみやすさ」を感じていた。また解決志向要素を取り入れた PCAGIP 法は参加者らに「親切な」印象をもたらした。また，全体として「どちらでもない＝3」であることを鑑みると，どの会議形態もポジティブな印象を参加者たちに与えたことが見て取れる。

　本研究の限界としては，大きく次の2点が挙げられる。1点目として，題材としたケース自体は事例提供者の実体験に基づくものであったが，参加者たちは学校で行うときのような同僚ではなく，さまざまなバックグラウンドをもって集まってきていることが挙げられる。そのため，本研究の結果が学校で同僚と行う際のケース会議の場合にそのまま適応できるかはわからないといえる。2点目としては，取り上げられた事例そのものの違いが会議のイメージの差に影響した可能性が考えられる。それぞれの回では事例提供者が自身の体験した事例を持ち寄ったが，事例の性質による会議の印象の差は検討できていない。ただ，どの事例会議形態によっても，参加者たちのポジティブな印象が見られたこと，とりわけ未来語り法において参加者たちが「明るさ」を感じたことが

検定上も確かめられたことは，本研究の意義として指摘できよう。

図1　「明るい」「親切な」「親しみやすい」に見られる会議形態による印象の差

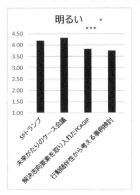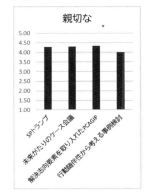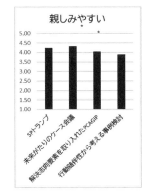

3．本調査から見る，学校で行う「未来語りのケース会議」の印象

　前項で見たように，学校で行う「未来語りのケース会議」は「明るい」印象をもたらすことが特徴といえよう。これは，時に事例検討会議やケース会議において，事例の困難さや身動きのとれなさに目が行きがちになり，会議全体が重い雰囲気になることとは対照的である。

　参加者56名中48名が自由記述の感想を記入した。一部を抜粋すると「未来のことを考えて…という手法は現状に批判的にならずに建設的に議論ができる」という，『未来』語りの利点を指摘するものや，「取り組みが良い未来への手立てになりうるだろうということを言語化できるのが良かった」という期待感をもって具体策を考えられたというもの，「どの先生が協力してくれましたか？という質問により，先生同士の協力が自然と出来ることがいい」とファシリテーターによる構造化された質問により協力体制が自ずと出来上がったことを述べたものがあった。また，ファシリテーターについても6名が言及しており，役割の重要性や難しさ，面白さを痛感したようだった。前項の結果を支持するような「良い状態を想像しながら話し合うので，みんなが笑顔だった事が大変良かった」「未来を語ることによって，明るい気持ちなり，その目標に向かって前向きに具体的な行動が考えられた」と会議の明るい雰囲気を指摘したものなどがあった。

V 「チーム」として児童生徒支援に取り組むための ケース会議の在り方

　昨今の目まぐるしく変わる社会情勢の中を生きる児童生徒の支援に，教員個人で取り組むことはますます難しくなってきている。教員や，学校にいる教員以外の専門職員，学校外にある専門機関，地域に住む人々，それぞれがそれぞれの立場から，子どもたちを見守り育むことが求められているが，特に困難や緊急事態が起こった際には，それらの力を結集することでより力を発揮することができよう。今回紹介したのは，その結集する場の核となると考えられる「ケース会議」の方法の一つである。ケース会議の方法はこれまでも多数開発・紹介されてきており，要請される状況や，集まる人の様相によって，どの方法が適切かを選択することが重要であろう。学校で行う「未来語りのケース会議」のもととなった「未来語りのダイアローグ」は，もともと多くの支援者が関わりながら行き詰まりや混乱した状況にある時に1回限り招集・実施されるネットワーク・ミーティングにおける対話の方法である。そのため，この方法は支援の必要な状況において「今までと違った視点でもう一度考えてみたい」時や，支援が円滑にいっていない感じや支援者間にもやもやが生じているような時に，もう一度目標を確認し「明るい」気持ちをもって仕切り直しすることに大いに役立つと考えられる。また，Ⅳ節で行ったように，教員研修などの場で，事例提供者を大事にするということやそこから生まれるものを実感を伴って理解するためや，事例検討会の意義を端的に理解する目的でも有益であろう。児童生徒の生を，大人たちが力を尽くして見守り，支援するための一つの方法として，また大人自身のエンパワメントとして，ケース会議の場が実り多いものになることを期待したい。

【謝辞】
　これまで「未来語りのケース会議」の実践開発に参加してくださった皆さまにお礼申し上げます。また「未来語りのケース会議」の特徴をつかむための検討（第Ⅳ節）においては，実施段階から分析に至るまで，松本剛（兵庫教育大学）・森本哲介（兵庫教育大学）・山本真也（畿央大学）の各先生から多大なご協力をいただきました。記して感謝申し上げます。

【引用文献】

新井肇（2012）．事例研究で育つ教師と子ども　児童心理，66(18), 12-19.

藤島千絵・隈元みちる（2022）．「校内チーム・シェア会議」の提案とその検討　兵庫教育大学学校教育学研究，35, 269-277.

井上雅彦・井澤信三（2007）．自閉症支援：はじめて担任する先生と親のための特別支援教育　明治図書出版

石隈利紀・田村節子（2003）．石隈・田村式援助シートによるチーム援助入門－学校心理学・実践編　図書文化社

川田美和（2017）．未来語りのダイアローグ（Anticipation / future Dialogues）：繋がりと希望を創るミーティング，Phenomena in Nursing，1(1), E5-E9.

小林正幸（2012）．学校での事例検討会が活かされるために　児童心理，66(18), 57-65.

隈元みちる・藤島千絵（2023）．教員の学校におけるケース会議への意識尺度の作成とその検討　学校教育相談研究，33, 35-45.

文部科学省（2010）．生徒指導提要

文部科学省（2022）．生徒指導提要

村山正治・中田行重（編著）（2012）．新しい事例検討法，PCAGIP 入門：パーソン・センタード・アプローチの視点から　創元社

長沼葉月(2022)．オープンダイアローグと不確実性と未来　ブリーフサイコセラピー研究，31(2), 83-86.

Seikkula, J. & Arnkil, T. M.（2006）．*Dialogical Meetings in Social. Networks,* Karnac Books Ltd.（高木俊介・岡田愛（訳）（2016）．オープンダイアローグ　日本評論社）

山本真也・隈元みちる・森本哲介・松本剛（2022）．ポジティブな事例検討のロールプレイによる事例検討会へのイメージの変容に及ぼす効果の検討　兵庫教育大学研究紀要，60, 1-8.

八尾芳樹・角本ナナ子（2007）．人間力を高めるセルフ・エンパワーメント　東京図書出版会

第Ⅲ部

学校教育の諸課題と
教師の力量形成

第 7 章

「新たな資質・能力」の育成を
効果的に進める
カリキュラムマネジメント

兵庫教育大学附属中学校の
クロスカリキュラム実践に学ぶ

伊藤 博之・田原春 幸誠

I　はじめに

　現場の教員や現職の大学院生からよく聞くのは，「子ども達に教えて，テスト
でもできている事柄が，日常生活に生かされない。」という声である。それは
高校までの話ではなく，学部生や大学院生に教えている筆者にとっても強く実
感させられることがらである。それは，テストでは正答しているのに，似たよ
うな状況に日常生活で出会ったときに使えることとして取り出せないというこ
とばかりではない。学校教育の文脈内でさえ，ある教科で学んだことが別の教
科で活用できる場面があっても活かされない，さらには同じ教科内においても，
ある単元で学んだことが別単元で活用できる場面があっても活かされないとい
うことがままあるのである。このことは，学んだ知識や技能が相互につながっ
ていないし，そもそもつながるように学ばれていないということであり，別の
視点から見ると，知識や技能が相互につながるように教えられていないという
ことでもある。そして，現時点でできないものが，大人になってできる保証は

どこにもない。すなわち，学んだことが 5 年か，10 年かの将来に，大人になっ
たり社会に出たりしたときにつながらない，活かせないことが予想されるので
ある。

　このことは，2017 年に改訂された学習指導要領において「カリキュラム・マ
ネジメント」という用語がはじめて登場し，その説明の中に「教育の目的や目
標の実現に必要な教育の内容等を教科等横断的な視点で組み立てていくこと」
と明記されたことからもわかるように，学習指導要領改訂の柱の一つとして取
り上げられ，現在解決すべき喫緊の課題の一つとして意識されているものでも
ある。

　「カリキュラム・マネジメント」が改革の柱の一つとして浮上してきたのには，
教育行政側が 1998 年改訂学習指導要領以来最高位の教育目標と置いている「生
きる力」育成が 20 年経ってもなかなか実現しない，むしろ，PISA 調査の結果
の伸び悩み，一時的には低下と判断される状況もあったことが挙げられる。「生
きる力」育成の（1998 年,2008 年に続く）三の矢として取り上げられたのが「カ
リキュラム・マネジメント」である。2016 年 8 月の中央教育審議会「審議のま
とめ（素案）」で,「生きる力」の三大要素の一つである「確かな学力」を構成
する「新しい資質・能力」について「教科等の枠を超えて，すべての学習の基
盤としてはぐくまれ活用される資質・能力」と「現代的な諸課題に対応して求
められる資質・能力」と 2 つに分けてその中身が具体的に示され，しかもそれ
らが個々の教科・領域のみによってではなく「教育課程全体」によって育成さ
れるべきことが強調されるに至った。すなわち，各教科・領域においては，そ
の教科・領域で本来育成すべき教育内容に加えて，「新しい資質・能力」をも育
成するという「一石二鳥」が求められるようになったと言える。

　本稿では，こうした現場，教育行政ともに大きな課題として受け止められる
に至った「教科横断的な学び」に正面から取り組もうとした，兵庫教育大学附
属中学校におけるクロスカリキュラムの実践研究に焦点を当て，「新たな資質・
能力」の育成を効果的に進めるカリキュラムマネジメントのあり方として有用
な知見を取り出していきたい。

Ⅱ　兵庫教育大学附属中学校での実践の概要

　兵庫教育大学附属中学校（以下，附属中学校と略記）では，筆者の一人である伊藤が研究協力者として，もう一人の筆者である田原春が研究主任として現場教員の中軸として関わり，2017年12月から校内全体でマネジメントをテーマとした取り組みが始められた。その後，2018～2019年度の2年間国立教育政策研究所の「教育課程研究指定校事業」の指定を受けた上で，「教科等の本質的なねらいとのバランスがとれたクロスカリキュラムの研究」とテーマを絞って実践研究が行われた。その具体的な取り組みと成果は，附属中学校により『兵庫教育大学附属中学校 教育の軌跡 2017年12月～2020年3月 ～教科等の本質的なねらいと新たな資質・能力とのバランスのとれたクロスカリキュラムの研究～』（2020）にまとめられ，文部科学省教育課程課編集『平成31年 中等教育資料③現代的な諸課題に対応する教科等横断的な学習』にもその取り組みが紹介されている。

　そこでは，自校の生徒の現状や学校・教師の現状と課題を検討した上で，目指すべき生徒像を「物事を多角的に捉え，やり抜く力を持つ生徒」と設定している。そして，クロスカリキュラムを「国際理解，環境，人権，健康など複数の教科にまたがるテーマやカリキュラム全体で強調されるべき理念，あるいは育成されるべき学力の存在を明確にして，個々の教材教育の中で，そうしたテーマ，理念，学力を扱うことを位置づけたり，既存の教科とは別に異文化理解や環境教育といった総合的なテーマを扱う教育内容の時間を設定したりする方法」（關，2016：下線は筆者）と捉えた上で，このクロスカリキュラムという手法を用いて上記の生徒像を実現しようと試みたものである。その際，事前に予想される最大の課題を「教科等の本質的なねらいと新たな資質・能力とのバランス」に設定し，そのバランスを具体的にいかにとるかの解明を試みたところに研究上のオリジナリティを置くものであった。

　附属中学校の実践は，当時開催に向けて世間の注目が集まりつつあった2020年東京を中心に開催予定のオリンピック・パラリンピック（以下，オリ・パラと略記）が附属中学校の生徒達の関心を呼ぶタイムリーな話題であると捉え，それを「入口－学ぶきっかけ－」として位置づけた。2018年度は，東京都教育

委員会がオリ・パラ教育の共通テーマとして掲げていた「文化」「スポーツ」「精神」「環境」の4テーマをまずは教師主導のもと設定し，続く2019年度は「進化し続ける世界の一員として，どんな『自分』でありたいか。」にテーマを発展させ，しかもそれを具体化する上でできるだけ生徒自身が関わる形でクロスカリキュラムの中軸テーマとして設定した。それを各教科・領域にまたがって追究することを通して，最終目標である「物事を多角的に捉え，やり抜く力を持つ生徒」の実現を「出口」として展望したものであった。

　また，大西（1998）によるクロスカリキュラムの類型に当てはめると，「テーマに関する学校教育全体の統一された論理」があり，「カリキュラムの改造を含む」タイプに相当する。そこでは，設定されたテーマの基に意図的に各教科で学んだこと（教育内容）がつなげられ，総合的な学習の時間がその中核になるというものである（図1）。

図1　クロスカリキュラムのイメージ

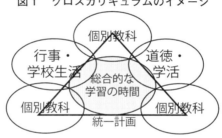

　具体的な取り組みを，時系列的に紹介しておこう。

　まず，1年目（2018年度）は，総合的な学習の時間での活動を連携の軸として置き，その評価について，生徒像の実現を推し量るパフォーマンス課題として

図2　パフォーマンス課題と各教科・領域の相互関係

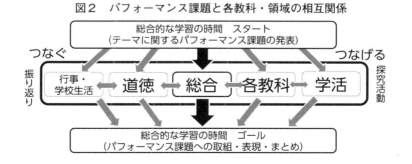

「『オリンピックとパラリンピックを分ける必要があるのか』をディベートする。」と設定し，各教科・領域での学びを経て，最終的にディベートを行わせた（図2）。

　各教科・領域の授業すべてにおいて，各教科・領域固有の教育目標を追求することと平行して，オリ・パラ教育を集中的に行う時期（2〜3ヶ月）を「シーズン」として設定し，総じて上記オリ・パラ教育の4テーマを順次扱った。

　各シーズンで行う連携させた授業づくりは，例えば，シーズン4「環境」においては，各教科の担任に「これらの教科で『環境』をテーマにした授業をどのように展開しますか？」と問い，それぞれの教科・領域でそのテーマに関わる教育内容の選定や教材選定，教材開発を促すことから始められた。この際，例年の単元配列であると，当該テーマに関わる単元が必ずしも当該シーズン実施時期に配置されていない場合が生じてくる。そのため，あらかじめ年間を通じて単元の入れ替えなどカリキュラムを組み替えておくことが必要となるため，年度当初の年間指導計画の再構成が肝要であった（図3）。

図3　2018年度（1年目）年間指導計画と各シーズン

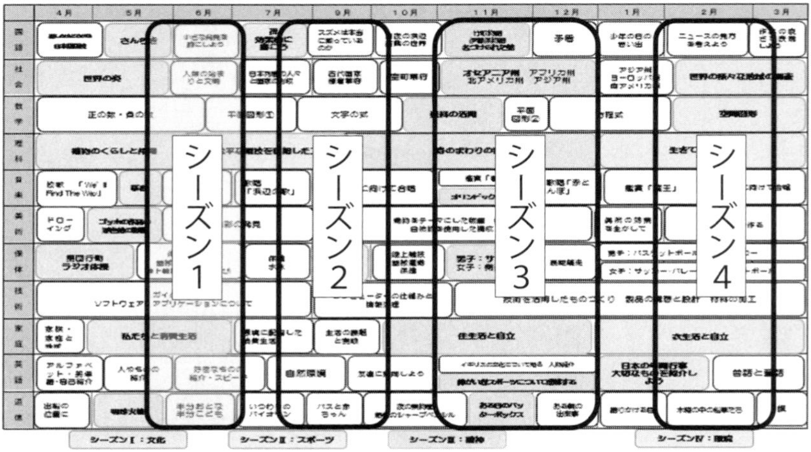

　教科・領域の教育の実情から，テーマによっては，関連させ得る教育内容の多寡・適否や担当教員のコミットメントの度合いが異なるため，一律の参加とはせず，関われる範囲内で関わるというスタンスがとられた。その結果，例えば中学校1年次では，シーズン1では8教科，シーズン2では3教科，シーズン3では9教科，シーズン4では5教科での連携授業が行われた（表1）。

表1　2018年度（1年目）の各シーズン参加授業一覧

シーズン1：文化	国語，社会，理科，音楽，美術，保体，家庭，道徳
シーズン2：スポーツ	国語，理科，保体
シーズン3：精神	国語，社会，数学，理科，音楽，保体，家庭，英語，道徳
シーズン4：環境	社会，数学，理科，家庭，英語

　参加の決まった教科の担当者は研究推進部の主催する「教科同士の授業イメージや単元計画を擦り合わせることで，そのシーズンにおける各学年の取り組みを一つのまとまったものにする会議」である教科を超えた「プロジェクト会議」に参加し，各授業の準備と実践がなされたのである。

　シーズン4に取り組んでいる最中，教師主導でシーズンのテーマを決めて生徒に示すのでは，生徒の自主性，主体性を育てる点や生徒に意欲的に取り組ませる点から不十分であり，「物事を多角的に捉え，やり抜く力を持つ生徒」という目指すべき生徒像にも悖るものであるという不十分さが教師側に自覚されるに至った。そこから2年目（2019年度）は，中軸となる総合的な学習の時間について，通年のテーマとして「進化し続ける世界の一員として，どんな『自分』でありたいか。」を教師側から設定はするものの，実際の探究活動はグループに分かれた生徒達に設定させた。この変更に連動して，シーズンがそれぞれⅠ：課題発見期，Ⅱ：情報収集期，整理・分析期，表現期，Ⅲ：まとめ・振り返り期の3シーズンに再編されたのである（図4）。

図4　2019年度（2年目）の総合の年間指導計画と各シーズン

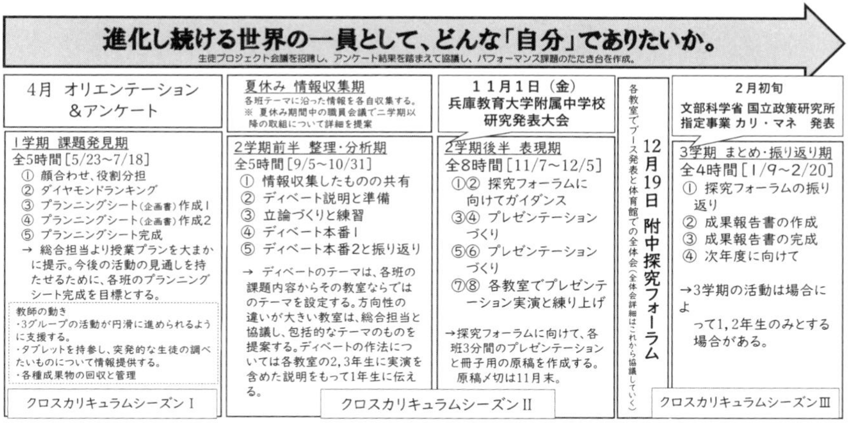

Ⅲ　教科等の本質的なねらいと新たな資質・能力の育成とのバランス

1．クロスカリキュラム導入の妥当性と課題

　さて，以上のような実践の大きな枠組みの中で，同校の実践研究のメインテーマとされた教科等の本質的なねらいと新たな資質・能力の育成とのバランスの取り方について，どのような成果を得たのか。

　各教科・領域においては，その教科・領域で本来育成すべき教育内容に加えて，「新しい資質・能力」をも育成するという「一石二鳥」が改めて求められるようになったといえる。ここにおいて，学習指導要領を教育課程編成上の「最低基準」とした上で，特定の「学際的な資質・能力」を意図的に形成しようとするのであれば，その要請を満たすカリキュラム類型として「クロスカリキュラム」は最適なものとして再び取り上げるべき価値のあるものとなった。学校教育法施行規則により教科・領域の枠が厳格に決められている上に，学習指導要領によって教えるべき最低限の教育内容も規定されている現行の教育内容行政下において，それが最も矛盾の少ないものであるからである。

　ところが，この「一石二鳥」を狙うあり方は，明治以来の教育方法（学）上の常識である「一時一事」（1単位時間に扱うことは1つに限定する）という原則に反するものである。古来から「二兎を追うもの一兎をも得ず」，「虻蜂取らず」との戒めもある。先の野上（1996，pp.23-26）も「フリットナーの視点」を引きながら，中核的なテーマに引きずられて「『教科』固有の見方や取り扱い方を否定する」ことに陥る危険性を指摘している。したがって複数の目的・目標を一時に追求するためにはこれまで以上に周到な準備と運用が必要となる。「バランスをとる」と表現された，兵庫教育大学附属中学校での「クロスカリキュラム」の実践研究の焦点はまさにこの点にあったのである。

2．新たな資質・能力の三区分をふまえる必要性

　実践研究に入るに当たって，教科等の本質的なねらいを実現することと，新たな資質・能力の育成を実現することのバランスを考えようとしたとき，そも

そも，新たな資質・能力として中央教育審議会が提示した三区分をきちんと踏まえる必要性に直面した。

　中央教育審議会は，学習指導要領の 2017 年改訂に向けた議論の中で，2016年8月3日に「次期学習指導要領に向けたこれまでの審議のまとめ次期学習指導要領に向けたこれまでの審議のまとめ（素案）」（以下「素案」と略称）を発表した。この中で，子ども達につけさせるべき「資質・能力」について，4つの区分を提案した。①「伝統的な教科等の枠組みを踏まえながら，社会の中で活用できる力」，②「教科等を越えたすべての学習の基盤として育まれ活用される力」，③「今後の社会の在り方を踏まえて，子供たちが現代的な諸課題に対応できるようになるために必要な力」，④「例えば学力の三要素や OECD におけるカリキュラムの構成要素」，「国立教育政策研究所における資質・能力の構造的把握などのように，どのような教科や諸課題に関する資質・能力にも共通し，その資質・能力を高めていくために重要となる要素」の4つであった。しかし，これが3週間後の8月28日の「次期学習指導要領に向けたこれまでの審議のまとめ次期学習指導要領に向けたこれまでの審議のまとめ」(以下「まとめ」と略称)として公表された文書では，④が外され，①～③の3区分とされた。元々他の3つが「力」であるのに対して，④のみが「要素」としてカテゴリーが異なるものであり，④は「要素」として，他の①～③の「力」に吸収すべきと考えられたと推察される。このことは，逆に言えば，OECD が「『知識基盤社会』の時代を担う子どもたちに必要な能力」として定義づけてその獲得の必要性を高唱している Key Competency やその土台となる，「単なる知識や技能だけではなく，技能や態度を含む様々な心理的・社会的なリソースを活用して，特定の文脈の中で複雑な要求（課題）に対応することができる力」もしくは（職業や業務によって固定された資質・能力ではなく）転職や配置転換に柔軟に対処できる汎用的能力の意で用いられる Competency 概念の要素が先の①～③には含まれるべきこととして意識されていることになる。

　では，①～③は具体的にはどのようなものが想定されるのか。「素案」の段階で例示され，「小学校学習指導要領（平成 29 年告示）解説　総則編」等まで引き継がれたものを整理したのが下記のものである（表2，表3）。

表2　教科等を越えたすべての学習の基盤として育まれ活用される資質・能力

教科等を越えたすべての学習の基盤として育まれ活用される資質・能力	それを育むために各教科等共通で重視すべき学習活動
言語能力（読解力や語彙力等を含む）	言語活動を通じて育成
情報活用能力	言語活動や，ICT を活用した学習活動等を通じて育成
問題発見・解決能力	問題解決的な学習を通じて育成
体験から学び実践する力	体験活動を通じて育成
多様な他者と協働する力	「対話的な学び」を通じて育成
学習を見通し振り返る力	見通し振り返る学習を通じて育成

（「小学校学習指導要領（平成 29 年告示）解説　総則編」pp.48-52 を基に作成）

表3　現代的な諸課題に対応して求められる資質・能力

健康・安全・食に関する力
主権者として求められる力
新たな価値を生み出す豊かな創造性
グローバル化の中で多様性を尊重しつつ，現在まで受け継がれてきた我が国固有の領土や歴史について理解し，伝統や文化を尊重し未来を描く力
地域や社会における産業の役割を理解し地域創生等に生かす力
自然環境や資源の有限性の中でよりよい社会をつくる力
オリンピック・パラリンピックを契機に豊かなスポーツライフを実現する力

（「小学校学習指導要領（平成 29 年告示）解説　総則編」pp.52-53 を基に作成）

　表2に見られるように②は，「生きる力」を構成する「確かな学力」とされる「基礎・基本を確実に身につけ，自分で課題を見つけ，自ら学び，自ら考え，主体的に判断し，行動し，よりよく問題を解決する資質や能力」を展望したときに不可欠な資質・能力である。そしてそれを育成するためには，従来（むしろ今でも）主流であった丸暗記や盲目的な鍛錬などの学習法とは対極的なものである。いずれも「主体的・対話的で深い学び」を実現するために有用と予想される資質・能力であって，その獲得・伸長のためにはまさに知識として知っているだけでは不十分で「なすことによって学ぶ」必要のあるものである。そして，

それは特定の教科・領域でそれぞれ「なすことによって」育成されるとはいえ，どれか特定の教科・領域のみで育成するのでは不十分なものである。

　一方，表3に見られるように，③は学際的，応用的な資質・能力である。その育成過程は，それぞれの課題解決を追究する過程で，各教科・領域でこれまでに学んできたことを統合的に活用する，逆に，活用できる見通しを持って今これから学んだり，学び直したりすることの往還である。

　「新しい資質・能力」を巡る分類を是とするならば，1つの授業もしくは単元で，教師が児童・生徒につけさせる資質・能力は3種類となり，その各々について児童・生徒は3種類の学習方法を使い分ける，あるいは並行して使用することが求められることになる。とするならば，それは先に「一石二鳥」と表現していたことは正確ではなく，実は「一石三鳥」を求めるという，大変に複雑で困難な活動が求められていることになる。この3者の学習のバランスをとることに失敗すると，多くの場合「二兎を追う者は一兎をも得ず」ならぬ「三兎を追う者は一兎をも得ず」で，旧態依然の方法を墨守していた方がよかったということになりかねない。

　このように当初，教科等の本質的なねらいと新たな資質・能力の育成とのバランスについては，2者のバランスをイメージしていたけれども，上記のように3者のバランスをイメージする必要を自覚せざるを得なくなったのである。

3．バランスのイメージ －同じ教科・領域の単元内と異なる教科・領域間－

　本実践を進めて行くうちに，求めるバランスのイメージが共有されていった。さらにその際，異なる教科・領域間で考えられるバランスと同じ教科・領域の単元内で考えられるバランスとの2種類あることにまとまっていった。

（1）異なる教科・領域間で考えられるバランス

　その第1は，シーズンテーマ（クロスカリキュラムの中核的テーマ）に直接関わる教科と直接には関わらない教科との間のバランスである。教科によって，元々の教科のカリキュラムの時間的なタイトさには違いがある。中には，その教科固有の教育内容を扱うだけで精一杯であるものも混じってくる。それを一律の度合いで参加を求めると，少なくともその教科における教科等の本質的なねらいを実現することと，新たな資質・能力の育成を実現することのバランス

が崩壊してしまうことになる。

　もちろん，坂内ら（2016）の示すように，カリキュラムマネジメントは，バラバラに扱われていた教育内容を組織的に扱うため，その習得が効率的になり，一定の時短効果は期待できる。しかし，それにも限度がある。しかも，そこで時短が期待できるのは，本稿で言う「各科共通で育てる資質・能力」に関してである。言語活動や情報活用能力などの資質・能力は，一つの教科・領域だけで育成するのには機会や時間の面で限界があり，様々な教科・領域において継続的に「なすことによって」学ばれる必要がある。そしてそれは，あらゆる教科・領域において使われれば使われるほど習熟が進み，進むにしたがって学習活動全体が効率的になる。

　この性質に鑑みたとき，シーズンに参加するか否かを問わず，各教科・領域の全時間において，「各科共通で育てる資質・能力」を育てる学習活動を積極的に取り入れた学習を進めるべき理由と必要性が理解できよう。そうしたことをベースにした上で，当該教科・領域の年間カリキュラムの中で，重点を置いて指導する価値の認められる単元のある教科・領域がシーズンに参加して「現代的な諸課題に対応して求められる資質・能力」育成に直接関わるという形でのバランスの取り方が有効となるのである（図5）。

図5　パフォーマンス課題と各教科・領域の相互関係（シーズン1の場合）

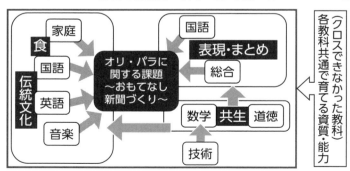

（2）同じ教科・領域の単元内でのバランス

　一方，同じ教科・領域の単元内でのバランスはどうか。シーズンごとに当該教科の単元や授業がどのように共通テーマに関わることができるかの検討を進

めていくうちに，バランスをとるための授業づくりについて以下のような3つの類型があるのではないかと考えられるようになった。ここでは共著者の田原春の担当教科である数学科の場合を例にとって説明していこう。

「教科の本質的なねらい」と「基礎的な資質・能力」，「総合的な資質・能力」といった三つの資質・能力の獲得を意識した授業実践を行っていく上で，二つの授業類型に分けることができた。

一つ目は，一時間のスパンで総合的な力に関われる授業である。この授業類型をクラスⅠと呼んでいる。クラスⅠは，授業デザインを行う上で非常に一般的なものであり，更にタイプJとタイプUの二つの授業タイプに分かれる。

1）クラスⅠ

タイプUの授業は，具体的には授業開始後すぐにクロスカリキュラムで取り組んでいる全体のテーマを確認し，数学科としてのそのテーマに対する考え方や方向性等を明確にし，課題を発見する。その後，その課題に対して数学科の考え方を用いて協働的な学習等を手法に思考を深め，課題解決に取り組む。このタイプは授業デザインを行う上で非常に一般的な授業タイプであり，全ての領域に関して比較的万能なタイプである（図6）。

その具体的な実践例は以下の通りである（2018年度シーズン1：2年次数学「場合の数と確率」「整数の規則性」）。

①身の回りの点字を確認すると，点字が6つの点から構成されていることに気づく。

②「46種類ある平仮名が6つの点で表現されているのは少ないのでは」という疑問が生まれる。めあて：点字に潜む数学的な仕組みや特徴を説明しよう。

　　→　教科の本質的なねらいを明確にする

③学習課題6つの点で表現できる文字は何通りあるか，求め方を説明しよう。

④個人で考えた後，班で協働しながら課題解決を行う。

　　→　基本的な資質・能力を育むための学習活動

⑤まとめ：点字は6つの点で2^6通りの表現をすることができる。これは樹形図や式の利用より求めることができる。

⑥その他にも点字にはさまざまな数学的な秘密が隠れている。それらを探してくることが宿題である。

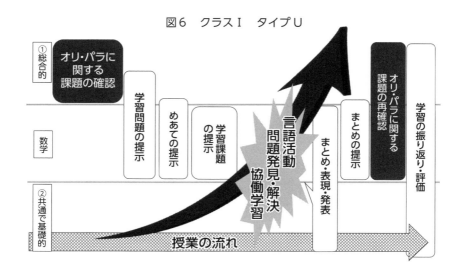

図6　クラスⅠ　タイプU

①総合的　オリ・パラに関する課題の確認

学習問題の提示

めあての提示

学習課題の提示

言語活動
問題発見・解決
協働学習

数学

まとめ・表現・発表

まとめの提示

オリ・パラに関する課題の再確認

学習の振り返り・評価

②共通で基礎的

授業の流れ

　一方，タイプJの授業は，タイプUとは異なり，数学的な事象の中から課題を発見し，協働的な学習等を手法に思考を深め，課題解決に取り組む。数学的に思考が深まった後で，その思考や思考プロセス自体が，全体のテーマに関連しているものであること，または取り組んだ課題の背景を授業者が告げる。思考が揺らぐ中，数学的・社会的多様な解と価値観に基づく議論が行われ，授業を終えるという流れである（図7）。このタイプは，「Dデータの活用」（確率統計領域）のときに用いられることや，日常との関連性が比較的高い課題の時に用いられることが多い。また，全体のテーマと授業で取り扱う課題に，ある程度のインパクトがなければ成立しないという特徴をもつ。このタイプで授業は生徒たちの反応が良い傾向があり，数学的考え方を用いた社会的判断力も養われることが期待できる。

　その具体的な実践例は以下の通りである（2018年度シーズン3：1年次数学「資料の活用」）。

　オリンピックとパラリンピックは分けるべきか否かという立場を，各教科で明確にし，全体のバランスも考えながら授業をデザインする中，数学科はあえて現状のオリンピック・パラリンピックが抱える問題を紹介だけ行い，オープンエンドとし，中立的な立場を貫いた。

具体的な授業展開は，以下の通りである。

①Ａ選手，Ｂ選手それぞれの走り幅跳びの記録複数回を比較し，どちらがオリンピックに出場する代表選手としてふさわしいかを考える（データについて…Ａ選手は最大値はＢ選手より高いが，記録にばらつきがある。Ｂ選手はＡ選手ほど最大値は高くはないが，記録は安定しており，平均値はＡ選手より高い）。

②班活動を行い，代表値を用いて，自らの意思を班内で共有する。

③Ａ選手はリオデジャネイロパラリンピックの金メダリストの記録，Ｂ選手は同オリンピックの金メダリストの記録，オリンピック代表選手よりも良い記録を持っていること，Ａ選手は器具や協会の意向等の理由でオリンピックには出場できなかったことを聞く。

④再度班内を中心に自らの意思を共有する。

　この授業例に見られるように，テーマ（課題）が生徒にとってオーセンティックな課題であれば，タイプＵのように導入の際にテーマとの関連性を確認することは不要であり，普段の授業が授業後半にテーマと繋がることで，生徒のポジティブな反応を得ることができるのである。

図7　クラスⅠ　タイプＪ

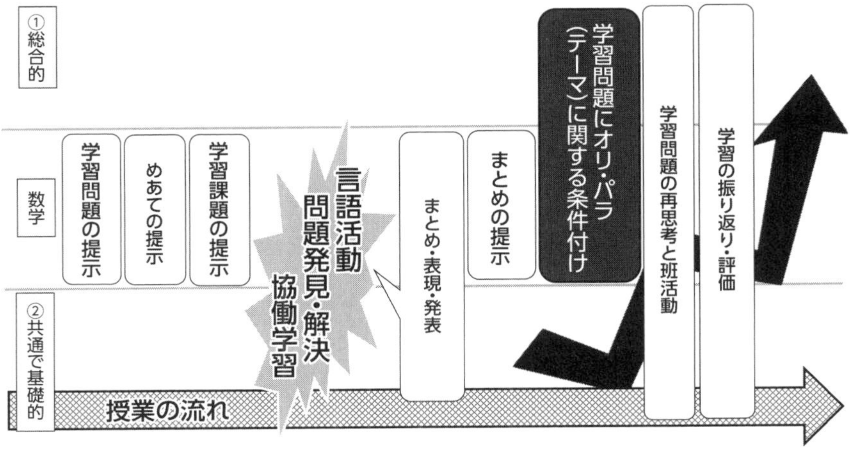

3）クラスⅡ

　二つ目は，単元スパンであれば総合的な力に関われる授業である。この授業類型をクラスⅡと呼んでいる。数学という教科の特性上，一時間の授業の中で全体のテーマに関連のある授業を実践することは難しいことが多々ある。そこでこれは，一時間の授業ではなく，節や単元にまで視野を広げ，全体をみて関連性のある授業を目指すというものである。クラスⅡは，最もクロスカリキュラムにおける授業が困難と考えられる「A数と式」（基礎数学領域）に多く用いられる授業であり，クロスカリキュラムの際に全体のテーマと関連のある取り組みを行う際のハードルを格段に下げるものである。3つのタイプの中で最も頻度が高い。

　その具体的な実践例は以下の通りである（2019年度シーズン2：2年次数学「相似な図形の活用」）。

　全体の共通課題は「進化し続ける世界に生きる一員として，どんな自分であるべきか」である。

　この頃から，オリンピック・パラリンピック対する生徒たちの興味や関心の一つに「お金」という言葉が度々登場するようになっていた。

　オリンピックは平和やスポーツの祭典であることと同時に，1984年のロサンゼルスオリンピック以降，商業的な一面が強くなっている。そのオリンピックの商業化を支えているのはスポンサー企業である。スポンサー企業は競技の周辺で広告を出している。今回の取り組みは，その広告がどのようにこれまで進化し，そして今後はどのように進化するのかを予測させるための取り組みである。具体的には，「90°システム広告」の作り方に三角形の相似の考え方が用いられていることを取り扱った。そして，それが商業的な一面だけではなく，競技選手の安全性を高めていることに気づかせた。

　具体的な展開は，以下の通りである。

①「90°システム広告」を紹介し，それを作成する際に第2節平行線と線分の比の考え方が用いられていることを紹介する。　　　　　　　　　　（1/8時間）

②三角形の平行線と線分の比の性質に気づき，それがどうして成り立つかを他者に説明する。　　　　　　　　　　　　　　　　　　　　　　　　（1〜4/8時間）

③平行線と線分の比の性質に気づき，それがどうして成り立つかを他者に説明

する。　　　　　　　　　　　　　　　　　　　　　　　　　　（5/8 時間）

④平行線と線分の比の定理を用いて，三角形の内角の二等分線が作り出す線分
　の比の性質について他者に説明する。　　　　　　　　　　　（6/8 時間）

⑤中点連結定理に気づき，成り立つ理由を説明することができる。また，それ
　をさまざまな事象へ活用することができる。　　　　　　　　（7/8 時間）

⑥再度，「90°システム広告」を考え，どのように三角形の相似が活用されてい
　るかを考える。また，簡単な図面をかく。　　　　　　　　　（8/8 時間）

Ⅳ　バランスを支える組織づくり

　カリキュラムマネジメントにおける教育内容内容論レベルでいかにバランス
をとるかについて検討してきた。しかし，教科等横断的な学びに資するカリキュ
ラムのあり方だけを問題にしていたのでは，目的は達成し得ない。カリキュラ
ムマネジメントは，それをいかに運用するかという観点を必ず必要とするから
である。

1．拡大・研究部と管理職によるマネジメント

　附属中学校において，クロスカリキュラムの開発と運用において，最も重要
な役割を果たしたのは，校務分掌として形式的に組織された研究部であった。
しかし，当初配置された人員では，教科や学年に偏りがあり，クロスカリキュ
ラムの研究を牽引するには不十分であった。そこで，まず広く希望者を募って
この実践研究に前向きに関わろうとする意思のある教員を加えて拡大・研究部
という形で組織強化を行った。このことで，各学年，各教科，各年齢層とのパ
イプが確保されるとともに，方針議論等が多面的，多角的に進められるように
なった。学校という組織が全体として動くためには，管理職によるマネジメン
トだけでは限界がある。カリキュラムマネジメントという創造的な営みにおい
ては，時には牽引し，時には支援していく専門部門がどうしても必要であり，
その組織が学校全体で孤立化しないことが絶対的な条件となる。その意味で，
附属中学校がまず研究部を強化したことは当を得たことであったと言えよう。

2．各種プロジェクト会議
（1）教師プロジェクト会議
　次に重要な役割を果たしたのが，シーズンごとに参加する教科・領域の担当
者が集まって定期的，不定期的に開催された教師プロジェクト会議である。そ
こでは，教科同士の授業イメージや単元計画を擦り合わせることで，そのシー
ズンにおける各学年の取り組みを一つのまとまったものにするための議論や調
整が行われた。そこでは教科の壁を越えて，共通のテーマに向けてどのような
授業が展開できるかを協議することで，互いの取り組みを知ることができたり，
その会議の場で新たな授業アイディアが生まれたりという効果も認められた。
（2）生徒プロジェクト会議
　前述したとおり，1年目（2018年度）に教師主導型でのテーマ設定の限界が
自覚され，テーマ設定への生徒参加が検討された。その結果採用されたのが生
徒プロジェクト会議である。そこでは設定したテーマに関する生徒の興味・関
心が何にあるのかを引き出す。質問紙調査では知ることのできなかった生徒の
意見を聞き，次シーズンのパフォーマンス課題につなげていく活動が行われた。
（3）オープン会議
　教師プロジェクト会議や生徒プロジェクト会議を活性化するものとして組織
されたのがオープン会議である。生徒が自由に参加できるような教員同士のホ
ワイトボード・ミーティングを休み時間に渡り廊下で行った。そこに通りかかっ
た生徒の意見も反映させた。

3．授業力向上研修
　実践を進めるうちに附属中学校の教師達は，カリキュラムマネジメントやク
ロスカリキュラムはあくまでマクロレベルの授業や教育活動の指導改善の手法
であり，実際に実践される授業の中身については，教師自身の授業力や，単元
デザインの力に大きく左右されることに気づいていった。そもそも学校で作成
されるカリキュラムは，選択された教育目標群を効果的に達成するために編成
される意図的明示的な計画であることに鑑みると，この計画を開発し運用して
いく上で，教師自身の授業力や，単元デザインの力の多寡によってその成果は
大きく変化することは想像に難くないだろう。

　そのため，附属中学校では，１年目の途中から，「授業力向上研修」を立ち上げ，文字通り，教師の授業力の組織的な底上げを取り入れるに至った。

　そこでは，学年・教科・経験年数・性別等をすべて考慮し，バラバラな５つの班を形成し，月に２回の研究授業を行う。授業者を１人決め，授業者は，まずは授業計画を立て教科部に相談する。このことは専門的立場から当該授業の「教科等の本質的なねらい」を明確化し，授業者に自覚させることに効果が見込める。教科部の助言を受けて修正し，まずはプレ授業を行い個人で反省の上さらに指導案を修正する。その後行う研修授業を班員が見学に来て，そのメンバーで放課後に反省会を行うのである。この取り組みを行うことで，授業力向上だけでなく，教科や学年を越えたコミュニケーションを図るという役割も期待できる。実際，この研修会が重ねられるにつれ，職員室や廊下などでの授業に関わる打合せや相談が増え，全体に活気づく様子が観察されている。この研修会が，教師個々人の授業力向上のみならず，教師と教師をつなぎ，協業体制を作り上げていく上で効果的に作用したことは注目に値する。

図8　授業力向上研修の取り組み概要

4. オーソライズされた実践研究目標の存在

前述したとおり，この実践研究は，国立教育政策研究所の委託研究となっており，学校全体で取り組むべきものとしてオーソライズされていた。学校への委託研究は，一方で教員の責任感ややりがいを高める，学校全体での取り組みであることの意識付けや当事者意識の向上に寄与する可能性を持つとは言え，他方で，自分たちにとっての研究の意義や研究の見通し，最低限の研究環境が確保されないと，やらされ感や多忙感を生んでしまう危険性が高いものである。附属中学校の実践研究においても，研究部はもちろんであるものの，それと並んで管理職が実践研究に積極的に関わる姿勢を示すとともに，いかにうまく条件整備をし，研究部を支える助言や指示を与えられるかが非常に重要であるかが確認されている。

V　結びにかえて

以上，「教科横断的な学び」に正面から取り組もうとした，兵庫教育大学附属中学校におけるクロスカリキュラムの実践研究に焦点を当て，新たな資質・能力の育成を効果的に進めるカリキュラムマネジメントのあり方として有用な知見を取り出してきた。

その結果，次の5点について，有用な知見が得られたと考えられる。

①「教科横断的な学び」について，教科等の本質的なねらいと新たな資質・能力の育成とのバランスをどう確保するかは中軸的な課題である。それを追究する際に，新たな資質・能力に「教科等を越えたすべての学習の基盤として育まれ活用される資質・能力」と「現代的な諸課題に対応して求められる資質・能力」の2種類あり，その2者と教科等の本質的なねらいとのバランスの取り方は異なっており，その両者を加味したバランスの取り方を実態に即して創造していく必要がある。

②前者については年間を通じて，すべての教科において育成を図っていくことを基本として，クロスカリキュラムの共通テーマに絡めない場合も，この資質・能力をより一層伸ばすことを意識することで，他の教科・領域での共通テー

マ学習の効率化を支援することを意識する。

③後者については，様々な工夫の余地があり，本稿においては本文に示したように，扱う教育内容に応じて大きくは2つ（細かくは3つ）の授業パターンを設定することができた。

④教科等の本質的なねらいと新たな資質・能力の育成とのバランスをどうとるかの実践的解明を含んだクロスカリキュラムの実践（開発と運用）を効果的に進めるためには，上記①～③という教育内容編成に関わる議論だけでなく，それを支える組織づくりが不可欠である。

⑤附属中学校においては，拡大・研究部，各種プロジェクト会議，授業力向上研修，オーソライズされた実践研究目標の獲得という工夫が特に効果的であると認められていた。

　カリキュラムレベルの研究は，多くの人的物的リソースが必要であり，なかなかその機会に恵まれないことが残念ながら多い。だからこそ兵庫教育大学附属中学校の1事例ではあるものの，そこから汲み取れるものの貴重性は高いものであろう。そうした貴重な知見を参考にしつつ，その学校の抱える積極的，消極的な条件を加味したその学校の状況に最適化されたバランスの取り方が今後一層追究されていくことを強く望みたい。

【参考・引用文献】

中央教育審議会（2016）次期学習指導要領に向けたこれまでの審議のまとめ（素案）（2016年8月）

中央教育審議会（2016）次期学習指導要領に向けたこれまでの審議のまとめ（2016年8月）

中央教育審議会（2016）幼稚園，小学校，中学校，高等学校及び特別支援学校の学習指導要領等の改善及び必要な方策等について（答申）（2016年12月）

兵庫教育大学附属中学校（2019）教科等の本質的なねらいとのバランスがとれたクロスカリキュラムの研究　文部科学省教育課程課編集　平成31年　中等教育資料③現代的な諸課題に対応する教科等横断的な学習，pp.32-37.

兵庫教育大学附属中学校（2020）兵庫教育大学附属中学校　教育の軌跡 2017年12月～2020年3月　～教科等の本質的なねらいと新たな資質・能力とのバランスのとれた クロスカリキュラムの研究～

今谷順重編著（1997）横断的・総合的な学習とクロスカリキュラム－新しい問題解決学習のストラテジー　黎明書房

文部科学省（2017）中学校学習指導要領（平成29年告示）

文部科学省（2017）中学校学習指導要領（平成29年告示）解説　総則編

文部科学省（2017）小学校学習指導要領（平成29年告示）

文部科学省（2017）小学校学習指導要領（平成 29 年告示）解説　総則編

中留武昭・曽我悦子（2015）カリキュラムマネジメントの新たな挑戦　教育開発研究所

野上智編著（1996）総合的学習への提言－教科をクロスする授業〈1〉「クロスカリキュ
　ラム」理論と方法　明治図書出版

坂内智之・高階尚幸・古田直之（2016）子どもの書く力が飛躍的に伸びる！ 学びのカリキュ
　ラム・マネジメント　学事出版

關浩和（2016）カリキュラム・マネジメント－インストラクショナル・デザインのための
　理論と方法－　吉本宝文堂

田原春幸誠（2020）教科の本質的なねらいと新たな資質・能力の育成とのバランスがとれ
　た中学校数学科の授業開発－クロスカリキュラムによる教科等横断的なカリキュラム・
　マネジメントの取組を通して－　　兵庫教育大学・特定の課題についての学修の成果

高階玲治編著（1996）実践 クロスカリキュラム－横断的・総合的学習の実現に向けて
　図書文化社

谷口和也・大西洋悦（1998）クロスカリキュラムにもとづく環境教育の開発 (1) － The
　National Curriculum をてがかりとした総合的教科の可能性－　　岩手大学教育学部附属
　教育実践研究指導センター紀要 第 8 号

東京都教育委員会（2016）「東京都オリンピック・パラリンピック教育」実施方針（2016
　年 1 月）

第*8*章

手続き的公正を活かした
学級集団づくり
フェアな決め方のススメ

竹西 亜古

　学級は世界に繋がっていく。学級での活動や経験は，児童が社会の一員とし
ての自分の有り様や役割を意識していくきっかけになりうる。なかでも学級に
おける「決定」の活動や経験は，児童の社会性や公民性を育む観点から重要な
ものと位置づけられる。学級では児童にとって自己関与の高い決定がしばしば
行われる。係や委員の決定，集団遊びの内容，修学旅行の班決め，学級で起き
る課題の解決など，いずれも児童にとって重要であり，その決定は悲喜交々を
生じさせる。

　本来，決めるということは，極めて個人的な営みである。人は自由であり，
幸福を追求し，自らの意志で決定できる。しかし同時に人はひとりでは生きて
いけない。そして多数の人間が存在し関わり合う場では，個人の決定が，他の
人の幸福の追求と相容れない事態も出てくる。集団・組織・社会においては，個々
人の決定を，全体の決定に昇華させることが求められる場面が多く存在する。
誰かが自分の幸福を捨てて，全体の犠牲になる話ではない。ひとりひとりの幸
福追求を否定することなく，関わり合う全員が納得し受容できる集団決定を達
成せねばならない場面である。その達成のために，どうすればよいのか。答えは，
公正さ（fairness）にある。公正な決定がされたと，ひとりひとりが感じること
で，自分の権利や幸福追求が蔑ろにされず，全員が受容できる合意に至ったの

だと認識できる。

　社会心理学の心理的公正研究は，人がどのような時に公正や不公正を感じ，それらを感じた結果どのような行動を起こし，ひいては集団・組織さらには社会がどのように変容していくのかをテーマとして追求してきた。その中で得られた重要な知見のひとつに「手続き的公正（procedural fairness）」がある。人は集団や組織で自分に関わる決定が行われる時，どのような決定の仕方が取られたのか，その「手続き」に強い関心を寄せ，そこで感じる公正感・不公正感が決定の受容や集団への態度に大きく影響する（Lind and Tyler, 1988）。

　本論では，心理的公正研究，特に手続き的公正研究に焦点を当てて，学級での決め方をフェアにすることが学級集団づくりにもたらす効果を明らかにし，実践の具体的方法を示す。まず〈I 理論と研究編〉では，心理学が明らかにした「フェアとは何か」を説明し，続いて「手続き的公正」について解説する。ここで述べる「手続き的公正の効果モデル」「手続き的公正の要素」がフェアな学級集団づくりの基礎となる。続く〈II 実践編〉では，理論に基づき開発された『フェアな決め方ルールを用いた話し合いプログラム』（特別活動全 3 時間）を解説する。ここでは，各時の授業を児童の心理面に対する効果から解説するとともに，読者が実践に取り組めるよう指導案を示して授業展開を説明する。さらに〈III 事例と実証編〉では，全校を挙げてプログラムに取り組んだ小学校の事例と量的データによる児童の変容を報告する。

　フェアな決め方の学びは，児童ひとりひとりが決定過程に参加し，他者との関わりを主体的に調節し，全体が納得できる決定を模索する体験である。手続き的公正研究の知見からは，このような体験によって，児童が学級の一員である自分を意識し，学級全体のことを考えて行動する効果が期待できる。学級集団づくりに関する有効な実践研究や提言は数多くなされているが，それらに加えて，学級で必ず行われる「決定」をフェアにすることによって，学級集団を一層よりよいものとしていくことができよう。

Ⅰ　理論と研究編

1．公正と正義：フェアの持つ意味

　正しいか正しくないかの判断がなされる場面は大きく分けて２つある。ひとつは数学の問題を解いた結果が正しいか，物理の法則が事実を記述しているかなどを判断する場面である。この場合の正しさは，正答・正解・正確を意味する正しさである。もうひとつは社会における正しさであり，前述のような確定的な答は見いだしにくい状況でなされる。

　社会的に正しいか正しくないかの判断を表す際に使われる言葉に，「正義（ジャスティス：justice）」と「公正（フェア：fair ／名詞型ではフェアネス：fairness）」の２つがある。ここでは，この２つの持つ意味合いの違いから「公正」とは何かを考えていきたい。

　この２つの違いを端的にいうと，絶対的基準の有無といえよう。「正義」とは，何か揺るがせられない基準があり，それに照らし合わせて正しさを判断する場合に使われる言葉である。例えば，様々な法律は社会的正義を実現するために制定されているが，それらは全て憲法に則り作られており，憲法が正しいか否かの絶対的基準である。キリスト教文化圏では，正義は“神の御前の正しさ”を意味し，神という絶対的存在に正しいものとして認められるよう振る舞うという意味合いがある。昭和の時代に流行った勧善懲悪の TV ドラマでは，悪は悪・善は善という明確な色分けがあり，悪を懲らしめ善を助ける役割が“正義の味方”であった。

　それに対して「公正」には，神のような元からある絶対的基準はない。公正とは，２つのほぼ同等の存在が互いにやりとりをする中で，どちらか一方が極端な不利益や不幸にならないような“やりとりの約束”が作られ，その約束に照らして正しさを判断する場合に使われる言葉である。公正とは相互作用におけるルールの成立と遵守であり，その実現によって参加者全員の幸福追求が可能になるものである。分かりやすい例としてサッカーの試合を思い浮かべてほしい。それぞれのチームは，勝つという幸福の追求に向けて行動する。ただしそのために何をやっても良い訳ではない。サッカーにはルールあり，極端なル

ール違反者はフィールドを去らねばならない。ルールを遵守して戦うことがフェアである。

　しかし，フェアの本質はそれだけではない。フェアはルールを必要とするが，ルールさえ守れば良いのではない。サッカーでは，試合中に負傷を負った相手選手に配慮して，得られる勝機をわざと狙わない行為を"紳士的行為"と呼んで賞賛する。相手の不幸につけ込むことはルール上違反でなくても，人道的にフェアではないからだ。このように，社会において「公正である（フェアである）」とは，何らかの絶対的な正しさが達成されている状況ではなく，フェアを実現するためのルールを使用しつつ時にはルールを越えることも認めて，すべての人々が幸福を追求できる状況を意味する。

２．心理的公正の生じ方：どのようにしてフェアを感じるか

　公正とは人と人の相互作用における正しさである。そして，その正しさは，相互作用に関わる人によって感じ取られるもの，すなわち心理的公正（公正感）である。いかにして人が他者との相互作用の中で心理的公正を生じるのかを説明した理論に社会的交換理論がある。ここでは社会的交換理論（Homans, 1958）のエッセンスを解説し，心理的公正が対人関係や信頼の形成に繋がることを述べる。

　社会的交換理論は，二者の対人関係の形成・維持・崩壊をそれぞれの人が持つ資源の交換という考え方で説明する。理論が置く前提は，①人は様々な資源を持つ，②資源は物に限らない。能力や特徴など形のないものも資源と捉える，③人は自分の持つ資源だけでは生きられない，④そのため必要とする資源を他者との交換によって入手せねばならい，である。その上で理論では，⑤すべての人は自己利益最大化欲求を持つ，と前提する。

　理論の述べるところを物語風に説明しよう。Aさんは○○を必要としている。前述したように，この○○は物でも心でも良い。そして○○は現在，Aさんの持つ資源ではない。そこでAさんは"対人交換市場"へ行く。ここでは○○を含めて，様々な資源を持つ人々がいる。もちろん○○を持つ人もいる。Aさんはそのうちのひとり，○○を持つBさんの所へ行き，○○を得ようとする。ここまでは取り立てて不思議な話ではない。

　しかし，AさんとBさんが出会うと奇妙なことが起きる。理論の前提である「す
べての人は自己利益最大化欲求をもつ」が発動するのである。この欲求に基づ
くAさんの行動は，コストを一切払わずに○○を獲得することである。Aさん
はBさんに対して『○○頂戴』と迫る。一方，理論の前提は当然Bさんにも当
てはまるため，Bさんにも今は持っていないが必要な資源△△があり，同時に
自己利益最大化欲求がある。Bさんは『あげない。それより△△をくれ』と返す。
　相互作用の始まりは，欲求と拒絶の応酬である。しかし当該の資源が，それ
ぞれの人にとって必要性が高い"なくてはならないもの"であればあるほど，
手に入れることが優先すればするほど，人は交換を成立させるために「自己利
益最大化欲求を抑制していく」と理論は述べる。そして双方が利益の最大化を
捨てて相手の利益をも考慮し始め，双方が納得する最適解としてレートが決ま
り，交換が成立する。このとき双方の心に生じるものが「心理的公正」である。
AさんもBさんも，どちらもが不当な利益を得たのでも損害を被ったのでもな
く，互いが納得のいくフェアな交換ができたと感じるのだ。
　社会的交換における心理的公正は，衡平（equity）とも呼ばれる。衡平は，
相手に渡すもの（input）と自分が得たもの（outcome）が，釣り合っているこ
とから生じる公正感であり，心理的公正の重要な一形態である。ここから発展
した，対人関係の衡平理論は，二者関係において衡平が成立することが，対人
関係を形成・維持するという考え方であり，多くの実験的研究で検証されてい
る（Walster, et al., 1978）。

3．信頼と感情と心理的公正

　話をAさんとBさんに戻そう。Aさんは後日また○○が必要になった。そこ
で再度対人交換市場に赴く。見渡してみると，○○を持つ人が複数いる。その
中にはBさんもいる。Aさんは今回，だれとやりとりを始めるだろうか？
　Bさんだ。なぜなら初顔の人の場合，欲求と拒絶の応酬から始まる可能性が
ある。一方，Bさんとは，以前にフェアな交換が成立している。双方が最適解
と考えるレートも推し量れる。Bさんも近づいてくるAさんを歓迎する。△△
を○○と適切に交換してくれたフェアな人だからだ。
　時が経った。あれ以来，AさんはBさんと交換を続け，その度フェアを感じ

た。AさんはBさんがこれからもフェアな相互作用の相手だと信じている。B
さんも同様だ。この2人の関係は何と呼べるだろう？　そう「信頼関係」である。
信頼の捉え方は種々あるだろうが，心理的公正の文脈から捉えると「信頼とは，
相手が自分に対してフェアでいてくれるという期待」である。フェアな交換の
積み重ねによって信頼は形成される。一方で何らかの事情でフェアの期待が破
られることもある。信頼していた人に感じるアンフェアは，その人との関係の
再考を促しうる。その人とのやりとりを控え，別の人と新たな関係を結ぼうと
するかもしれない。このように心理的公正は人と人を繋いで信頼を作り上げる
機能を持つと同時に，関係を破断させる機能も持つ。そして信頼が裏切られた
と思うとき，人は誰しもが怒り悲しむ。

　心理的公正は関係性における認知である。認知とは，人が外界の情報を処理
して頭の中に作り上げるものであり，ここでは判断と捉えてもらってよい。心
理的公正認知の特徴は，感情を伴う認知であることである。フェアを感じ，フ
ェアが保たれる期待を持つとき，人は関係に満足し安心感を持つ。その関係に
居心地のよさを感じ，居続けたいと思う。一方，アンフェアを感じ，アンフェ
アな状態が続くとなると，人は不満を感じ，苛立ち，怒り，その状況を変えよう，
フェアを回復したいという動機づけを持つ。

4．子どもに心理的公正はあるのか

　社会的交換から人間関係を捉える考え方は，人を"合理的な存在"と扱いす
ぎるとの批判が時になされる。そのため読者の中には，これは"大人"でない
と当てはまらないモデルではないかという考えを抱かれる方もいるかもしれな
い。しかし，少なくとも自発的に他者との関係を作れる年齢，好き嫌いができ
て友人が作れる年齢にある子どもには当てはまるモデルと考えてよいだろう。
相互作用において人は常に自分のinput/outcomeを意識している訳ではない。
また関係の進行に従って，交わされる資源は自然と多岐にわたっていく。つま
りある他者との関係がフェアかどうかは，個々の行為の機械的かつ詳細な計算
結果ではなく，トータルな認知であり，そこから生じる感情である。第三者的
立場から見ればフェアとは思えない関係でも，当事者同士はアンフェアを感じ
ず幸せに維持される場合があるのは，そのためである。

　もちろんフェアという言葉をまだ知らない子どもは，その言葉を使った公正感として感じることはないだろう。しかし，誰それさんと居ると楽しい・幸せ，ずっと一緒に居たいという気持ちは，自分の行為に対して相手が肯定的反応を返してくれる相互作用の経験によって培われていくものである。意識はできなくても input/outcome が満たされているフェアな状態といえる。一方，否定的反応が返ってくることは input に対し期待していた outcome が得られないアンフェアな状態である。

　心理的公正から子どもの関係性を考えるとき，関係における自由度の有無が重要である。前項で述べたようにアンフェアは関係性を変化させる動機となる。しかしそれはあくまで，関係性を自分の意志で変えられる自由度がある場合である。親子の関係には，そのような自由度はない。学級担任と児童の場合もほぼ同様であり，子どもの側から“クラスを出て行くこと”はできない。子ども側に自由のない関係ではアンフェアを感じても，その関係をやめて，あらたな関係を求めることができない。親子関係や担任との関係でアンフェアが続く状況に陥った子どもは，そこでの不満・苛立ち・怒り・悲しみが常態化してしまいがちである。子どもは親や担任との接触を避けることで，そのような感情を回避しようとするかもしれない。親と会話しない，自室に閉じこもる，不登校になる，これらは彼らが無意識にとるアンフェアに対する防護の行動なのかもしれない。

5．手続き的公正：決め方のフェアさ

　相互作用における心理的公正は，認知者が“やりとりのどこ”に注目するかによって二種類に分けられる。交換される資源やレートに注目した場合の公正感を「結果の公正」あるいは「分配的公正」と呼ぶ。一方，やりとりの仕方，すなわち上記の結果を生む過程や手続きに注目した公正感を「手続き的公正」と呼ぶ。学生にとって提出したレポートに対する教師の“優・良・可”といった評価は結果の公正さに関わる問題である。それに対して，評価がどのようになされたのか，教師がレポートをどのような観点や基準に基づいて評価したかは手続き的公正に関わる問題である。

　たとえ“優”をもらったとしても，教師がレポートを折って飛ばした飛距離

で評価を決めていたとしたら，素直に喜べるだろうか？　紙飛行機手続きによる評価は，一時の利益をもたらしたとしても，長期的にはその保証がない。次回は失速して不可になるかもしれない。そもそもレポートによって学生が評価されたいのは学修や努力の程度であり，それを査定する手続きとして紙飛行機は公正感をもたらさない。学生は教師の決め方にアンフェアを感じ，教師への不満や不信を抱くだろう。加えて，この状況は一人の学生だけの問題に留まらない。当該教師の関わる教育の場，それがクラスであり学校組織であるなら，その手続きの影響を受ける全員の問題となる。つまり，結果に関わる公正の問題は個人のレベルに納まるかもしれないが，手続き的公正は集団や組織のあり方に関わる問題になりうるのである。

　心理的公正研究が手続きに注目する理由は，手続きがその集団や組織の様相を決めるからである。国民生活に関わる重大事を民主的手続きで決める国と，独裁者の独断で決まる国では当然，国の有り様も国民の立ち位置も変わってくる。集団・組織における決定手続きはその集団・組織の本質を表すと言っても過言ではない。そして他者との関係性におけるフェアの場合と同様に，手続き的公正が実現している集団，すなわちフェアな決め方が行われている集団は，メンバーにとって安心できる居心地のよい集団となり，心理的に重要な所属集団となる。手続き的公正は，人を人と結びつけるだけでなく，人を集団や組織に結びつける機能を持つのである。

6．手続き的公正の効果モデル：フェアさがもたらすもの

　人を集団に結びつける手続き的公正の機能を，認知者の心理過程としてモデル化したものが「手続き的公正の効果モデル」である（図1参照）。このモデルは，リーダーシップのモデルとも位置づけられる。なぜならリーダーとは，集団・組織における決定者，すなわち決定手続きを設定する者あるいは設定された決定手続きを実行する者と，位置づけられるからである。モデルは，メンバーからのリーダー是認に関する「直接過程」と，メンバーの社会的アイデンティティを媒介変数とした「媒介過程」の2つの部分から構成されている。いずれの効果プロセスも，リーダーの決定手続きに対して集団・組織のメンバーが感じるフェアさが出発点である。

図1　手続き的公正の効果モデル

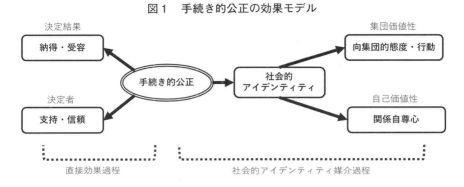

直接過程によって引き起こされる効果のひとつめは，リーダーに対する信頼の形成である。リーダーの決定手続きがフェアだと感じると，メンバーはそのリーダーを支持し是認する。リーダーとの関係性を良好に感じ，信頼が形成される。集団・組織における関係性は一定の時間持続することが多いため，フェアな決定を繰り返すリーダーはメンバーの信頼を積み重ねることができよう。同時に手続きは集団・組織の本質なので，集団・組織そのものに対する信頼感も高まっていくだろう。

ふたつめの直接効果は負の分配に関わるものである。手続き的公正が担保された状態になると，メンバーは短期的な損失に寛容になる。裁判場面での研究では，判決が個人的に損になる場合（負の分配）でも，裁判過程に対する手続き的公正感が高い場合，判決への不満が抑制され，受容が促進された（Tibaut and Walker, 1978）。決定システムが公正であれば，自身の損得を越えて，結果を受け入れられるのである。このことは，集団・組織の決定者であるリーダーにとって大きな意味を持つ。集団目標の達成のためリーダーは時として，メンバーに負担を強いる決定をなさねばならない場合がある。そのような場合こそ，リーダーの手続きがメンバーにフェアとみなされるか否かがポイントになる。

手続き的公正は，リーダーに対する直接的な効果とともに，メンバー自身にも効果をもたらす。その心理過程を「手続き的公正の社会的アイデンティティ媒介効果」と呼ぶ（竹西・竹西，2006）。以下では，この媒介効果を実証した研究結果に基づき，手続き的公正のもたらす効果を解説する。

通常，人は複数の集団に属し，そこでの自分を持っている。教職大学院に通

う現職教諭ならば，大学院の学生であり，現任校の教師である。その人は同時に，家庭の父であったり，有志サッカーチームのフォワードであったり，自治会の書記であったりするかもしれない。このように人は複数の集団の一員であることができるが，"一員であることの重要性"は均一ではない。その重要性の指標となるものが「社会的アイデンティティ」である。社会的アイデンティティとは，自分がある集団や社会カテゴリの一員であるという認知であるが，その英原語が social identification（社会的同一化）であることから分かるように，その集団と自分自身をどの程度同一化しているか，すなわち，その集団の一員であることが自己概念において，どの程度重要かを示す心理概念である（Hogg and Abrams, 1988）。

　公正感は人に満足と安心をもたらす。公正な決定手続きが実行されている集団・組織においてひとりひとりのメンバーは，自分が蔑ろにされることなく，尊重され，真っ当に扱われていると感じることができる。このことによって，その集団・組織の一員であることが，当該メンバーの自己概念において重要になっていく。手続き的公正は，集団における社会的アイデンティティを高める効果をもつのである。社会的アイデンティティの程度は，集団に誇りを抱くこと（pride），集団の一員として尊重されること（respect）で測定されることが多い。フェアな決定手続きが実現している集団・組織において，メンバーは自身がひとりのメンバーとして尊重され，メンバーであることを誇りに思うようになる。このように手続き的公正は，当該集団におけるメンバーの社会的アイデンティティを高めることによって，人を集団に結びつけていく。

　手続き的公正は，メンバーの社会的アイデンティティを媒介して，さらなる効果を引き起こす。ひとつは集団価値性の効果であり，具体的にはメンバーの向集団的態度・行動を強めることである。社会的アイデンティティの高まりによって，その集団の一員であることが自身にとって重要になるにつれて，人は集団全体のことを考え出す。集団との同一化が進むと，自身の利益と集団の利益の一致度が上がっていく。ズレがある場合は集団全体の利益を優先し，自己利益を抑制してもよいとも感じる。今まで自分中心に考えていた視点が大局化し，集団・組織のレベルで問題や解決法を考え始める。その結果，集団全体のためになる行動を積極的に取るようになる。また集団全体に目を向けるようになる

ことは同時に，集団の他のメンバーに目を向けることでもある。モデルの実証研究では，他のメンバーに対する支援やサポートの意志も高まった（竹西・竹西，2006）。フェアな決め方を実行する集団・組織では，このような向集団的態度・行動の向上がメンバーひとりひとりに生じ，結果，"One for all, all for one" や "チームスピリッツ" が実現化しうる。

　手続き的公正がもたらすもうひとつの効果は，メンバーの自己評価に関わるものである。モデルの実証研究では，メンバーの自己評価の指標として「関係自尊心尺度」が用いられた。関係自尊心は，自己概念うちの関係自己（relational self）に関する評価であり，他者との関係における自己評価である。下位測度として，関係的幸福（周囲の人との関係で幸福を感じているか）・存在意義感（自分が周囲から必要とされてるか）・社会的自己受容（自分の社会的役割を受け入るか）の 3 側面を持つ。研究では，リーダーの手続き的公正がメンバーの関係自尊心に影響することが示され，フェアな決定が実行されている集団のメンバーは，周りの人との関係で幸福を感じ，自己の社会的必要性を感じ取っていることが分かった（竹西・竹西，2006）。関係自尊心の状態はメンタルヘルスにも関わると考えられている。フェアな決定手続きを備える集団・組織においては，メンバーのメンタルヘルスも良好であることが示唆されている（竹西，2010）。

7．手続き的公正の要素：何が手続きをフェアにするのか

　手続き的公正は，人を集団に結びつけ，その一員であることの価値を高める効果を持つことが明らかになった。次の問題は「どうすれば手続きをフェアにできるのか」である。ここでは，手続き的公正を実現する具体的方法について説明する。

　まず読者に思い出していただきたいのは，フェアには絶対的基準がないことである。従って，これがあれば必ずといった十分条件はない。しかしながら手続き的公正研究では，決定過程や手続きにおいて人に公正感をもたらす要素が示されている。

　代表的なものに「レーベンソールの 6 ルール」がある（Leventhal, 1970；竹西，1998）。それらは「正確性」「一貫性」「代表性」「偏見の抑制」「修正可能性」「倫理性」の 6 つであり，これらのルールが決定手続きに反映されている場合，公

正が実現し，公正感が感じられるというものである。「正確性」とは，曖昧な情報を排除し，正確な情報に基づくというルールである。「一貫性」は，人によって時によってころころ変わるのではなく，同じやり方が適応されるというルールである。「代表性」は，一部の人だけが認めるのではなく，多くの人が認めるやり方だというルールである。「偏見の抑制」は手続きや決定過程のあらゆる側面で予断や偏見を排除しようとするルールである。「修正可能性」は手続きや決定過程を常に見直し，より良いものにすることを怠らないというルールである。そして「倫理性」は，手続きや決定過程をより高い人道的視点から省察していくというルールである。これらのルールは，公正が，完成された固定のものではなく，関わるすべての人々の努力によって創り出され，一層の高みへ向かう望みを持つものであることを示唆している。

　手続き的公正研究では，上記6ルールに加えて複数の要素が明らかにされている。なかでも重要な要素は「発言」および「参加」である。裁判の手続き的公正研究では，当事者の「発言機会」が多いほど公正感が強まり，負の判決の受容が促進された。証拠提示の回数も同様の効果を生んだため，形はどうあれ，決定過程に「参加」することが公正感を高める上で重要だと考えられた（Thibaut and Walker, 1978）。一方，発言内容が最終的に決定に反映されなくても，発言すること自体が手続き的公正を高める現象（value-expressive）も確認されている（Tyler, 1989）。いずれにせよ集団・組織内での決定手続きにおいては，発言の充足が重要であり，発言によって決定過程に参加することが公正感を高める。またコミュニケーションにおいては，正確な情報の開示（事実性）と相手の立場を配慮した言い方（配慮性）がフェアの要素であることが明らかにされている（竹西ほか，2008）。

　しかしながら手続きをフェアにすることは単純ではない。一貫性と配慮性ように要素間には単純には同時成立しないものもある。状況に応じて要素の重みや組み合わせを変えていかねばならない。このことはフェアの"曖昧さ"を示しているのではない。フェアを求めることは，完成品を探し出すことではない。努力を重ねて創り出すことである。

　ここで，理論と研究編は終了する。次節からは，手続き的公正研究を基盤に，フェアな学級を創り出す実践について解説していきたい。

Ⅱ　実践編

1．フェアな学級づくりのために

　心理的公正に関する研究知見に基づき，フェアな学級づくりを進める実践について解説していく。まず不可欠なのは，教師側の日々の実践である。手続き的公正の効果と要素に関する知見は，そのまま教師の学級経営に応用できる。児童だけでなく保護者との関係においても，教師の手続き的公正はフェアな学級集団づくりの基盤である。教師の行為・言動に対して児童がフェアだと感じることが，学級集団づくりの第一歩となる。

　その上で推し進めるべきはフェアな学級を作り上げるために，児童自身が"フェアを学ぶこと"である。学校教育の役割のひとつは児童の社会性・公民性の育成であり，個々を尊重しつつ他者や集団と結びついていく力を育み伸ばすことが求められる。冒頭でも述べた学校生活における「決定」の数々は，個々の希望や欲求を蔑ろにせず，集団全体としての合意を作り上げる過程において，フェアを学ぶ最良の機会である。教師は自らがフェアであるだけではなく，これらの機会を用いて，"フェアとは何か"，"フェアであるためにどうすれば良いか"に関する児童の主体的学びを創り出すことが求められる。

2．「決め方」を問い直す：じゃんけんはフェアか？／話し合いはフェアか？

　残念ながら現状，学校生活での決め方の多くはフェアなものとなっていない。学級で何かを決めるとき，教師は"話し合って決めなさい"という指示を好む。"話し合いが良い結果を生む"という神話は学校教育で根強い。しかし，学級における"話し合い"の実態は神話通りにいかない。"話し合い"を始めさせたは良いが，対立が収まらず，あるいは紛糾し合意にいたらず，時間切れを迎えた結果，教師は「まとまらないなら仕方がない。多数決で決めなさい」「じゃんけんしなさい」と言う。

　実際，児童に「係や班決め，クラス遊びなどで，今までにどういう決め方をしてきたか」と問いかけると「じゃんけん」「くじ引き」「早い者勝ち」「多数決」「話し合い」と答えが返ってきた。その上で，その決め方にした理由を尋ねると，

じゃんけん・くじ引きは「平等だから」，多数決は「数が多い方が勝ちだから」，話し合いは「意見を聞いたから」が主だっていた。いずれの場合も，児童はそれぞれの決め方の不適切さに気づいていないようであった。

　確かにじゃんけん・くじ引きは機会均等かもしれない。しかし考えることを放棄して，運を天に任せる決め方である。問題の根本的な解決に何一つもたらさない。ちょっとした軽い役割を決める時は良いが，自身に関わる重要なことを決める決め方として，じゃんけん・くじ引きが適切だとは言い難い。多数決はどうだろう。民主主義的な決め方として繁用されてはいる。しかし民主主義における多数決はあくまで次善の策にすぎない。多数決が全体合意に代わりうるのは，多数派が少数派への配慮・尊重を怠らないときのみである。さもないと"数の力による圧制"そのものである。児童が"数で勝つ決め方"として多数決を正しいと認識しているなら，その公正感もフェアからほど遠いものである。

　児童は「意見を聞いたから，話し合いは正しい決め方だ」と言う。決定過程における参加や発言は手続き的公正の重要な要素であり，それを実現できる話し合いは児童の言うとおりフェアな決め方である。しかし，現状の話し合いは，フェアな決め方にまでなっていない。合意に至らず時間制限にかかり，結局，"じゃんけん"に頼ることもありがちだし，話し合いを阻害する要因が排除・考慮されないまま行われることも多い。集団浅慮（group think）の研究（Janis, 1982）は，集団討議が誤った結論に至ってしまう様相と要因を明らかにしている。その中には，極端な論陣を張る人の存在が議論の流れを歪めること，同調圧力が働いて自由な発言できないこと，議論とは別の人間関係・力関係によって発言が影響を受けること等々が示されている。これらは学級での話し合い過程で往々にして起きている。話し合いが持つ本来の機能を損なうと同時に，話し合いをアンフェアにする要素である。これらの要素を取り除く工夫をせずに，"話し合ったからOK"は，フェアに見せかけたアンフェア，すなわち疑似フェア（quasit-fair）である。

　学級での決め方の現状を見ると，児童にフェアとは何かを考えさせる際，まず既存の決め方を問い直す必要があると考えられる。その上で，話し合いをフェアにしていくための方法を主体的に学んでいくことが重要になる。そのためには，児童の認知ではなく，感情の想起を手がかりにすることが有効だと考えら

れる。「その決め方で決めた時，いやな思いをしたことがあるか」という問いでアンフェアを感じた経験，その時の感情を手がかりにするのである。そうすることで児童は「じゃんけんに負けて熱意を持っていた係になれず悲しかった」「わずかの差で多数決に負けて自分たち少数派は腹が立った」などと，ネガティブ感情を伴った経験を思い出ことができる。そして，そのようなネガティブ感情を，学級の誰かが感じる決め方はアンフェアであり，誰ひとり感じない決め方がフェアであると捉え直させることができよう。

3.〈フェアな決め方ルールを用いた話し合いプログラム〉

　話し合いをよりフェアな決め方にする。その学びのために開発されたものが〈フェアな決め方ルールを用いた話し合いプログラム〉ある。このプログラムは特別活動の3時間を用いて，学級における決め方のフェアさとは何かを考え，自分たちの話し合いにおける「フェアな決め方ルール」を作り上げる。その上で，ルールを運用した学級会活動を継続することを通じて，自分たちの力でフェアな学級集団を創り出すことを目標としている。プログラムの基本形は，1時目〈今ままでの決め方を振り返る〉，2時目〈フェアな決め方ルールを作る〉，3時目〈フェアな決め方ルールを使う〉からなり，その後，年間を通じて係決めなどの決定場面や学級会において決め方ルールを使う活動である。さらに，学期が変わった時点など必要に応じて〈決め方ルールの見直し〉の時間を導入する。プログラムの基本となる学級活動指導案を示す（資料1参照）。なお本プログラムは吉栖こずえ（令和2年度兵庫教育大学教職大学院修了生）と筆者が共同開発したものである（吉栖，2020）。

　プログラムの特徴の第一は，児童自らが自分たちの「フェアな決め方ルール」を考え実行することにより，主体的にフェアな学級集団を創り出す活動となることである。第二の特徴は，実践の効果性を測定できる仕組みを併せ持つことである。プログラムの前後，および各授業内で児童の公正感，学級アイデンティティ，向集団的態度を測定することで，手続き的公正効果モデルの示す効果が実際に児童に生じ，学級集団づくりが促進されたか否かを評価できるものとなっている。第三の特徴は，発達段階に応じて。高学年用（4，5，6年向け）と低学年用（1，2，3年向け）が作成されていることである。なお，本プログラム

はフェアを感情的体験から学んでいく授業展開を採用しているため，低学年においても十分に実施可能なことが実践研究で明らかにされている。

　次節以降，各授業の目標および設定意図，関連する心理学的知見の説明を加えつつ，具体的な授業展開について解説する。さらに〈Ⅲ事例と検証編〉では，プログラムを実践した小学校の事例を紹介し，得られた効果を報告する。

第1時　〈今までの決め方を振り返る〉

　第1時の目標は「今までの集団決定の仕方について振り返り，矛盾点や疑問点に気づくことができる」である。授業展開では，児童自身の主体的な思考と気づきを促すことで，決め方の問い直しを達成する工夫がなされている。今までに経験した決め方を挙げさせたあと，「それぞれの決め方のダメなところ」を考えさせるグループトークを導入する。その上で「ダメな決め方」でアンフェアを感じた際のネガティブ感情に注目させ，「クラスのだれひとりとして，そのような気持ちにならない決め方」「自分ひとりにとって正しいのではなく，みんなにとって正しいこと」が「フェア」だと指導する。

　授業展開のポイントは，アンフェアからフェアを教える点と，体験した感情の想起からフェアの大事さに思い至らせる点である。フェアとは何かを認知的・理論的に説明しても児童の理解は難しい。しかし今までの決め方の経験で，多くの児童はアンフェアの感覚，特にアンフェアに伴うネガティブ感情を容易に想起できる。自分自身も感じたことのあるネガティブ感情を学級の誰もが感じずに済む，すなわち誰もが不幸にならない決め方がフェアであると捉えさせるのである。

第2時　〈フェアな決め方ルールを作る〉

　第2時の目標は「フェアについて理解し，それをもとによりよい集団決定のしかたについて考えることができる」である。前時で学んだフェア・アンフェアの捉えに基づき，学級での話し合いをフェアにするためのルール作りを行う。教師は「クラス全員でみんなに関わる大事なことを決める時，フェアな決め方がいいか，アンフェアな決め方がいいか」を確認した上で，「どんなことに気をつけるとフェアな決め方になるか」を児童自身にグループトークで考えさせ共

有する。その後，レーベンソールの6ルールを基に作成した「フェアな決め方の6ルール」（資料2参照）を，人がフェアな決め方だと感じる条件として紹介・説明する。紹介が終わった後，「この6つを取り入れてもよいし，自分たちの考えでもよい」「これからは，作ったルールでクラスの大事なことを決めていく」と説明し，2回目のグループトークに入る。2回目のトーク終了後，班ごとの意見発表を集約し，学級全体の話し合いで「〇年〇組のフェアな決め方ルール」を決定する。学級全体の話し合いは学級会の形を取った。教師は事前に，司会児童に対し，意見が出尽くすまで発言を求める言葉を繰り返し，頻繁に合意の確認を挟むようアドバイスしておいた。また，同様の意見を集約することに努め，ルールの数が多くても4から5つになるよう指導しておいた。

　授業展開のポイントは，あくまでも児童の自由な意志と発想によってルールが作られることである。自らの手で作り上げたと感じ取れることが重要である。フェア・アンフェアという言葉が一人歩きしないよう，「誰もが悲しまない」「みんなにとって正しい」決め方を目指すことを確認しながら授業を進めれば，児童に任せることに不安を感じる必要はない。実際の現場実践では，児童の発想するルールの中には6ルールと重なるものも多く見られ，また多少なりとも極端な意見は全体の話し合いの中で吸収・集約されることが見て取れた。

第3時　〈フェアな決定ルールを使って決定する〉

　第3時の目標は「実際に学級の課題について，クラスのフェアな決め方ルールを使って話し合い，教師の支援のもと，自分たちで集団決定することができる」である。ここからは学級会活動として，実際の課題解決や集団決定時にフェアな決め方ルールを運用して，決めていく経験を積み重ねてく。授業展開のポイントは，学級会の冒頭，自分たちのフェアな決め方ルールを確認し，意識化することである。話し合いの途中でも，ルールの無視やルールからの逸脱が起きていないか全員が気にかけるとともに，そのような事態に気づけばすぐに発言できる状況であることを確認しておくことも良い。

　その上で重要なことは，児童が「フェアな決め方はルールを必要とするが，ルールを守りさえすればフェアなのではない」こと知ることである。ルールはあくまでも"道具"であり，ルール至上主義に陥ってはならない。そのためには「ルー

ルの再検討場面」を設定することが有効である。現在のルールではフェアが達成しにくい課題を教師が仕掛けることもできるし，それが難しければ一定期間ごとに現在のルールに良くない点や足りない点はないかを考えせることでも良いだろう。自分たちの決め方が，みんなにとって正しく，誰ひとりとしてネガティブな気持ちを持たないことを目標に，より一層のフェアさを創り出そうとする意識を学級内に作り上げて欲しい。

Ⅲ　事例と検証編

1．実践事例におけるプログラム効果性の検証

　続いて，小学校現場における〈フェアな決め方ルールを用いた話し合いプログラム〉の実践と効果性の検証結果について述べる。近畿地方の中核都市Ａ市にある市立Ｎ小学校では，「未来社会を築く主体である一人一人が人としての生き方や社会の在り方について，多様な価値観の存在を認識しつつ，自らを感じ，考え，他者と対話し協働すること」が不可欠であると認識から，よりよい学級集団づくりを研究テーマとし〈フェアな決め方ルールを用いた話し合いプログラム〉に全校を挙げて取り組んできた。ここでは導入1年目の実践と，プログラム実施による児童のフェア認知，学級アイデンティティ，向集団的態度の変化を報告する。

　プログラムの実施にあたっては，実施者である教師自身がフェアとは何かを知り，手続き的公正が学級集団づくりに及ぼす効果のプロセスを理解しておく必要がある。そのため，まず全教員を対象とした研修で，筆者が本論の〈理論・研究編〉にあたる部分を解説した。その後，Ｎ小学校の研究担当である共同研究者が指導案を用いて授業展開を説明した上で，全3時間の授業を公開し，各学級担任がプログラムを円滑に実施できるよう支援した。第1時と第2時は指導案に沿った授業が行われ，第3時は学級の課題に応じた議題が設定された。指導案と第2時で提示する「決め方の6ルール」は，4，5，6年が高学年用，2，3年が低学年用を用いた。

　プログラムは全学年，全学級で実施された。ただし1年と要支援学級では児童の状態に応じた時期および形で実施された。実施時期は学年によって多少異

なるが，2年から6年では1学期中に全3時のプログラムを終え，以降，クラスの決め方ルールを用いた学級会活動を1年にわたって継続した。

2．児童の公正感の変容

　プログラムの第1時で期待される効果は，児童の公正感の変容である。フェアとは何かを体験から考え，それまで学級で使ってきた決め方を捉え直すことができれば，偶然に支配された決め方はフェアとはいえないという公正感が生じるはずである。また多数決や話し合いになど，一般に良いとされる民主的手続きについてもメリット・デメリットがあり，フェアを達成するための課題に

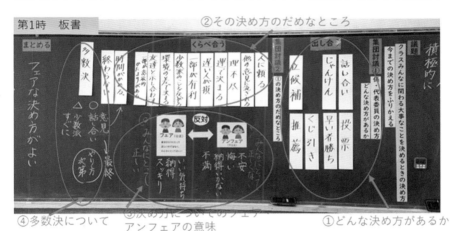

表1　その決め方がフェアだと思う程度

決め方	第1時授業の前後	平均値	標準偏差	t	p	η^2
じゃんけん	前	2.78	1.48	32.07	<0.001	0.118
	後	2.18	1.44			
くじ引き	前	2.93	1.44	24.24	<0.001	0.095
	後	2.45	1.43			
早い者勝ち	前	2.13	1.39	10.93	0.001	0.045
	後	1.83	1.32			
多数決	前	3.16	1.35	0.84	n.s.	―
	後	3.06	1.46			
話し合い	前	4.17	1.13	0.92	n.s.	―
	後	4.25	1.10			

5段階尺度（高値ほど"フェア"だと思う）
n=233（3〜6年）

表2　第1時終了後　授業の感想（抜粋）

学年	
6	多数決、じゃんけん、くじ引き、早い者勝ちだったら少数の人や、やりたかったーなどのくやしい、かなしい、いらいら、なんでなどの気持ちが出てくる。
6	多数決は今までフェアじゃないと思っていたけど、どちらの意見もくわしく聞いて、その上でやればフェアになるのかなと考えました。
6	何かを決める時は、フェアで、だれかを傷つけないことを条件にすることが大切。
5	多数決はいきなりはじまるとたしかにアンフェアだし、話し合いも、言い合いばかり一部の人たちだけでやっていてもアンフェアだと思いました。
5	自分の意見や気持ちを発表できて積極的に話し合いに加われて、ひとりひとり同じ話し合いができ、一部の人だけ有利にならない正しい情報をもとにしたほうがたいせつだとおもった。
5	話し合いで決めるだったら、どうせ最後はじゃんけんで決めて、話し合った意味はないから。
4	たすうけつでアンフェアなことをしないこと。
4	今日の授業で変わったことは「多数決」はやっぱりみんながんばって話し合いをして、それでも決まらなかったらしてもいいと思いました。
4	わたしは、2年生のころにくじ引きで、おなじせきのばんごうで、先生に言ったら「くじ引きで自分が引いたから、せきはかえれない」と言われたんですが、わたしは、これからそのような意見がでてきたらわたしも意見を言ってはなしあいたいです。
3	ぜったいにやってはいけないことは、うそやごまかしがあるきめかたと、だれかをきずつけたりむししたりしているきめかたと、だれかだけがいい思いをするきめかたがだめです。
3	今日のじゅ業で思ったことは、今までこれはイヤだなーと思っていたことを、今日のじゅ業で話し合ったり考えたりして、できたことがよかったと思いました。

気づくと考えられる。

　そこで，第1時の前後で5つの決め方に対する児童の公正感を測定し，授業による変化を検討した。結果を表1に示した。児童の公正感は"じゃんけん""くじ引き""早い者勝ち"に関して，授業の後で有意に低まった（$t=32.07 \sim 10.93$，$p<0.001$，$\eta^2=0.118 \sim 0.045$）。多数決，話し合いについては数値上の変化は見られなかったが，授業後の記述では，多数決の使い方や話し合いの問題点など，児童の思考の深まりが見られるものが多数あった（表2参照）。

3．フェアな決め方ルールの作成

　第2時の要点は，フェアな決め方ルールを作る話し合いを「フェアに行うこと」である。そのため実践では，児童ひとりひとりが納得できるまで話せること（決定過程への参加，発言），全員の意見が可視化され共有できること（正確な情報），意見を集約する段階で切り捨てが起きないようにすること（代表性），合意間近の段階でも異論を出して全員が考え直せること（修正可能性）が肝要であった。これらの手続き的公正要素を実現するため，ひとりひとりの意見が出しやすい少人数班で話し合いを始める，各人の意見を班内で共有・まとめて班の意

見として発表する，発表された意見を短冊にして黒板に掲示して全員が確認する等の工夫を教師が設定した。また意見を集約してルールを作る全体討議では，司会児童に対し，繰り返し全員の納得感や異論の有無を確認するよう支援した。合意に至るまで話し合うという手続きを敢行したため，授業1回内に終わらず追加の回を必要とした学級もあったが，“時間のため”に多数決等の手段を用いることはしなかった。

実践の結果，すべての学級で児童は学級独自の「決め方ルール」を作り上げることができた（資料3参照）。授業後の感想からは，集団決定は簡単ではないこと，時間がかかってもフェアを目指す大切さ，自分の意見を出せる喜び，全員で話し合えることの喜び等が多く見られた。加えて，学級アイデンティティや向集団的態度の向上をうかがわせる感想も得られた（表3参照）。

表3　第2時終了後　授業の感想（抜粋）

学年	
6	今まで「フェアの決め方ルール」なんて考えたことがなかったけど今日やってみてできそうだなと思いました。
6	もともと良いクラスだったけど、今日の授業でみんなで守る5つのフェアな決め方を考えたおかげで、もう一度、みんなにとって良いクラスとは？フェアな決め方とは？と考えられる時間をもらえたから。楽しかったし、役に立つなと思いました。
6	クラスの話し合いのルールを決めるとき、いつもは納とくできない事が何回あったけど、今日決めたルールならいつでも何回でも納とくできる気がするので、とてもうれしかったです。
6	自分のためとかではなく、まぁ自分もだけど、他のみんなのことを考えながら、クラスのためについて考えるのが大切だと思います。
6	フェアについて深く考えれるようになったけど、もっとよりよいクラスにしていくには、もっと深く考えないといけないということを知りました。
6	3つのルールなので覚えやすいです。でもそれをやっていくことが大切なのでこれから何かを決める時クラス内だけじゃない時も役立てます。
5	みんなの話を聞いて、いろんな意見がでてきて、こんだけ出てくるのはみんながクラスを大切にしているからだと思いました。
5	みんなが話し合いに参加できることが話し合いでうれしかったし、話し合いのルールは今まできめてなかったので楽しかったです。
5	ぼくは司会だったけどすごくむずかしかったです。だけど司会をやって大切だと思ったのは、みんながなっとくできるようにしないとだめだし、わかりやすくまとめないとだめだと思いました。
5	自分の意見をいったら、こんなスッキリすることなんだ、自分が思ったことをいうのは、すごく大切なんだということに気づきました。
5	初めて先生じゃなく子どもたちだけで、時間はかかったけど、納得できてよかった。
5	しかいの人が進めてくれたおかげもあるけど、一人一人が協力して、みんなが協力して、自分の意見をいえていたのが大切だなぁと思いました。
4	決め方ルールもがんばって一人一人が参加できるようにしないといけないからきめるのはむずかしいと思いました。
4	いままで、じゅぎょうにさんかしていなかった人もいたけど、この話し合いをした事で、全員がじゅぎょうにさんかしていた。ぼくは全員さんかすることがこんなにたいせつだって言うことがわかりました。
4	わたしはなっとくできるまでやるといった意味が大切だなと思いました。わけは、全員がなっとくするのは、むずかしいけど、できるところまですると、1人でも多く、さんせいできるから、大切だと思いました。
2	たいせつだと思ったことは本とうに考えなきゃいけないんだなぁと思ってたくさん思いうかべるとたくさんのことがわかりました。
2	もっとフェアになっていろいろな考えを出してみんなにやくだってもっとクラスのことを大せつにしたいと思う。

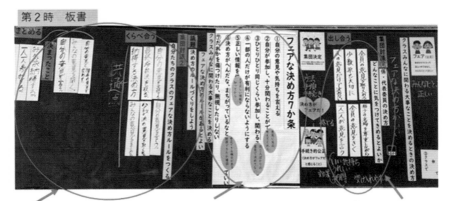

③フェアな決め方ルール作成　　②手続き的公正について知る　　①気を付けること

4．学級アイデンティティと向集団的態度における効果性検証

　手続き的公正効果モデルから，プログラムの実践によって児童の学級アイデンティティおよび向集団的態度の向上が期待される。そこで時系列に沿った3時点で質問紙調査を実施し，各時点での児童の学級アイデンティティと向集団的態度を測定した。測定時点は，プログラム実施前（第1時の2，3週間前）を1回目，第2時の終了直後を2回目，第3時の終了直後を3回目とした。学級アイデンティティは「自分はこのクラスの一員だなぁと思う」「このクラスの良さを人にじまんできる」「このクラスがほめられると自分のことのようにうれしく思う」「別のクラスでなく，このクラスの一員でよかったと思う」の4項目，向集団的態度は「すすんでクラスのために役立つことしたい」「先生に言われなくてもクラスのために働きたい」「クラスのために何ができるか考えたい」「いつもクラスのことを考えて行動したい」の4項目で測定された。調査は2〜6年を対象に実施された。1年と要支援児童は質問の意味内容の理解にばらつきが生じる恐れがあるため除外した。実施は朝の会の時間を用いて行い，2年生は担任の読み上げによる一斉回答とし，3年以上は自主記入とした。

　社会的アイデンティティの認知は自己概念の発達と関連する。そのため，今回測定された学級アイデンティティも低学年においては，学級に対する向集団的態度と分離していない可能性が考えられる。そこで5年以上と4年以下に分けて最尤法による因子分析を実行した。その結果，5年以上のデータでは2因

子構造が得られ学級アイデンティティ項目と向集団的態度項目が異なる因子に
負荷し，２つの心理概念の分離が認められた。一方，４年生以下のデータでは
１因子構造となり，両者の分離が認められなかった（表４参照）。しかしながら
学年が進むにつれ両者の分離が予想されること，ならびに実践校では次年度以
降も同様のデータを収集し縦断的検討も予定されていること等から，４年以下
においても高学年と同様に，心理概念ごとに４項目の合計値を作成し後続分析
を行うこととした。

　学級アイデンティティの合計得点（$Range$=5-20）を従属変数に，時系列３時
点を Within 要因，学年を Between 要因に分散分析を実施した。学年は５，６年
を高学年（n=112），３，４年を中学年（n=110），２年を低学年（n=51）とした。
その結果，時系列の主効果（Huynh-Feldt 補正による F（1.788,489.335）=20.191,
p<0.001, η^2=0.069），学年の主効果（F（2,274）=5.963, p<0.001, η^2=0.034）が認
められた。いずれの得点も，第２時後の値がプログラム開始前より有意に高く
なった。第２時後と第３時後の間には有意な差は認められなかった。プログラ
ムの実施，特に第１時，２時における活動が，児童の学級アイデンティティを
向上させる効果を持つことが示された（図２参照）。

　向集団的態度の合計得点（$Range$=5-20）を従属変数に同様の分散分析を実
行した。その結果，時系列の主効果（Huynh-Feldt 補正による F（1.879,507.37）
=5.804, p<0.01, η^2=0.021），学年の主効果（F（2,270）=4.685, p<0.01, η^2=0.034）
が認められた。時系列の主効果は見られたが，各時点での有意な差は，低学年

表4　因子分析結果

分析対象学年	5年以上		4年以下
	因子		因子
項目	1	2	1
先生に言われなくてもクラスのために働きたい	0.98	-0.12	0.86
すすんでクラスのために役立つことしたい	0.95	-0.07	0.90
いつもクラスのことを考えて行動したい	0.86	0.07	0.90
クラスのために何ができるか考えたい	0.76	0.24	0.92
別のクラスでなく、このクラスの一員でよかったと思う	-0.13	0.92	0.71
自分はこのクラスの一員だなぁと思う	-0.05	0.80	0.56
このクラスがほめられると自分のことのようにうれしく思う	0.34	0.62	0.78
このクラスの良さを人にじまんできる	0.32	0.55	0.74

最尤法プロマックス回転後のパターン行列

と中学年における第１時と２時の間のみであり，高学年においては変化が認められなかった（図３参照）。

　今回の実践によるプログラムの効果性は，学級アイデンティティの向上で検証されたが，向集団的態度への影響は弱いものに留まった。プログラムの効果は第２時終了時，すべての学級で児童の学級アイデンティティが向上したことで確認できたといえよう。手的公正効果モデルからは，まず学級アイデンティティが高まり，その結果を受けて向集団的態度が高まることが予想されている。今回の授業は児童にとって初めてのフェアな話し合いの経験であった。フェアな決め方ルールを用いた話し合い活動を継続することで，学びの時間の経過と

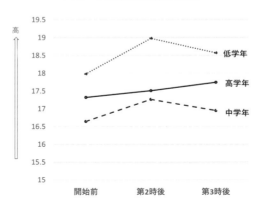

図２　学級アイデンティティの変化

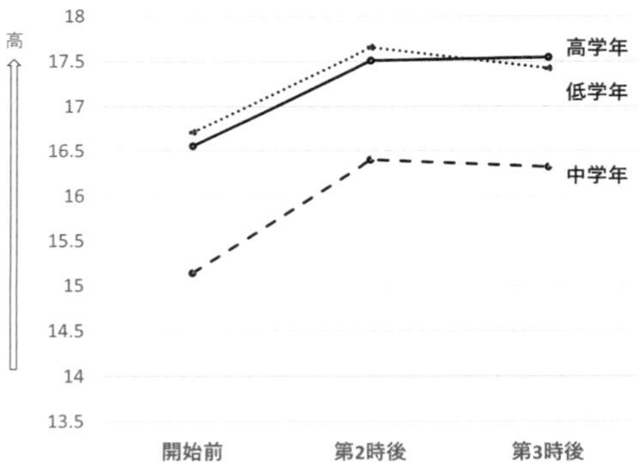

図３　向集団的態度の変化

もに，向集団的態度への明確な影響も期待できると考えられる。なおＮ小学校ではこの後も本実践研究を継続している。児童のために弛みない努力を続ける全教職員に敬意と感謝を捧げたい。

Ⅳ　おわりに

　本論では，よりよい学級集団づくりに寄与する具体的指導法として，学級における「フェアな決定」を実現するプログラムを紹介し，小学校での実践とその効果性の実証を報告した。学校での活動時間にはすべからく制限がある。教師の多忙もなかなか改善されない。しかしだからといって，制約や都合によって児童の重要な学びを奪ってはならない。決定場面は，フェアを学ぶ最良の機会である。そのためにも学級での決定時，"運を天にまかせた方法"は使わないでほしい。"力にまかせた多数決"も同様である。"どうせ次の学期では交代するのだし""今は不満でもそのうち納得するだろう"と安易に思わないでほしい。教師の目からは些事でも，その時々の児童にとっては重要な決定であり，そこでのアンフェアは間違いなく彼らを傷つけているのだから。フェアは信頼と安心感を生む。児童ひとりひとりが学級の一員としての自分を確かに感じ，ひいては社会の一員・世界の一員となるために，フェアな学級の実現に向かう教師みなさんの力を信じてやまない。

【引用文献】

Hogg, M. A. & Abrams, D. (1988) *Social Identification: A social psychology of intergroups relations and group Processes*. London: Rutledge.

Homans, G. C. (1958) Social Behavior as Exchange. *American Journal of Sociology, Vol.63, No.6*, 597-606. Published By : The University of Chicago Press

Janis, I. L. (1982) *Groupthink: Psychological studies of policy decisions and fiascoes*. Boston, USA. Houghton Mifflin

Lind, E. A., & Tyler, T. R. (1988) *The social phycology of procedural justice*. Springer Science & Business Media.

Leventhal, G. S. (1980) What should be done with equity theory? New approaches to the study of fairness in social relationship. In K. J. Gergen, M. S. Greenberg, & R. H. Willis (Eds.) *Social exchange: Advances in theory and research*, 27-55. New York: Plenum.

竹西亜古（1998）手続き的公正：その概略と展開　田中堅一郎（編著）社会的公正の心理学：心理学から見たフェアとアンフェア　ナカニシヤ出版，61-81.

竹西亜古（2010）自尊心とメンタルヘルス：関係自尊心のメンタルヘルス機能　西村健（監修）メンタルヘルスへのアプローチ－臨床心理学，社会心理学，精神医学を融合して　ナカニシヤ出版，72-81.

竹西亜古・竹西正典・福井誠・金川智惠・吉野絹子（2008）リスクメッセージの心理的公正基準：管理者への手続き的公正査定における事実性と配慮性　社会心理学研究，24, 1, 23-33.

竹西正典・竹西亜古（2006）手続き的公正の集団価値性と自己価値性：向集団行動および自尊感情における社会的アイデンティティ媒介モデルの検討　社会心理学研究，22, 2, 198-220.

Thibaut, J. & Walker, L.（1978）A theory of procedure. *California Law Review*, 66, 541-566.

Tyler, T. R.（1989）The psychology of procedural justice : A test for the group value model. *Journal of Personality and Socta1 Psychology*, 57, 830-838.

Walster, E., Walster, G. W. and Berscheid, E.（1978）*Equity : Theory and research*. Allyn and Bacon.

吉栖こずえ（2020）集団決定時の手続き的公正経験が児童の学級アイデンティティと向集団的態度におよぼす効果　令和2年度兵庫教育大学大学院教育実践高度化専攻教育実践研究報告書，兵庫教育大学

資料 1　学級活動指導案（4・5・6 年生）

1．単元名　「フェアな決め方ルールを用いた話し合いプログラム」
2．単元の目標
　　　手続き的に公正だと感じられる集団決定の在り方や実践を繰り返すことで、児童自身がよりよい集団決定を行えるようにし、児童の向集団的態度の向上を図る。
3．指導計画（全 3 時間）「フェアな決め方ルールを用いた話し合いプログラム」

	学習の流れ	指導上の留意点
第1時 オリエンテーション T1 担任 T2 同学年担任	学習活動の見通しをもつ 「今までの決め方を振り返る」 ①クラス全員に関わる大事なことを決めるときの今までの決め方の経験を踏まえて、どんな決め方があるかグループワークする。（係、委員会、クラス遊び等について決める時について） ②①の決め方でダメなところについてグループワークする。 ③②について、全体で共有し、フェア、アンフェアの意味を知る。 ④今までの決め方について気づいたことを発表する。 ⑤振り返りを行う。（アンケート、発表）	・単元の学習活動を示す。 ①決め方の振り返り②フェアについて知り、決め方ルールをつくる③自分たちで決めてみる ・今までの集団決定の仕方について、振り返り、その集団決定の仕方についての気づきを全体で交流しておき、次時につなげる。 ・フェア、アンフェアの意味を教示 ・今までの決め方が公正（フェア）でなかったり問題点があったりしたことに気づかせる。 ・多数決についての考えを出させ、いきなりの多数決の場合は少数派の権利を大事にしていないからフェアではないということを押さえておく。
第2時 オリエンテーション T1 担任 T2 同学年担任	「クラスのフェアな決め方ルールづくり」 ①前時の「決め方についてダメなところ」をもとに、どのような決め方がいいのかをグループワークする。 ②フェアな決め方のヒントとして、集団決定するにあたり、話し合う際、フェアだと感じる決め方「フェアな決め方」について学び、そのよさに気づく。 ③②をもとに、話し合いでどのような決め方をすれば、フェアな決め方ができるかをグループで考える。 ④③のグループトークでの意見をまとめ、学級で集団決定するときのフェアな決め方のルールづくりを行う。 ⑤今日の振り返りを行う。（ワークシート記入、発表）	・前時を振り返り、児童がフェアな決め方がよいと思っていることを確認する。 ・7 つのフェアな決め方について提示し、例をあげて説明する。 ・今後 1 年間、クラスでの集団決定のもとになる「クラスのフェアな決め方ルール」づくりを行い、共通理解させる。
第3時	「集団決定の体験をする①クラス遊び決め」 （児童司会グループがガイドに沿って進行） ①今日の課題を知る。「クラス遊びを計画しよう」 ②前時に決めた、クラスのフェアな決め方ルールを全員で確認する。 ③ルールを意識して、話し合いを行い、集団決定する。 出し合う→比べ合う→まとめる・決める 　司会：ガイドに沿って進行 　　　　各班からの意見をまとめる際は、比較類別しながら聴くようにし、共通点、相違点をまとめとしていく。 　班長：グループトークの際、各自に意見を付箋に書かせ、意見を発表させる。意見を比較分類し、班としての共通点、相違点をまとめ、発表する。 ④振り返りを行う	・課題について、児童が達成感を得られるようなものを教師が提示する。 ・事前に児童リーダーグループに司会進行のレジメを用意し、学級会の流れを説明しておく。 ・前時に決めたクラスのフェア決め方ルールを掲示し、ルールに沿ってなるべく自分たちで進めることを意識させる。 ・児童リーダーグループが困っているときは支援する。 ・ルールが意識されていないときは、ルールを確認させるようにする。
以降 担任	学級会での集団決定を年間通じて行う	・問題点などがあればその都度考えて改善を加えていく。

4．第1時の学習

（1）目標　今までの集団決定の仕方について振り返り、矛盾点や疑問点に気づくことができる。

（2）本時の展開

	学習活動	○主な発問・予想される児童の反応	支援及び指導上の留意点
導入 20分	1．単元の見通しをもつ。 ①今までの決め方をふりかえる ②決め方ルールづくり ③自分たちで決めてみる 2．話し合い① 　係についてどんな決め方があるかを考え、全体交流する。 　（グループ➡全体）	○よりよい学級にするための話し合いや決定の仕方を3回にわたり学習します。今までもクラス全員に関わる大事なことをみんなで決めてきたと思いますが、今日は今までみんながやってきた決め方を振り返りましょう。 ○ではこれから話し合いをします。 ○学級のみんなに関わる大事な事を決めるときの決め方、例えば、係を決めるとき、どんな決め方をしてきたか、どんな決め方が考えられるか班で考えましょう。 ○各班から発表してください。 　・話合い・じゃんけん・くじ引き 　・早い者勝ち・多数決　など	・どんなクラスにしたいのかを出させる。 ・単元の学習活動を示し、よりよい学級にするための手立てとして、決め方の学習をすることを伝える。 ・付箋を使い、KJ法で行うように説明する。 ・班長を中心に決め、係はガイドに沿って話し合わせる。 ・意見を短冊に書き、板書する（T2）
展開 15分	3．話し合い② 　2の決め方のだめなところ 班長：グループ討議の際、各自に意見を付箋に書かせ、意見を発表させる。意見を比較分類し、班としての共通点をまとめ、発表する 4．グループの意見を発表し、全体交流する。（全体）	○では、班で出したそれぞれの決め方のダメなところを考えましょう。付箋に書いて、班長を中心に班での考えをまとめましょう。 学級全体で決める時、その決め方のダメなところを考えよう ○各班から発表してください。 　・運で決まる・なりたいものになれない・一部の人だけいい思いをする・なりたいものになれない人がかわいそう ○こんな経験したことある人？その時の気持ちは？　・嫌だ　・不公平 ○一人でもこんな気持ちになる人がいたらそれはみんなにとって正しくない決め方。みんなにとって正しくないことをアンフェアといい、話し合い①で出てきた決め方はアンフェアな決め方と言えます。 ○アンフェアの反対をフェアと言い、自分ひとりにとって正しいのではなく、みんなにとって正しいという意味です。どっちがいい？ ○多数決はフェアな決め方？アンフェアな決め方？ ○ここまで学習して、今までの決め方について思ったことや、フェアかアンフェアどっちの決め方がいいかを発表してください。 　・今までの決め方はアンフェアなところもあった。・みんなで大事なことを決める時はフェアな決め方がいい。 ○今まで経験してきた決め方はフェアではない部分もあったということ、フェアな決め方がいい	・付箋を使い、KJ法で行わせる。困っている児童には具体例を提示したり今までの経験を想起させたりする。 ・意見を短冊に書き、板書する（T2） ・出た意見はアンフェアを意味し、経験やどう感じるかを確認する。 ・アンフェアの反対はフェア（自分ひとりにとって正しいのではなく、みんなにとって正しいこと）といい、どちらがよいと感じるか確認する。 ・いきなりの多数決の場合は少数派の権利を大事にしていないからフェアではないということを押さえておく。（ダメではない、十分話し合って最終手段ならOK。最後に自分も関われる投票権があるから） ・フェアだと思っていた決め方でも、実は納得できない部分もあったことに気づかせる。
終末 10分	5．今日の活動の振り返り（アンケート記入、感想発表）を行う。	○今日の授業やこれまでの経験をふまえてアンケートをします。 ○次回は、フェアな決め方について詳しく考えていきます。	・アンケートは今日の学習を踏まえて、今どう考えているかで回答することを伝える ・次の学級会を予告する。

5．第2時の学習

（1）目標　手続き的公正について理解し、それをもとによりよい集団決定のしかたについて考えることができる。

（2）本時の展開

	学習活動	○主な発問・予想される児童の反応	支援及び指導上の留意点
導入 20分	1．話し合い① 　前時の「決め方についてダメなところ」をもとに、どのような決め方がいい決め方かを考える。 　　（グループ➡全体）	○前回、今までの決め方はフェアではない部分があったことやフェアな決め方がいいということを確認しました。 ○では、どんなことに気を付けて決めるとフェアな決め方か、前回のつづきで係の決め方について班で5分間考え、意見を出し合おう。 　・みんなの意見を聞く　など	・前回の活動について想起させる。 ・付箋を使い、KJ法で行うように説明する。 ・出た意見を短冊に板書する（T2）
	2．フェアであるための要素について知る。（全体） 　　　　「フェアな決め方」 ①自分の意見や気持ちを言える ②自分が参加し、十分関わることができる ③ひとりひとり同じくらい参加し、関わることができる ④一部の人だけが有利にならないようにする ⑤正しい情報を使う ⑥へんだな、間違ってるなと思ったら言ってもいい ⑦誰かを傷つけたり無視したりしない	○話し合いをして、学級に関わる大事な決定をする時の決め方はフェアであるほうがいいですよね。人が「フェアな決め方だ」と感じるための条件が7つあります（7か条提示し、説明） ○クラスの大事なことを決める時、みんなが「気を付けたい」と感じたことや、この「フェアな決め方7か条」のようなルールがある方がいい？ないほうがいい？その理由は？ 　・フェアな方が、みんなが気持ちよく決定できる。 ○クラスみんなに関わる大事なことを決める時はフェアな条件やルールがあるほうがよいね。	・ルール作成のヒントとなるよう「フェアな決め方」を提示、具体例で説明する。 ・ルールの有無を比較し、手続き的公正の大切さに気づかせる。

> 「クラスのフェアな決め方ルール」をつくろう

展開 40分	3．話し合い② 　「フェアな決め方」をもとに、このクラスの「フェアな決め方のためのルール」をつくる。 　　（個人➡グループ） 出し合う→比べ合う→まとめる・決める 班長：グループ討議の際、各自に意見を付箋に書かせ、意見を発表させる。意見を比較分類し、班としての共通点、相違点をまとめ、発表する。	○話し合い①の「フェアな決め方のために気を付けること」や先生が紹介した「フェアな決め方」を参考に、自分たちのクラスで話し合って決定をする時に1年間使える「クラスのフェアな決め方ルール」を自分たちで作りましょう。まずは、3分間、個人で考えて付箋に書きましょう。 ○次に、10分間班で意見を出し合って、比べ合い、班の意見をまとめましょう。	・付箋を使いKJ法させる。 ・班の意見をまとめるときは、意見を出し合い、比べ合って、共通点、相違点（違っている点）でまとめるように助言する。 ・自分たちの学級の実態に合わせて考えられるよう支援する。
	4．グループの意見を発表し、全体交流する。（全体） 出し合う→比べ合う→まとめる・決める 司会グループ：ガイドに沿って進行。各班からの意見をまとめる際は、比較類別しながら聴くようにし、共通点、相違点をまとめる。	○各班から発表してください。 ○各班からでた意見を共通点でまとめるとどうなりますか。 　・全員が意見を言う・正しい情報をみんなが知ってから決める　等 ○相違点についてはどうしますか。 ○どのようにして決めますか？ ○まとめると○○になりますが、これでいいですか。	・自分たちの言葉でわかりやすく作るよう支援する ・意見を板書する（T2） ・フェアな決め方7か条に当てはまっているか確認する。
終末 5分	5．今日の活動の振り返りをする。 　　（個人➡全体）	○今日の学習をふりかえって、アンケートを答えてください。 ○今日の振り返りを発表しましょう	・次の学級会で、実際にこのルールを使って話し合いをやってみることを伝えておく

6．第3時の学習
（1）目標　実際に学級の課題について、クラスのフェアな決め方ルールを使って話し合い、教師の支援のもと、
　　　　　　自分たちで集団決定することができる。
（2）本時の展開

	学習活動	○司会の主な発問・予想される児童の反応	支援及び指導上の留意点
導入 5分	1．本時の課題と、進め方について知る。 リーダーグループが司会進行 学習の進め方を説明する。 　（全体） 2．「集団決定するときのフェアな決め方ルール」について確認する。	○これから学級会を始めます ○時○分までに終了できるようにします。ご協力お願いします ○今日の議題は、クラス遊びの計画です。議題提案者は○○さんです。提案理由を発表してください。 ○議題の進め方について説明します。 1．自分の考えをふせんに書きます 2．グループ討議します。 3．グループで出た意見を発表して、全体での集団討議に入ります。 4．最後に、まとめをして集団決定します。 進め方はわかりましたか。 これでいいですか ○全員でクラスのフェアな決め方ルールを確認しましょう。	・司会進行を行うリーダーグループの横でサポートする。 ・今回は担任が、議題提案者として、提案理由、決めてほしいことを発表し、できる日程を示し、 ①何をするか ②チーム分けをどうするかなど ・前回作成したルールを全員で確認し、意識させる。

今日の議題　みんなで「クラス遊び」を集団決定しよう

展開 35分	3．どんなクラス遊びの内容（やること、グループ分け等）にしたいか自分の考えを付箋に書く。（個人） 4．グループトークをする。 出し合う→比べ合う→まとめる・決める 班長：グループ討議の際、各自に意見を付箋に書かせ、意見を発表させる。意見を比較分類し、班としての共通点、相違点をまとめ、発表する。 5．クラストークをする。 出し合う→比べ合う→まとめる・決める 司会グループ：ガイドに沿って進行。 各班からの意見をまとめる際は、比較類別しながら聴くようにし、共通点、相違点をまとめる	○自分の考えを○分間で書きましょう。 ○グループ討議を○分間して、グループの意見をまとめましょう。 ○各班から発表してください。 ○各班からでた意見を共通点でまとめると、どうなりますか。 ○共通点以外の意見はどうすればよいですか。 ○（意見がまとまりにくいとき）、どのような決め方にすればよいですか。 ○集団討議の結果○○のようになりましたが、これでいいですか。みなさん納得できましたか。よいと思う人は手を挙げてください	・付箋を使い、KJ法で行わせる。 ・グループを回り、意見が出にくいところについては例示するなどして支援する。 ・時間等の管理について支援する。 ・意見を板書（短冊）書き、同じ内容のものを集めるようにしてまとめることを支援する。 ・意見の整理や、フェアな決め方ルールが守られていない場合、支援する。
終末 5分	5．先生のお話を聞く 6．今日の活動の振り返りをする。 　（個人➡全体） 　アンケートを行う	○先生から何かありませんか。 ○今日のアンケートをしましょう。 ○今日の振り返りを発表しましょう。	・決定できたこと、司会グループ、めあて、ルール意識できている児童などを褒める。 ・気づいた点、これから気を付けること、次への意欲付けを行う。

資料2　第2時で提示された「フェアな決め方」

低学年　　　　　　　　　　　　　　　　　　　　　　　　　　　　　　　　高学

フェアなきめかた（1、2、3年生）

① 自分のかんがえや気もちを言える
② 自分からすすんで話し合える
③ ひとりひとりが同じように話し合いにさんかできる
④ だれかだけがいい思いをしない
⑤ うそやごまかしがない
⑥ なっとくできないときは言っていい
⑦ だれかをきずつけたり、むししたりしない

フェアな決め方

① 自分の意見や気持ちを言える
② 自分が積極的に話し合いに加わることができる
③ ひとりひとりが同じように話し合いに参加できる
④ 一部の人だけに有利になっていない
⑤ 正しい情報のもと決める
⑥ 決め方に納得できないときは言っていい
⑦ だれかを傷つけたり、無視したりしない

資料3　第2時で作成された　各クラスの「フェアな決め方ルール」

学級	クラスのフェアな決め方ルール
なかよし1	1．自分の意見を言う。 2．友だちの意見を聞く。 3．お互いに納得できるところは譲り合う。 4．みんながいい気持ちで終わる。
なかよし2	1．人にあわせないで、じぶんのかんがえをいう。 2．人のはなしをよくきく。 3．はんたいのときは、わけをいう。 4．みんながなっとくしているかきく。
1−1	1．みんながいけんをいって　みんなできく 2．おたがいにききあって　いいところを　つけたしていく 3．いやなおもいをしているひとがいないか　かくにんする
1−2	1．じぶんからすすんではなしあう。（みんなを見てはっぴょうする。） 2．ともだちのいけんをしっかりきく。 3．だれかをきずつけることはしない。
2−1	1．みんなできめる。 2．嘘やごまかしがない。 3．なっとくできないときは本当の気もちを言っていい。 4．多数決のときは、話し合い・ゆずりあい・じゅんばん　といっしょに。
2−2	1．みんなが話し合いに参加する。 2．友だちを傷つけないよう、言い方に気をつける。 3．わからないことは決める前にしつもんする。

	4．自分だけで決めないで、みんなの考えを聞いてきめる。
	5．自分が言った意見は守る。みんなで決めたことも守る。
	6．話し合ってもまとまらない意見は、よいところを合わせたり、多数決で決めたりする。
3－1	1．人の意見にはんたいの時は理由を言い、人の意見をばかにせず、みんなが意見を言えるようにする。 2．みんなが、納得できる。 3．だれかだけが、いい気持ちにならない。 4．かなしい思いをする人がいない。
3－2	1．自分の意見を言えて友だちの意見も言える。 2．うそやごまかしがなくみんながいい思いをする。 3．人をきずつけない。 4．なっとくできないときは、いやだという。
4－1	1．全員が参加し、意見や気持ちを言う。 2．だれかが不利にならないように、意見を確認する。 3．前向きな反応をして、意見を言いやすい空気をつくる。 4．人の気持ちを考えてきく。
4－2	1.全員参加（考える、聞く、話す） 2.人をきずつけない。 3.納得できるまで話し合う。
4－3	1.全員が納得する。 2.積極的に自分の意見を言う。 3.平等に決める。 4.正しい情報の元話し合う。
5－1	1．全員の意見を聞く。 2．納得できない事は言う。 3．自分の思うことが言える。 4．ふざけないで、けじめをつける。 5．反応する。
5－2	1．みんなが意見を言う。 2．一部の人が有利にならないようにする。 3．反応する。 4．文句を言う時は手を挙げて＋意見。
6－1	1．一部の人が有利にならない。 2．少数意見も聞く。 3．全員参加。
6－2	1．人に合わせず、自分の意見を言う。 2．みんなが話し合いに参加し、一人の意見を無視しない。 3．人を傷つけたり、仲間外れにしたりしない。 4．一部の人が有利にならないようにする。 5．みんなが納得しているのかを確認する。

─────── 第 *9* 章 ───────

「自己」の表出を捉え直すことから得られる道徳科への示唆

西田幾多郎の純粋経験論を手掛かりとして

三宅 浩司・谷田 増幸

I　はじめに

　道徳科において教師は，子どもそれぞれの「自己」を表出させようと努める。それは，単なる教科書の読み取りや特定の価値観の押し付けではなく，道徳的な課題を一人一人の子どもが自分自身の問題と捉え，向き合うことが重要だとされているからである（文部科学省，2018, p.2)。さらに，教科化に伴い記述式評価が求められるようになったこともあって，表出された子どもの言葉そのものを根拠にして表記するという傾向も強まっているように思われる。

　けれども，話し言葉であれ書き言葉であれ，表出された子どもの言葉が，本当にその子の「自己」を表しているかどうかはわからない。実際に道徳科の授業をしたことのある教師が，子どもの発言や記述に対して「この言葉は本音だろうか？」という疑念をもつこともある。要するに，子どもの言葉が「真意として示されたものか，意図的に「良い子」を演じて示されたものか，判断はむずかしい」（谷田，2016, p.154）というわけである。その証拠に，道徳科の授業に関わる先行研究では，子どもに「自己」を表出させるための指導法の工夫

等の研究は数多くあるものの，そこで表出された言葉が，本当にその子の「自己」を表しているのかを問う研究は管見の限りなかなか見当たらない。この問いは道徳科において未決の問題として置き去りにされたままなのではないだろうか。

　この問いに応えるために本稿では，そもそも「自己」とは何かという根本的問いに敢えて遡って考察してみたい。もしそこで新たな視座から「自己」を捉えることができるならば，先の問いへの応答のみならず，道徳科の授業に臨む教師にとっても何らかの示唆が得られるのではないだろうか。

　そこで手掛かりとしたいのが，西田幾多郎（1870-1945）の純粋経験論である。周知のようにデカルトが哲学の根本命題として「我考える，故に我あり」を挙げたことは有名であるが，それを独断として退け，純粋経験論という独自の立場から「真の自己」についての思索を深めたのが西田である。純粋経験論は主に彼の初めての体系的著作『善の研究』（初版 1911 年）[1] で展開された思想であるが，改版にあたって添えられた下村寅太郎の解題によれば，西田は純粋経験論の立場から道徳の問題を基礎づけようとしていたとされている（西田，1979，p.251）。加えて，戦後の道徳教育を方向づけた人々の多くが，西田を祖とする京都学派の一員である [2] ことを考えると，西田を手掛かりとすることは，現行の道徳科においてもあながち無関係なこととは思われない。

　考察の手順は以下の通りである。第一に，西田の純粋経験論についてその思想の基本的立場を確認し，純粋経験論に基づく彼の「真の自己」という概念を明らかにする。第二に，西田の「真の自己」という概念が，道徳科における「言葉」とどのような関係にあるのかを考察する。第三に，以上を踏まえて冒頭の問いへの応答を試みるとともに，その応答から道徳科の授業に臨む教師はどのような示唆を受け取ることができるのかについて検討する。

II　西田の「自己」概念

1．純粋経験論

　先述したデカルトの「我考える，故に我あり」を考察の出発点としてみよう。この命題の意味するところを山田邦男の言葉を借りて端的に言えば，自分の心

に生じたすべてのものは，疑おうと思えばいくらでも疑うことができるが，そのように疑っている自分が存在することだけは疑うことができないから，「私」は間違いなく「在る」ということである（山田，2006, p.44）。「考える」は考える主体があって初めて成立するとする，こうした意識的な自我の肯定は主体的に思考する近代的な個人の自覚のあらわれとして画期的であった。

　けれども西田は，意識する主体がなければ意識ということはあり得ないという発想は間違いだと言う（西田，1947, p.55）。そして，「私」という存在以前に「純粋経験」があると主張する。「純粋経験」が説明される際によく引用される一節を見てみよう。

　　経験するというのは事実其儘に知るの意である。全く自己の細工を棄てて，事実に従うて知るのである。純粋というのは，普通に経験といっている者もその実は何らかの思想を交えているから，毫も思慮分別を加えない，真に経験其儘の状態をいうのである。たとえば，色を見，音を聞く利那，未だこれが外物の作用であるとか，我がこれを感じているとかいうような考のないのみならず，この色，この音は何であるという判断すら加わらない前をいうのである。それで純粋経験は直接経験と同一である。自己の意識状態を直下に経験した時，未だ主もなく客もない，知識とその対象が全く合一している。これが経験の最醇なる者である。（同上，p.9）

　西田のこの言葉に従えば，確実なのは「私」の存在ではなく，直接経験の事実のみである。藤田正勝によれば，上記の「色を見，音を聞く利那」は，「＜純粋経験＞が，私が何かを見たり，聞いたりするという経験，あるいは私が私の外にある何かを見たり，聞いたりするという経験ではない，ということを言うため」（藤田，1998, p.41）だとされる。

　例えば，「雷が落ちる」という一つの出来事を例に取り上げてみよう。この出来事をデカルトに従って理解すると，確実なのは「私が，雷の音を聞いている」における「私」の存在である。これは，「雷がゴロゴロと鳴ったと感じているということは，それを感じている私は確実に存在している」という推論によって導かれたものである。しかし，西田に従えば，このような「私」の存在は出来

事の反省から事後的に取り出されたものであり，それ以前に「雷がゴロゴロと鳴る」という出来事が先行している。この出来事こそが「純粋経験」となる。

いや，より正確に言えば，「雷が…鳴る」というのは，既に「その音は雷である」という「私」の判断がそこに加わっているため，まだ真に「純粋経験」とは言えず，真に「純粋経験」と言えるのは，ただ「ゴロゴロ」だけとなる。この「ゴロゴロ」という主客未分の出来事の反省として，「私」という主観が，そしてその判断としての「雷」という客観が析出されてくる。つまり，より確実な存在は「私」ではなく出来事の方なのである。西田のこの思想は，「個人あって経験あるにあらず，経験あって個人あるのである」（西田，1947，p.28）という一節に端的に表現されている。

2．思考の根底にも働く「純粋経験」

藤田によれば，「純粋経験」とは何も特別な経験ではなく，われわれのごく日常的な経験であるとされる（藤田，1998，p.46）。また，山田も「私たちの日常の見る・聞く・感じる・考えるといったすべての行為の根底にはつねにこの純粋経験が働いている」（山田，2006，p.69）と述べている。先の雷を例にとれば，「ゴロゴロ」の刹那，「私」は我を忘れてその音と一体になっているのであり，そこから「雷が落ちる」という思考が出てくる。その思考の真っ只中にも，元の「純粋経験」である「ゴロゴロ」が働いているということになる。その意味で，思考も一種の「純粋経験」だとされる。つまり，思考は，「私」という主体の思考である以前に，「ゴロゴロ」という出来事そのものからの生起である。その出来事の反省として，「私が雷の音を聞く」という思考が生まれる。そこから，その出来事が「私」を媒介してそれ自身を「雷が落ちる」という表現へと言語化する。要するに，「言語とは，それを用いる人間の思考の表現である以前に，世界における〈こと〉それ自身の表現」（同上，p.47）なのである。

このように考えてみると，「純粋経験」は何も特別な経験ではないことがわかる。私たちの日常的な営みの根底には必ず「純粋経験」が働いていることになる。ただここで興味深いのは，西田にとって「純粋経験」の反省として取り出された主体としての「私」は，「真の自己」ではないとされていることである。では，西田における「真の自己」とは何か，その問いが次に浮上してくる。

3．「真の自己」

　西田は，「後の意識より前の意識を見た時，自己を対象として見ることができるように思うが，その実はこの自己とは真の自己ではなく，真の自己は現在の観察者即ち統一者である」（西田，1947，p.78）と述べている。西田によって「真の自己」とされる「統一者」とは一体何を意味するのだろうか。

　それは，例えば書家が作品の制作に没頭し，筆が自然に走るような状態にあるとき，その背後で書家と作品とを互いの区別なく統一しているものである（同上，p.43）。筆が自然に走るというのは，「私が作品を書いている」という意識すらないということになる。そこでは，書家にとって「私（主）」と「作品（客）」の区別はなく，一つの出来事が生起しているだけである。この「私」と「作品」を主客の区別なく統一しているのは実体ではなく，「働き」としか言いようのないものである。この「働き」こそ，西田にとって「真の自己」と言われる「統一者」なのである。要するに，「私」がまず存在していて，その「私」が何かを見たり聞いたりしているのではなく，見たり聞いたりする際の意志的な「働き」こそを「真の自己」だと西田は考えるのである（同上，pp.43-45）。この点については山田も，「真の自己は，何らかの塊として対象的・ノエマ的にあるものではなく，むしろそのように自己を対象化（ノエマ化）するノエシス的働きそのものである」（山田，2006，p.218）と，「真の自己」の実体性を否定している。

　このように見てくれば，「真の自己」の根源も「純粋経験」に求めることができるだろう。なぜなら，先の「ゴロゴロ」の刹那，その一個の出来事を，「私」と「雷」の区別なく一つの意識現象として統一している「働き」が西田にとって「真の自己」だとされるからである。この点に関して，小坂国継も「純粋経験」が「真正の自己」であるとしつつ，その「自己はけっして実体的なものではなく，作用的なもの」だと捉えている（小坂，2022，p.36）。また山田も，「本当の自分が現れるのは，自分が真に意識統一の状態にあるときであり，そのとき自分を超えた「宇宙統一力」は自分の内に働く」（山田，2006，p.191）と前置きし，「自分が自分を忘れて無心に働くとき，そこに真の自分が発揮される」（同上）と述べている。真に意識統一の状態とは主客が合一した状態，つまり「純粋経験」に他ならない[3]。このとき主体である「自己」は実体としては存在していないが，まさにこの瞬間にこそ「真の自己」が「働き」として姿を現しているのである。

4. 「真の自己」と「善」の概念

　ではこの「真の自己」との関係において，西田は「善」をどのように捉えているのだろう[4]。彼の言葉を用いて端的に示せば，「善とは理想の実現，要求の満足」（西田，1947，p.145）ということになるが，それは人間の本性を発揮することが最上だとする「善」概念ということになる。もちろん，この「理想」や「要求」は，単に個人の感情の快苦ではなく他者との関係性において生じてくるものである。それは，「我々の善とは或一種または一時の要求のみを満足するの謂でなく，或一つの要求はただ全体との関係上において始めて善となる」（同上，p.148），「我々の要求の大部分は凡て社会的である。もし我々の欲望の中よりその他愛的要素を去ったならば，殆ど何物も残らない」（同上，p.161）などと西田が述べていることからも明らかであろう。

　この点については中岡成文が，西田の「善」概念について「私もあなたも，それぞれ世界の一焦点を含み，世界の一角として相対しつつ，一つの世界を形成していくのであるが，それが首尾よく一定の方向性を共有できるかどうかが肝心」（中岡，1999，p.122）であると述べていることからも理解できる。また藤田も「われわれの個人的意識がその一部であるような社会的意識ないし共同的意識の存在を西田は認めている」（藤田，1998，p.186）と，西田の「善」概念における社会性，関係性の重要性に言及している。このように見ると，一見特異にも思われる西田の「善」概念が，関係性における「自己」の在り方が問われるという点で，道徳科における目標と相通じる部分があることを看取し得る[5]。

　そして，ここで補足しておきたいのが，西田にとってこの「善」が「自他相忘れ，主客相没する」（西田，1947，p.163）ことによって実現するとされている点である。自他相忘れ，主客相没するところに姿を現すものは先の「真の自己」に他ならない。要するに，西田にとっての「善」とは「真の自己」の現前そのものなのである。

Ⅲ　「真の自己」と「言葉」

　西田の「真の自己」という概念を教育という文脈で考えてみることとしよう。そこには「真の自己」を表出することに「言葉」の問題が絡んでくる。だが，この架橋は容易ではない。

　これまでの考察から，西田における「真の自己」は「純粋経験」において姿を現すと捉えられた。したがって，「真の自己」と「言葉」との関係を論じることは，「純粋経験」と「言葉」との関係を論じることでもある。ただ西田は，「純粋経験」に関して，「ただ我々がこれを自得すべき者であって，これを反省し分析し言語に表しうべき者ではなかろう」（同上，p.63）と述べている。考えてみれば，「純粋経験」とは思考や判断が加わらない前であった。しかし，通常，私たちの思考や判断には必ず言葉が伴う。だとすれば，「純粋経験」が文字通り純粋な経験として言葉で表出されることはないように思われる。

　上田閑照も，「言葉で理解されると，経験の焦点が理解されたもののほうに移ってしまって，やはり元の経験から離れる」（上田，1991，p.99）と言及している。また藤田も，「われわれが＜ことば＞で伝えられるのは，どこまでも経験の一部でしかない」（藤田，1998，p.95）と，上田と同様に言葉の限界性を指摘している。この限界性について，上田は「限る」，藤田は「鋳型」という言葉でそれぞれ表現している。要するに，経験をある言葉で表現することは，その経験を理解したり他者と共有可能なものにしたりするために，本来その言葉では言い尽くせないはずの経験を切り取ったり，一般に共有されている言葉の鋳型へと押し込めたりすることだというのである。単なる「嬉しさ」ではないのに「嬉しい」という言葉で表現した途端，その感情は一般に共有されている「嬉しさ」に限られてしまう。ある対象を見て「驚いた」とき，「驚いた」と言葉で表現した途端，それは「驚いた」という言葉の鋳型の中に押し込められてしまう。どのように嬉しいのか，どのような驚きなのか，説明しようとして言葉を重ねていっても，すべてを説明し尽くすことはできない。結局のところ，経験をありのままの形で取り出すことは不可能なのだろうか。

　けれども考えてみれば，そもそも私たちの世界は言葉とともに存在し，言葉

によって理解されている。「純粋経験」もそのような世界でなされる出来事である以上，言葉が本質的に関わっており，逆に言葉を絶した経験は経験としてすら認識されない。経験が経験として認識されるためには，否応なく言葉が求められるのである。だとすれば，その瞬間，経験こそが言葉になろうとしていると捉えられもする。経験が言葉になろうとするというこの動的関係を考えるとき，「純粋経験」を説明する上で語られた上田の次の言葉は示唆的である。

　　それは，言葉が奪われる経験である。ということは，同時に，「私」も「我を忘れて」，正確には「我なし」という仕方で出来事の渦中になる。言葉が奪われる経験はまたそこから言葉が生まれる経験にほかならない－しばしば難産ではあるが。新しい言葉とともに「私」も蘇る。新しい言葉というのは新しい語彙という意味ではない。新しい経験が新しい語彙を要求する場合ももちろんあるが，多くの場合，今まで言われなかったこと，言い得なかったことが言葉になったその言葉の響きの新しさのことである。（中略）たとえば「悲しい」ということを，言葉として（言葉で）知っている場合と，「なんとも言えぬ」ような悲しみを経験し，言葉を失った沈黙のなかからその経験自身が「悲しい」という場合，あるいはその悲しみをたとえば俳句で表－現するとき，その言葉の響きはおのずから違ったものとなるであろう。（上田，2000，p.100，原文ママ）

　上田によれば，「純粋経験」は言葉を絶した経験であると同時に，言葉が生まれ出る経験でもある。その生まれ出た言葉こそ，「真の自己」の一端だと捉えることができるだろう。そして，その「真の自己」は言葉の意味自体に求められるのではなく，「響き」として聞き手に喚起されるものだと言えるだろう。
　もう一つ指摘しておきたいのは，「純粋経験」が俳句との関わりで述べられていることである。これは一体どういうことだろうか。その手掛かりとなるのが，俳句の表現方法の一つである「写生」である。「写生」とは，絵画において実物や実景をありのままに写し取る表現方法であるが，俳句等にも用いられている。ただ，上の引用における「出来事の渦中になる」という言葉が示すように，ここにおける「ありのままに写し取る」とは，表現者から区別された事象のあ

りようを言うのではなく，事象と感動とが一つになった状態を直接に言葉に写すことである。西田も，個人的に親交のあったアララギ派の歌人・島木赤彦（1876-1926）の追悼に際する寄稿文の中で，「真の写生は生自身の言表でなければならぬ，否生が生自身の姿を見ることでなければならぬ」（西田，1926，p.7）と述べているように，「真の写生」は単なる対象の記述ではなく，その人の「真の自己」そのものなのである。

　また，饗庭孝男も「純粋経験」の世界を表すことのできる表現方法として「写生」を挙げ，その意味が虚相を通して実相を捉える認識にあることを指摘する（饗庭，1985，p.17）。おそらく，ここで言われる虚相とは通常私たちが想定している対象化された「自己」であり，逆に実相は対象化しようとする「働き」としての「真の自己」ではないだろうか。つまり，ここでの「写生」とは単なる表現方法の一種でなく，「物につきつつ，その背後にある実相（実在）に迫ろうとする思考」（同上，p.18）であり，それは「概念によらず，言語のシステムによらず，現前する，ものから，いわばその直接性から出発し，実相に「観入」しようとする立場」（同上）のことなのである。

　さらに，「写生」を自身の俳句観の中心に据えた俳人に田島明志がいる。田島は，西田に言及しながら，原的な経験を言葉に移し替えることができるのかと自問し，自ら「出来ない」「出来る」という二つの答えを提示する。まず，「出来ない」とされるのは，言葉とは人間が共通理解できるようにコード化された一種の記号だと捉えることに由来する。人間の得た感覚はあくまでも感覚であり，最も原的な状態は，「あっ！」とか「ああ！」といった感嘆詞である。田島の「個人の得た直接体験という感覚は，原理的にも言葉に移し替えることは出来ない（中略）言葉は多ければ多いほど，個人の感覚からは離れて行く」（田島，2020，p.130）[6] という指摘は，先の藤田と上田と同様，言葉の限界性への指摘であると捉えられる。

　一方，「出来る」とされるのは，言葉の機能から伝達という機能を排除することに由来する。そもそも，先ほどの「出来ない」の考え方では，「世界の事物はあらかじめ「意味」を持ったものとして存在していて，言葉は，その意味を「伝える」ためにその事物にレッテルのように張り付けられたもの」（同上，原文ママ）だとされる。しかし，発想を転換させて「世界の事物は意味を持ったものとし

てあらかじめあるのではなく，「言葉」によって初めて世界の中で意味を持つのであって，意味は事物のほうにあるのではなく，言葉のほうにある。しかも言葉それ自体にあるのではなく，それを使う人の使い方の方にある」（同上）と考えたとき事態は一変する。言葉の機能を事物の意味の指示とその伝達に求めるとき，そこでは，言葉を使う人である「自己」は消去されてしまっている。しかし，後者の考え方に立つとき，そこに「自己」が，言葉を使う人として登場する。したがって，言葉の意味はだれが，どう使うかに依存している。こう考えると，「言葉は単に事物の存在やその固定的な意味を他人に伝えるのが目的ではなく，使う人自身の個人的表象の手段」（同上，p.131）になるのである。

　ここから田島は，意味の伝達を目的としない言語などあるのだろうかとさらに問い，「独語」を答えとして提示する。田島は，美しい風景やコンサートに没入している状態を例にとり，「そこではその現象や状態を自分で納得するための，ある表象が起こる。それがここでいう「独語」であり，（中略）この段階までとどめた表現こそが，本当の意味でその現象（つまり「見たまま」）を見たままに表している」（同上）と述べ，原的な経験が言葉で取り出される例を示している。

　以上に述べてきたいずれも，言葉が一方で経験を限ったり鋳型に押し込めたりするものでありながら，その言葉そのものが経験から発出するとする動的関係を踏まえれば，「言葉による経験の喚起」という逆転現象として捉えられる。

Ⅳ　問いへの応答と道徳科において得られる示唆

　考察を経て導かれた西田の「真の自己」という視座に立って，「道徳科で表出される言葉が本当にその子の「自己」を表しているのか」という冒頭の問いに戻ることとしよう。

　西田に従えば，「真の自己」とは主観と客観とを統一する「働き」であった。したがって，何かを「言葉にする」ことが思考を伴う主観的営為である以上，道徳科においてそのような形で表出される子どもの言葉は，西田のいう「真の自己」ではないということになる。しかし，「写生」や「独語」の例が示すように，「真の自己」が言葉として姿を現す端緒も見えてきた。それは，「自己」が「言

葉にする」という表出の在り方ではなく，むしろ，「自己」が「言葉になる」という表出の在り方として示される事態であった。このような在り方で表出された言葉は，その限界性ゆえに却って背後により豊かな経験を聞き手に喚起する可能性を生じさせる。では，以上のことを踏まえるとき，道徳科の授業に臨む教師はどのような示唆を受け取ることができるだろうか。

1．子どもを実体として見ることを一旦括弧に入れること

　冒頭に述べたように，授業において教師は子どもそれぞれの「自己」を表出させようと努める。その多くは，子どもの「私は…」という発言や記述によって果たされたと見なされ，授業で活用されたり，評価の材料にされたりする。しかし，はたしてこのこと自体は疑う余地がないのだろうか。

　例えば，授業において子どもが「私は思いやりの大切さが分かりました。」と発言したとしよう。これは，一見すると子どもの「自己」が表出された言葉として歓迎されるのかもしれない。しかし，西田を手掛かりとしたとき，このような「私は…」という言葉は，子ども自身が「自己」を対象化した表出の在り方だと気づかされる。つまり，既にそこに「真の自己」はいないのである。「真の自己」が実体ではなく主客を統一する「働き」であるという西田の考えに従うならば，それは常に「在る」というよりは，子どもが我を忘れて夢中で活動したり，ある瞬間ふと自他の境界がなくなったりしたときに，図らずも「姿を現す」ものだといえる。だとすればむしろ，時間や枠を無視して夢中になって記されたワークシート，教材の世界に没頭する中で思わず発せられたつぶやきなど，ともすれば見過ごされてしまいそうな言葉の中にこそ，子どもの「真の自己」の一端が姿を現していると捉えられないだろうか。おそらくそれらの言葉は，「自己」を表出させようとする教師の意図や他者への伝達という目的から解放された言葉であるがゆえに顕現するのだろう。だからといって，これらの言葉を授業における有用性という観点から等閑視する教師の前に，子どもの「真の自己」の姿は見えてこない。教師が効率的に授業を展開しようとすればするほど，思いや考えを「言葉にする」ことを求め，教師の視界から「真の自己」が覆い隠されてしまう。

　「真の自己」の表出とその受け止めのためには，子どもを実体として見るとい

う常識を一旦括弧に入れることが求められるように思われる。そのときはじめて、「言葉になる」という在り方で表出された言葉が、きっと別の様相を呈して教師の前に立ち現れてくるのではないだろうか。

今日の学校教育の可能性と課題を「表現」という側面から考察した門前斐紀の「一人ひとりが単独に能動的主体であるというよりも、一面には置かれた環境への表現的形成的応答として意志的立場を表しているという見通しを持つことは、深い人間理解につながる」（門前，2019，p.96）という指摘は、先に述べた「言葉になる」という表出の在り方の内実を言い表すとともに、指導にあたる教師の姿勢を問い直すものであるように思われる。このような視点は、指導の工夫を考える際にも、既に在る子どもの「自己」をどのように表出させるのかという視点から、どのような学びの場や空間へと誘うのかという視点への転換を教師自身に要請するのではないだろうか。

２．言葉の限界を乗り越えようとすることの功罪を自覚すること

これまで述べてきたように、「真の自己」の一端としての言葉は、その限界性ゆえに却ってより豊かな経験を背後に喚起する逆転現象を生じさせる可能性のあるものであった。この点に関して藤田は「〈ことば〉は〈もの〉を言い表しつつ、しかし同時にその中に〈こと〉を住まわせている」（藤田，1998，p.141）と述べ、上田も「言葉で限ることが、それによって余韻を聞くこと」（上田，1998，p.98）だと述べている。では、具体的な授業場面においてはどのように捉えたらよいのだろうか。

「はしのうえのおおかみ」を教材とした小学校１年生のある授業の終盤、授業者が子どもたちに対して、「親切にするとどんないいことがありますか？」と問うた。子どもから「気持ちがよくなると思います。」「自分も相手も幸せになると思います。」といった応答がいくつかなされた後、ある子どもが一言、雫が水面に落ちるような絵を黒板に描きながら、「こんな感じ。ポチャって。」と述べた。そこには思いや考えを表現する言葉はおろか、意味を伝えようとする素振りも見られなかった。今思えばそれは「写生」や「独語」に近かったと言えるかもしれない。そのときは時間の制約もあり、その表現が授業者によって十分に取り上げられることはなかった。

　先の藤田や上田の言葉に従えば，子どもの「ポチャっ」という表現は，そこに言い尽くされない何かを聞き手に喚起している。だとすれば，聞き手である教師は，この言葉を越えて「ポチャっ」と言いせしめた「真の自己」を感じ取る余地も残されているように思われる。それは，親切という行為や思いが波紋のように広がっていくことを子どもが直観的に捉え，言葉で言い留め絵によって描き留めた表現だったのかもしれない。もちろんそれは筆者の推測に過ぎず，実際のところはわからない。

　では，この真偽を確かめるために，あのとき「親切にすることのよさが，『ポチャっ』ってどういうこと？」と問えばよかったのだろうか。そうすれば，きっと子どもは自分の思いや考えを語り始め，他の子どもたちも「ポチャっ」から喚起された何かを語り始めただろう。そしてそれは対話という形をとって授業に深まりをもたらす可能性もある。しかし，当の子どもに視点を当てれば，「言葉は多ければ多いほど，個人の感覚からは離れて行く」（田島，2020，p.130）という田島の指摘が蘇ってくる。言い換えや言葉の付け足しによって，直観的に言い留め，描き留めた事象との距離は遠のき，「真の自己」を覆い隠すことにつながってしまったかもしれない。これは，西田にとっての「善」の実現と対極にあるように思われる。ときには，教師が何の言い換えや付け足しも求めず，当のその子と教師，そして他の子どもたちまでもが「真の自己」の現前の只中に居合わせる，そんな時間があってもよいのではないだろうか。

　とはいえ，授業のねらいに迫ることを求められる教師は，子どもの言葉をすべてそのまま受け止め，ただ立ち尽くしていればよいというわけにはいかない。言葉の限界を乗り越えようとすることの功罪を自覚し，教材や内容項目との関わりの中で実践の場に立ち，対話させるために相互に意味が伝わる言葉を要求する場面と，表出された言葉から喚起される「真の自己」に耳を澄ませる場面とを判断する難しい教育的タクトを振ることが求められているのである。そしてややもすれば後者は，うまく教育的タクトを振ることができなかったと判断されるような陽のあたらない営みと指弾されるかもしれない。けれども，そのような陽のあたらない営みこそが，子どもの「真の自己」の現前を可能にし，さらには，道徳科の授業の基盤とされる教師と子どもとの信頼関係を構築していくこと（文部科学省，2018，p.78）にも繋がっていくように思われてならない。

Ⅴ　おわりに

　本稿では，西田の純粋経験論に基づく「真の自己」という概念を手掛かりに，それが実体ではなく，主客を統一する「働き」であると捉え直すことで，冒頭の問いへの応答と，道徳科に臨む教師はそこからどのような示唆を受け取ることができるのかについて検討してきた。検討の結果として，子どもを実体として見ることを一旦括弧に入れることや言葉の限界を乗り越えようとすることの功罪を自覚することの必要性などに触れてきた。とはいえ，今更ながら気づかされるのが，表現における「話し言葉」と「書き言葉（文字）」の違いである。「真の自己」を視点としたとき，両者はいかなる特徴をもち，いかなる関係にあるのか，本稿において論じることはできなかった。この点については，吉村文男（2006），渡辺哲男（2021），竹本晋也（2021）らの研究が参考になるだろう。筆者の今後の課題としたい。

【註】
1　本稿における『善の研究』の引用は，下村寅太郎の解説を引用した箇所を除いて，すべて『西田幾多郎全集　第一巻』（岩波書店，1947 年）所収のものによる。また，必要に応じて旧字体は新字体に，歴史的仮名遣いは現代仮名遣いに改める等している。
2　戦後の道徳教育に京都学派が影響を与えたと指摘する先行研究については，例えば，以下のものを参照。行安茂・廣川正昭『戦後道徳教育を築いた人々と 21 世紀の課題』（教育出版，2012 年），押谷由夫『「道徳の時間」成立過程に関する研究−道徳教育の新たな展開−』（東洋館出版，2001 年），矢野智司『京都学派と自覚の教育学−篠原助市・長田新・木村素衞から戦後教育学まで−』（勁草書房，2021 年）。
3　西田の「純粋経験」については，例えば，小坂国継『西田幾多郎をめぐる哲学者群像−近代日本哲学と宗教−』（ミネルヴァ書房，1997 年），沼田滋夫『西田哲学の旅−哲学と宗教との接点を追って−』（北樹出版，1984 年）を参照すると，次の三つの発展段階があると捉えられている。
　　第一は，主観と客観が未だ分離していない，意識の直接所与の状態である。感覚や知覚のような意識現象がこの段階の「純粋経験」にあたる。自己と対象の区別のない嬰児の意識もこの段階の「純粋経験」とされる。第二は，反省的思惟の段階。反省は主観と客観の分離を前提としているため，厳密な意味では，この段階は「純粋経験」とは言えない。しかし，この意識の分裂はさらに大なる意識の統一をもたらす不可欠な契機であるため，広義の「純粋経験」と言える。第三は，理想的・究極的な「純粋経験」の段階。芸術家や宗教家の直覚において見られるような，主観と客観とが合一している状態である。西田はこの段階の純粋経験を「知的直観」と表現している。
　　以上を踏まえると，「純粋経験」は，主客未分から主客合一への過程を経て発展すると考えられるが，本稿で「純粋経験」を語る際には，いずれの段階の「純粋経験」であ

るかを明確にするのではなく，そこにおけるノエシス的「働き」に着目して「純粋経験」の特徴を見出して論ずることとした。

4　道徳科で目指される道徳性の諸様相は，「善悪を判断する能力」である道徳的判断力，「善を行うことを喜び，悪を憎む感情」である道徳的心情などと説明されている（文部科学省 2018，p.20，傍点筆者）。道徳科では「善」の実現を目指していると言っても過言ではない。

5　道徳科が扱う内容は，主として「自分自身」「人との関わり」「集団や社会との関わり」「生命や自然，崇高なものとの関わり」に関することと４つに区分して示されているように，自分を含む他との関係性を視点に構成されている（文部科学省 2018，p.23）。

6　田島明志の著作『虚実の諸相－哲学断想－』（2020 年）は自費出版であるが，経験と写生俳句との関連について優れた考察を行っている。

【引用文献】

饗庭孝雄（1985）．経験と超越　小沢書店
藤田正勝（1998）．現代思想としての西田幾多郎　講談社
小坂国継（2022）．西田幾多郎の哲学－物の真実に行く道　岩波新書
文部科学省（2018）．小学校学習指導要領（平成 29 年告示）解説　特別の教科　道徳編　廣済堂あかつき
門前斐紀（2019）．木村素衞「表現愛」の人間学－「表現」「形成」「作ること」の身体論－　ミネルヴァ書房
中岡成文（1999）．私と出会うための西田幾多郎　出窓社
西田幾多郎（1926）．島木赤彦君　アララギ，第 19 巻，第 10 号（島木赤彦追悼号），岩波書店，7-8.
西田幾多郎（1947）．西田幾多郎全集　第一巻　岩波書店
西田幾多郎（1979）．善の研究　岩波書店
下村寅太郎（1979）．解題　西田幾多郎著，善の研究　岩波書店，247-254.
田島明志（2020）．虚実の諸相－哲学断想　田島明徳
竹本晋也（2021）．道徳科の終末において文字を書くことの一考察－オラリティーとリテラシーの共鳴－　日本道徳教育方法学会（編）道徳教育方法研究，第 27 号，11-20.
谷田増幸（2016）．道徳の時間から道徳科への転換－その目標を踏まえた評価の在り方についての論点整理－　渡邉満・押谷由夫・渡邊隆信・小川哲哉（編）「特別の教科　道徳」が担うグローバル化時代の道徳教育　北大路書房，145-157.
上田閑照（1998）．西田幾多郎を読む　岩波書店
上田閑照（2000）．私とは何か　岩波書店
渡辺哲男（2021）．西田哲学の系譜としての島木赤彦と金原省吾－「純粋経験」と言語の間のジレンマに注目して－　立教大学文学部教育学科研究室（編）立教大学教育学科研究年報，第 64 号，305-320.
山田邦男（2006）．〈自分〉のありか　世界思想社
吉村文男（2006）．読むことについて－人間学的な一つの省察－　上田閑照（編）人間であること　燈影舎，101-122.

第10章

兵庫県における人権教育資料『ほほえみ』改訂の経緯とその構想

今川 美幸・谷田 増幸

I　はじめに

　兵庫県では，2022年3月の人権教育資料就学前及び小学校低学年用『ほほえみ』に続き，2023年3月に人権教育資料小学校中学年用及び高学年用『ほほえみ』の改訂が行われた。例えば高学年用『ほほえみ』に至っては9つの新規資料が掲載されている。10年ぶりの定点的な改訂とも捉えられるが，この間のさまざまな人権教育上の課題を踏まえて，その作業が行われたことが推察される。

　そこで，この小論においては，高学年用『ほほえみ』の改訂を通して窺い知ることのできる，兵庫県における人権教育資料上の特質を明らかにするとともに，今後の展望に向けての予備的な考察を行いたい。論述の順序は以下の通りである。第一に，今般の人権教育上の動きや国内外の法的根拠等，改訂に至る背景を明らかにする。第二に，改訂された『ほほえみ』の高学年の資料群を取り上げて，その特徴等を概説する。第三に，以上のことを踏まえて，今後の展望に向けてさらに検討を要する事項を整理する。

Ⅱ　人権教育資料改訂に至ったと考えられる国内外に おける主な潮流や背景

1．人権教育上の今日的な課題

　国際的な潮流の中で，第一に挙げられるのは，「持続可能な開発目標」（以下，「SDGs」と略記）に向けた取組である。言うまでもなく，SDGs は「誰一人取り残さない」社会の実現を目指して，地球規模の広範な課題に統合的に取り組むため，その普遍的な目標として採択されたのが「持続可能な開発のための 2030 アジェンダ」（国際連合広報センター，2015）であった。それは，社会全体で主体的に取り組むことが期待されており，学校教育の中でも大きな比重を占めつつある。そのことは，「人権教育を取り巻く諸情勢について〜人権教育の指導方法等の在り方について［第三次とりまとめ］策定以降の補足資料〜」（以下，「［第三次とりまとめ］補足資料」と略記）（学校教育における人権教育調査研究協力者会議，2021）においても，「SDGs の土台にも人権が据えられており，人権を抜きにしてはその目標を達成することは困難である」（学校教育における人権教育調査研究協力者会議，2021）と明記され，SDGs の基底に基本的人権が置かれていることが強調されている。

　第二に，学校に視点を移してみると，いじめの認知件数や不登校件数，児童虐待相談件数が過去最多になるなど，子どもに関する人権上の課題が山積していることを挙げておかなくてはならない。このような状況を踏まえ，2022 年 6 月「こども基本法」が成立し，2023 年 4 月に施行されている。こども基本法では，日本国憲法及び「児童の権利に関する条約」（以下，「子どもの権利条約」と略記）の精神に則り，全ての子どもが「（中略）自立した個人としてひとしく健やかに成長することができ，心身の状況，置かれている環境等にかかわらず，その権利の擁護が図られ，将来にわたって幸福な生活を送ることができる社会の実現」（「こども基本法」第 1 条抜粋）が目指されている。ちなみに，2022 年 12 月に改訂された『生徒指導提要』にも，「子どもの権利条約」を踏まえ，「生徒指導を実践する上で，児童の権利条約の四つの原則を理解しておくことが不可欠」と示されている（文部科学省，2022，p.32）。

2. 人権教育上の関係法令等から

　人権教育に関わっては，周知のように1965年8月の同和対策審議会答申を受け，これまで同和対策，地域改善対策としての諸法律が施行，改正されてきた。

　近年では，2000年12月に「人権教育及び人権啓発の推進に関する法律」が施行され，同法律第7条の規定に基づき，2002年3月に「人権教育・啓発に関する基本計画」が策定されている。ここでは，「教育活動全体を通じて，人権教育が推進されているが，知的理解にとどまり，人権感覚が十分身に付いていないなど指導方法の問題，教職員に人権尊重の理念について十分な認識が必ずしもいきわたっていない」等の課題があると指摘されている。また，学校における人権教育の一層の改善・充実，特に指導方法の改善を図るため，「効果的な教育実践や学習教材などについて情報収集や調査研究を行い，その成果を学校等に提供していく」ことや，「人権教育の充実に向けた指導方法の研究を推進する」ことが明示されている。

　これを受けて，「人権教育の指導方法等に関する調査研究会議」が2003年5月に設置され，人権教育の指導方法等の在り方を中心に検討を行っている。2004年6月には，「人権教育の指導方法等の在り方について［第一次とりまとめ］」，2006年1月には，「同［第二次とりまとめ］」，さらに2008年3月に「同［第三次とりまとめ］」（以下，［第三次とりまとめ］と略記）の公表に至っている。その後，「学校制度の改革や，国内外の人権教育をめぐる社会情勢の変化について，第三次とりまとめとの関係性を補足するもの」（概要版）として，2021年3月に「［第三次とりまとめ］補足資料」が公表されている。ここでは，人権教育と新学習指導要領やGIGAスクール構想，『生徒指導提要』，学校の働き方改革，組織的な取組について等と［第三次とりまとめ］との関係性や国際社会及び国内の個別的な人権課題の主な動向についての記載がなされている。

　また，近年では，いじめ防止対策推進法（2013年9月）や2016年度にいわゆる人権三法と呼ばれる「障害者差別解消法」（2021年一部改正），「ヘイトスピーチ解消法」，「部落差別解消法」が施行されている。「障害者差別解消法」では，障害を理由とする「不当な差別的取扱いの禁止」「合理的配慮の提供」が示されている。また，「ヘイトスピーチ解消法」では，「特定の民族や国籍の人々を地域社会からの排除を扇動する行為をヘイトスピーチ」と定義付けている。

さらに「部落差別解消法」は,憲政史上はじめて「部落差別」という用語を用い,部落差別の存在を明記している。同法第 5 条においては,「部落差別を解消するため必要な教育及び啓発を行うものとする」と規定されている。

それ以降,「アイヌの人々の誇りが尊重される社会を実現するための施策の推進に関する法律」(2019 年 5 月),「ハンセン病元患者家族に対する補償金の支給等に関する法律」(2019 年 11 月),「性的指向及びジェンダーアイデンティティの多様性に関する国民の理解の増進に関する法律」(2023 年 6 月)等が施行されている。

Ⅲ　兵庫県における人権教育資料について

1．これまでの人権教育の方針及び取組

兵庫県教育委員会では,同和対策審議会答申を受けて,1968 年に「同和教育基本方針」が出されている。その後,「人権教育のための国連 10 年に関する国内行動計画」(1997 年)を受け,1998 年には「人権教育基本方針」が出されている。そこでは,「人権という普遍的文化」を構築することを目標に,「人権としての教育」「人権についての教育」「人権を尊重した生き方のための資質や技能を育成する教育」「学習者の人権を大切にした教育」の 4 つの内容が示されている。なお,一連の「ひょうご教育創造プラン(兵庫県教育基本計画)」(2009 年)[2014 年,2019 年〜]においては,「人権課題の主体的解決に向けた教育の推進」が示されている。

また,兵庫県では「人権教育及び人権啓発の推進に関する法律」(2000 年)を受けて,「兵庫県人権教育及び啓発に関する総合推進指針」(2001 年)[2014 年 3 月改定]が出され,現在もこれらの方針及び指針の下で人権教育が推進され,「学習教材や啓発資料により理解を深める人権教育・啓発の推進」や「「人権教育基本方針」を踏まえた「生きる力」の育成」,「あらゆる教育活動に位置付けた人権教育の推進」が図られている。

2．教育資料作成の法的根拠

　では，「人権教育」に係る資料の作成がなぜ求められるのだろうか。その法的根拠がどこにあるのかを確認しておこう。

　まず，「地方教育行政の組織及び運営に関する法律」第48条の「都道府県教育委員会の指導，助言及び援助」では，「教育及び教育行政に関する資料，手引書等を作成」することが同条第2項第9号に規定されている。また，「人権教育・啓発に関する基本計画」（一部変更2011年4月）「第4章4（4）文献・資料等の整備・充実」では，「人権に関する文献や資料等は，効果的な人権教育・啓発を実施していく上で不可欠のものであるから，その整備・充実に努めることが肝要」と明記されている。さらに，[第三次とりまとめ]においては，「人権教育については，このような「生きる力」を育む教育活動の基盤として，各教科，道徳，特別活動及び総合的な学習の時間（以下，「各教科等」と略記）や，教科外活動等のそれぞれの特質を踏まえつつ，教育活動全体を通じてこれを推進することが大切である。」（人権教育の指導方法等に関する調査研究会議，2008）と明記されており，同「第3節　教育委員会及び学校における研修等の取組」では，「学習プログラムの開発，教材・資料の整備，効果的な教職員研修プログラムの策定等，推進すべき施策の内容・方法等に関する基本的な事項を定め，これを明示することが重要」と記されている。以上のことからも，兵庫県において人権教育資料の作成が求められていることがわかる。

　さらに「[第三次とりまとめ]補足資料」には，「学習指導要領の内容を踏まえ，教育課程の中で，人権教育を適切に位置付け，普段の授業の中でも人権を意識し，人権教育を進めていくことが必要」であることも記されている。そこでは「（中略）学校制度の改革の趣旨を実現するためにも，人権教育のより一層の推進が不可欠」（同上）とあるように，これらの社会的情勢等を人権教育資料に反映させていくことが求められている[1]。

3．「人権教育資料」（小学校高学年用）作成の経緯

　さて，ここからは人権教育資料の作成に係る経緯等を確認しておこう。

　令和4年度第1回人権教育資料検討委員会の資料によると，兵庫県における人権教育資料（高学年用）の作成は，1963年『友だち』にはじまる。この『友

だち』は適時改訂がなされ，先の「人権教育基本方針」（1998 年）に基づき，『友だち』から『ほほえみ』（高学年用）へと名称を変え，2002 年 3 月に作成されていることがわかる。その後，「教育基本法」の改正（2006 年），［第三次とりまとめ］（2008 年），「ひょうご教育創造プラン」（2009 年）に基づき，『ほほえみ』（高学年用）は 2013 年 3 月に改訂が行われている。

　「令和 4 年度人権教育資料作成事業実施要綱」（以下，「実施要綱」と略記）（兵庫県教育委員会）によれば，前回の改訂後，本論の上記「Ⅱ．2．人権教育上の関係法令等から」で示したように，人権に関する法整備や学習指導要領の改訂が進められたことの記載を踏まえ，子どもの人権に対する関心の高まりや，SDGs に向けた教育の取組の広がりを受けて「世界的にも人権に関して大きな変化を迎えている」との認識が示されている。結果として「今日的課題に対応した人権教育」の推進のため，2023 年 3 月に高学年用「人権教育資料」の改訂が行われたことが理解できる。

Ⅳ　「人権教育資料」改訂の基本方針や内容構成，その特徴について

1．「人権教育資料」改訂の基本方針

　上記の「実施要綱」を受けて，「令和 4 年度第 1 回人権教育資料検討委員会」資料には改訂の基本方針が 6 点示されているので，要点のみ列挙しておく。

　1）学習指導要領の趣旨に即した内容

　2）［第三次とりまとめ］及び「［第三次とりまとめ］補足資料」の趣旨に即し，人権を取り巻く今日的な課題に対応できる内容

　3）「ひょうご教育創造プラン」に即した兵庫らしい特色（ひと，もの，こと）や震災の教訓を引き継ぐ内容

　4）人権を取り巻く今日的な情勢に対応できる人権課題を取り扱った内容

　5）主体的・対話的で深い学びの充実を図り，知的理解を深め，豊かな人権感覚を育成する内容

　6）各教科，特別の教科道徳，総合的な学習の時間，特別活動等，教育課程

全体における活用

2．「人権教育資料」の内容構成

　以下の表は，今回改訂された小学校高学年用『ほほえみ』を基に作成したものである[2]。

表1　小学校高学年用『ほほえみ』の内容構成

	資料名	人権課題	「人権教育基本方針」における分類	関連教科等
1	どうだろう？私たちの生活	子ども	市民意識の醸成	総合／特別活動
2	自分らしさが大切にされる社会とは	多様な性	差別と人権問題についての学習	体育科／道徳科／特別活動
3	外国からの友だち	外国人	人間関係の活性化	道徳科
4	ネットの向こうには	インターネット	人間関係の活性化	特別活動
5	あなたの小さな一歩	SDGs	社会参加の促進	総合
6	ハンセン病	感染症	人権の歴史と思想についての学習	総合
7	アイヌの人々	アイヌの人々	人権の歴史と思想についての学習	社会科／道徳科
8	私の水平社宣言をつくろう	部落差別（同和問題）	差別と人権問題についての学習	社会科／道徳科／特別活動
9	だれもが暮らしやすいまちづくり	ユニバーサル社会	市民意識の醸成	総合

3．個々の「人権教育資料」におけるその概要

　ここでは新たに作成された人権教育資料の概要を説明していくことにする。なお，『ほほえみ』は『本資料』と『活用の手引き』から成り，『本資料』は（H：○-○），『活用の手引き』は（K：○-○）とページ数を示している。

（1）「どうだろう？私たちの生活」（子ども）

　『本資料』は「子どもの権利条約」を踏まえ，自分たちの生活を見つめ直すことで，自らの権利について考えられる資料となっている（H：1-3）。具体的に

は，日常の中で当たり前だと考えがちな場面やはっきりとしない状況等の 9 つの例を取り上げ，自分が当てはまると考えたものに「○」をつけさせる。その後，児童同士で当てはまると考えた内容を話し合うことや「子どもの権利条約」の条文や原則を知ることを通して，事象への捉えを自覚したり，権利が守られていないことを知ったりすることで自分たちの権利や他者の権利について見つめ，よりよい学校生活について考えることにつなげられるようになっている。

　例えば，「私たちは，そうじや勉強などの義務や責任を果たせば，さまざまな子どもの権利を主張できる」では，何か自分に課せられたことをしなければ，自身の主張は通らないと考えがちであるが，「子どもの権利」に関しては当てはまらないということを学ぶことになる。

　また，別の例では「私たちは，学校や学級のきまりについて自由に自分の意見を述べ，その決定に参加している」では，「昔からあるルールだからと従うのではなく，どんな意味があるのかを自分たちで考え，問題があれば自分たちで変えていく，校則や学校のきまりの見直しが進められている」と活用の手引きに示されている。これは，子どもの権利条約における「第 3 条　子どもにもっともよいことを」や「第 12 条　意見を表す権利」，「第 15 条　結社・集会の自由」の権利に照らし合わせて作成されたものだと捉えられる。

（2）「自分らしさが大切にされる社会とは」（多様な性）（H：4-5）

　展開例によると全 2 時間の構成になっている（K：13-15）。第 1 時では「「性」の要素の組み合わせも一人ひとりが違い，多様であること」を児童が理解するために，性を構成する主な要素である「SOGIE」について説明するとともに，「カミングアウト」や「アウティング」についても触れられている。「その人に関することを他の人に話すには，その人の同意がいること」や許可なく話すと「どこまでも広がって止められなくなる」危険性があること，さらにそのことは「人を傷つけ，命を奪うこと」に繋がる可能性があることも学ぶ内容になっている。

　ここではワークシート（K：17-19）にも注目していただきたい。「性的指向」では好きになる対象を，「性自認」では自分がどの性の自覚があるのかということを，「性表現」では服装や髪型，振る舞い，言葉遣い等を，「女」「男」「その他」で表され，その要素の強さがグラデーションで表現されている。それらの要素の強さも人それぞれで，「多数派か少数派かの違いはあっても「誰もが当事者」「多

様な性の一員である」と捉えやすくする」工夫がなされている。

　第２時では，読み物資料において「自分の性のあり方について悩んでいるリオの姿」を通して「周囲から「らしさ」を押しつけられ」ることで，自分らしさを否定されていると感じている人がいることや他愛もない恋愛話でも一方的な前提に立った内容であることで傷ついたりする人がいることに気付かせる内容となっている。また，「周りの「あたりまえ」「ふつう」に苦しむ私」を通して，当事者から打ち明けられたときにどうすればいいのかを考えられるようになっている。その際，自分に何ができるかを考え行動することは，「自分らしさが大切にされる社会」の実現につながることに気付く展開となっている。

　因みに兵庫県において「多様な性」を扱った児童用の資料は，中学年の『ほほえみ』と併せてここが初出である。

（３）「外国からの友だち」（外国人）

　『本資料』は，自分たちとは異なる生活様式や文化をもつ人と違いを認め合いながら，どのように人間関係を構築すればいいのかということが考えられる読み物資料として設定されている（H：6-8）。概要は以下のとおりである。

　外国から「リリーさん」が転校してくるが，耳のピアス，授業や掃除に参加しない態度などから，「私」はマイナスの印象をもっていた。ある日，「リリーさん」が日本語が苦手であることを知り，一緒に勉強することになった。「私」は「リリーさん」とさまざまな話をすることで，自分が抱いていた感情が消えていくことを感じる。さらに「リリーさん」の自宅に招かれパーティーに参加した「私」は，異文化をさらに強く感じ，様々な気持ちが浮かんでくる。翌日，今度は「私」が「リリーさん」を誘って秋祭りに行くという話である。

　展開例（H：20）では，「リリーさん」に対して，「少しずるい」と思った気持ちを考えたあとに，なぜ「何かがすっと消えていくような気持ち」になったのかを考え，無理解から誤解していた自分に気付かせるようになっている。中心発問では「リリーさん」の自宅のパーティーに参加していた時に感じた「様々な気持ち」について考え，「日本とは異なる文化や習慣について興味をもった「私」の思い」を感じ取らせることを求めている。

（４）「ネットのむこうには」（インターネット）

　『本資料』（H：9-11）は，２つの事例を通して「「無料通話アプリ」やSNS等

による誹謗中傷やネットいじめの実態を知り，相手を傷つけないコミュニケーションのとり方」（K：21）を考えることをねらいとして設定されている。

　事例①では，仲のいい友人と一緒に撮った写真を自分が同意していない形でスマホのプロフィール画像に使用されたとき，相手に自分の思いを伝えるか否かを「私」が悩んでいるという場面設定である。事例②では，仲のいい友人たちからの誘いを断るとグループトークから外され，仲間外れや無視されることになった「私」が悩んでいるという場面設定である。

　展開例（K：15-16）によると，事例①や事例②のような場面に出合ったときに，自分ならどうするかということを考えさせ，グループでその意見を交流し，「ネットいじめは，あっという間に広まる一方で，発覚しにくいという特徴」，「人によってことばの受け止めは違うこと」や「相手が見えないところにインターネットの怖さがあること」に気付かせる展開となっている。

　また，『本資料』に提示されている「参考資料」（H：11）には「文部科学省令和３年度児童生徒の問題行動・不登校等生徒指導上の諸課題に関する調査」の「いじめの認知件数」と「ネットいじめの状況」の調査結果，さらに人権侵害等の相談窓口先が記載されている。なお，『活用の手引き』には事前に児童の実態を把握できるように，タブレットやパソコン，スマートフォン等の適切な使用や使い方の振り返りに関するアンケート用紙も掲載されている（K：23）。

（5）「あなたの小さな一歩」（SDGs）

　『本資料』（H：12-13）は，まず「ごみ山で売れるものを探す子ども」と「学校給食を食べる子どもたち」２枚の写真から，世界には働かなくてはならない状況に置かれている子どもや飢餓に苦しむ子どもがいることを知り，その原因を考えることから始めている。その後，「０～４歳の子どもにおける栄養不良（発育阻害）にあたる子どもの割合」のグラフから読み取れる世界の子どもの状況や，SDGs の目標「2　飢餓をゼロに」を考えさせたりすることで，今私たちにできることは何かを考えていく展開となっている。具体的には，「食品ロス」の問題から，「フードドライブ」や「食品ロス削減国民運動ロゴマーク「ろすのん」」，「給食を届ける活動」を紹介している。

　ただ，SDGs の目標「2　飢餓をゼロに」に迫るためには，貧困について多面的・多角的に考察していく必要があるが，ここでは触れる程度に留まっている。

（6）「ハンセン病」（感染症）

　『本資料』（H：14-15）は，「感染症による偏見や差別の解消」をテーマとして，子どもと父親が会話している様子を一コマずつ描き，高学年の児童にもわかりやすく「ハンセン病」の概要やその歴史が学べるような工夫がなされている。

　授業においては，「ハンセン病」が「「らい菌」によって引き起こされる慢性の細菌感染症」であり，「適切な治療がなされず，病気がさらに進むと容姿や手足が変形するなどの後遺症が残る」場合があり，そのことで偏見や差別を受けることがあった歴史を学ぶ（K：29）。具体的には，明治時代からハンセン病患者は強制的に療養所へ隔離されるようになったこと，入所後や結婚時に不妊手術を受けさせられたこと，戦後には新薬によって完治する病気であることがわかってもなお国は隔離政策を継続させたこと等を学ぶ展開になっている。さらに，「新型コロナウイルスの感染が拡大し始めたころも，偏見や差別」があったことも想起させ，自分たちができることを考えられるようになっている。

　『活用の手引き』（K：29-31）には，厚生労働省や法務省，国立ハンセン病資料館等のURLを記載するとともに，「ハンセン病問題の歩み」（年表）や「長島愛生園（岡山県）の写真」も掲載されている。

（7）「アイヌの人々」（アイヌの人々）

　『本資料』（H：16-17）は，「アイヌの人々」をテーマとしており，「アイヌの人々の文化や歴史について知ることを通してアイヌの人々に対する関心を高めるとともに，先住民族の権利について理解を深める。」ことをねらいとしている。また，『本資料』は，三重県教育委員会事務局人権教育課の人権学習指導資料「みらいをひらく」（増強版）から一部抜粋している。

　展開例によれば，「札幌」や「登別」等の地名を地図で見ながら，現在の北海道の地名にも，アイヌ語に由来ている地名が多くあることやラッコやシシャモ等のイラストを見ながら，動物や魚等の名前にもアイヌ語が由来していることなどを示し，興味を持たせる工夫がされている。また，「ウル」（熊の毛皮で作られた防寒着）や「チポロウシイモ」（ジャガイモ料理），「ルウンペ」（儀礼等で着る服）の写真が掲載されており，これらを見ながらアイヌの人々の生活を想像し，アイヌの人々が「動物や植物等，自然界のすべてのものを神とあがめ，自然と調和した独自の文化を築いていたこと」や「古くから周辺の民族と海を

越えて交易していたこと」を通して，アイヌの人々も自分たちと同じように大切にしてきた生活や文化があったことを知る。そして，それらの文化がなぜ失われてきたのか，また，アイヌの人々の伝統文化を守るために自分たちに何ができるかを考えさせられる展開となっている。

（8）「私の水平社宣言をつくろう」（部落差別（同和問題））

『本資料』（H：18-21）は全3時間の構成で考えられており，2つ資料が掲載されている。最初の資料「水平社宣言」（1922年3月起草）は，現代語訳されたものが掲載されている。原文では文章表現もそこで用いられている語句についても児童が理解するには難解であるとの判断であろう。後の資料は，全国水平社創立大会において山田孝野次郎が少年代表として演説した内容の概要と山田孝野次郎のその後を書いた読み物資料である。

展開例によれば，第1時において，全国水平社創立の背景や水平社宣言に込められた切実な願いや思いを知り，どのような社会を目指していけばいいのかの考えを深めさせる授業が想定されている。第2時では，児童と年齢の近い存在である山田孝野次郎の思いや生き方に触れるとともに，水平社宣言から100年が経過した現在にも目を向け，差別解消のために自分には何ができるかを考える展開となっている。第3時では，第1時と第2時の学びや児童自身が憤りを感じた体験を踏まえて，「私の水平社宣言」を作成する。その後，作成した宣言文を交流し，どんな世の中を目指すのか，どんな人間になりたいかを考えさせることが結びとなっている。

『活用の手引き』には，「私の水平社宣言」を作成するためのワークシート（K：42-46）が掲載されており，どのように活用すればいいのかが分かるように例も示されている。また，「水平社宣言」の原文（K：39）も掲載されており，児童や地域の実態に応じて活用できるようになっている。さらに，「人権に関する県民意識調査」（2018年）の結果から見える部落差別の現状や「部落史認識の見直し」，「部落史学習を進める上での留意点」等（K：40-41）が記載されており，授業者等が部落差別について理解を深められるようになっている。

（9）「だれもが暮らしやすいまちづくり」（ユニバーサル社会の実現）

『本資料』は，姫路市が2022年度市民学習のために作成した「ともに学ぶNo.28」から転載を許諾された資料である（H：22-23）。資料は，［A］のまち［B］

のまちの様子が一見すると同じような交差点や街並み，住居，人々の行動や会話などおおよそ20くらいの場面のイラストによって対比的に描かれている。

　展開例によれば，授業においては，「2つのイラストを見比べ，その違いから様々な人権課題に気付き」，それらについて調べ，まとめるようになっている。例えば，「日本語表記しかない案内」「聴覚障害者マークやヘルプマーク，マタニティマーク」「シトラスリボン」「点字ブロックや音響信号機」（同上）などから，「高齢者や子ども，障害者はもとより，妊婦，子連れ，外国人など人権につながる問題」（同上）への関心を喚起することが意図されている。その後，調べた人権課題について交流して，「だれもが暮らしやすい社会の実現」に向けて自分たちが「できることを考える」ことで，「自分事」として人権課題を捉えさせるような指導が目指されている（K：48）。

　なお，『活用の手引き』には，例えばイラストで描かれている「結婚を反対されている女性」や「不動産屋での会話」場面から，同和問題（部落差別）について「身元調査」「ネット差別」などのことも含めて説明が施されている（K：49）。また，イラスト中の「障害のある人」に係る場面では，「聴覚障害者マーク」「耳マーク」「障害者スポーツ（ボッチャ）」（同上）などの補足説明も行われている。

4．「人権教育資料」の表紙

　人権教育資料の『活用の手引き』をみると，表紙も一つの資料として作成されていることがわかる。そこには，表紙を通して「共生社会を築くためにできることを」（K:1）考える契機になればという表紙作成の意図が明記されている。新しく作成された9つの資料は，差別のない，そして，異なる背景をもった一人ひとりが尊重される社会の実現を目指して自分ならどうするかを考える資料になっている。それらが収録されている資料の表紙は，多様性を認め合うことを考えるという人権教育資料そのもののテーマを総括する役割を果たしていると言えよう。

図1　小学校高学年用『ほほえみ』の表紙

Ⅴ　考察 －作成された個々の資料から－

　作成された資料について，その特徴や留意事項等を総括的に論じることは容易ではないが，更なる改善・充実のために気付いたことを列挙しておきたい。

1．個々の教育資料の特徴を大別してみると

　各資料をその内容と指導方法を考慮して以下のように分類を試みてみよう。
・『本資料』「どうだろう？私たちの生活」，「だれもが暮らしやすいまちづくり」はカードや挿絵などを用いて，問題点に関する気付きを促し，多面的・多角的に考えることを意識した資料となっている。また，『活用の手引き』「私の水平社宣言をつくろう」（K：42-46）は自分事として考え行動するためのワークシートと捉えられる。
・『本資料』「ハンセン病」，「アイヌの人々」「水平社宣言」は，歴史的な経緯を踏まえて，その内容について正しく理解し，差別解消に向けて何が求められるかを追求する資料と捉えられる。
・『本資料』「自分らしさが大切にされる社会とは」，「外国からの友だち」，「ネットの向こうには」，「山田孝野次郎のうったえ」（H：20-21）は，登場人物に自身を投影させ，他者や自己の置かれた状況や心情を考え，自分ならどうするかということを考えさせる読み物資料の形式をとっている。
・『本資料』「あなたの小さな一歩」では，飢餓の現状や調査結果，SDGs の詳細や活動の事例を踏まえながら，自分たちができることを考えさせている。

2．［第三次とりまとめ］の資質・能力に着目すると

　［第三次とりまとめ］（2008, p.7）には，［参考］として「人権教育を通じて育てたい資質・能力」が「知識的側面」「価値的・態度的側面」「技能的側面」などに分類して示されている。この資質・能力の視点から見ると，今回の資料群はどのような構造になっているだろうか。

　詳細は『活用の手引き』における「「人権教育基本方針」の4つの内容」（K：4）①や各資料の「ねらい」等を詳細に検討して今後全体像を明らかにする必要

がある。ただ，例えば「どうだろう？私たちの生活」では，自他の権利について知るとともに互いに尊重し合う学級をつくろうとする態度を養うことをねらいとしているため「価値的・態度的側面」により焦点が当てられていると言える。また，「自分らしさが大切にされる社会とは」では，第1時に性の在り方の多様性などの知的理解が中心になるので「知識的側面」に，一方第2時では自分らしさが大切にされる社会に向けて考えるので「価値的・態度的側面」や「技能的側面」にも重点が置かれている。

3. 教育課程に着目すると

『活用の手引き』の資料一覧表（K:5）を見ると，「関連教科等」として「各教科」や「道徳科」，「総合的な学習の時間」，「特別活動」の名称が散見できる。

例えば，「どうだろう？私たちの生活」では，「総合的な学習の時間」と「特別活動」（学級活動）で扱うことが想定されている。総合的な学習の時間では，「探究的な見方・考え方を働かせ・横断的・総合的な学習を行う」（文部科学省，2018，p.8）ことが求められる。また，特別活動における学級活動では「学級や学校での生活をよりよくするための課題を見いだし，（中略）学級での話合いを生かして自己の課題を解決及び将来の生き方を描くために意思決定して実践したりする」（文部科学省，2018，p.43）ことが求められる。

作成された各資料は人権課題の解決に資する資料である。そのため，「各教科等」の目標と照らし合わせながら，それぞれの目標が達成する指導方法を考えながら，学校が柔軟に活用していくことが求められる。

Ⅵ　おわりに －今後の展望－

この小論では，改訂された高学年用『ほほえみ』を手掛かりに，そこから窺い知ることのできる人権教育推進上の特質や課題の見取り図を描いてきた。ここでは，今後の展望に向けて検討を要すると考えられる事項を挙げておきたい。

第一に，人権課題として13の人権課題（文部科学省）が提示されているが，資料として必ずしもその全ての課題に対応できているわけではない。社会の進

展やその状況により，いろいろな人権上の課題が明らかになっていく側面もある。また，共通理解が図られている課題ばかりではない。人権教育において根幹となる考え方を押さえつつ，それらの動向を把握していく必要がある。

　第二に，実践上の課題としては，各学校等においては，人権教育全体計画を踏まえて，これらの資料をどのように教育課程の中に位置付け，具体的に展開していくのか検討をしていく必要がある。その際，「資質・能力の育成」としての視点も踏まえる必要がある。もちろん，日々の教育活動全体を通して，「人権感覚の涵養」をどのように進めるかという点も疎かにできない。

　第三に，今回は高学年用資料しか触れられなかったが，就学前及び低学年，中学年用資料『ほほえみ』はすでに改訂され，中学校用資料『きらめき』は現在改訂作業中である。子どもの発達段階を踏まえて様々な人権教育課題をどのように体系的・効果的に進めていくのかさらに検討していく必要がある。

　最後に，森（2023）は，人権教育の授業において「差別の現実を教職員がしっかりと学び，聞きとりやフィールドワークなどを通して，子どもたちといっしょに学習を深めていくというスタンスが不可欠」であり，指導方法の「イノベーションが求められる」と論じている。改訂された人権教育資料が有効に活用されるかどうかは教員の意識や姿勢とともに指導力に左右されるだろう。それらを引き出す充実した研修の場の醸成については次への検討課題としたい。

【註】
1　「［第三次とりまとめ］補足資料」は，令和 4 年と令和 5 年に改訂がなされている。ただし，本稿で取り上げている兵庫県人権教育資料『ほほえみ』は令和 3 年のものが反映されている。
2　表は『ほほえみ』の掲載順に作成した。また、「総合的な学習の時間」は「総合」と略記している。

【引用・参考文献】
学校教育における人権教育調査研究協力者会議（2021）．人権教育をとり巻く諸情勢について～人権教育の指導方法等の在り方について［第三次とりまとめ］策定以降の補足資料～
姫路市教育委員会（2022）．市民学習資料　ともに学ぶ No.28
兵庫県教育委員会（2013）．人権教育資料小学校高学年用「ほほえみ」
兵庫県教育委員会（2022）．「多様な性」に対する正しい理解のために
兵庫県教育委員会（2023）．人権教育資料小学校高学年用「ほほえみ」
人権教育の指導方法等に関する調査研究会議（2004）．人権教育の指導方法等の在り方に

ついて［第一次とりまとめ］

人権教育の指導方法等に関する調査研究会議（2006）．人権教育の指導方法等の在り方について［第二次とりまとめ］

人権教育の指導方法等に関する調査研究会議（2008）．人権教育の指導方法等の在り方について［第三次とりまとめ］

国際連合広報センター（2015）．2030アジェンダ
（https://www.unic.or.jp/activities/economic_social_development/sustainable_development/2030agenda/2030agenda/ 2023.10.16 最終確認）

倉敷市教育委員会（2018）．性の多様性を認め合う児童生徒の育成Ⅱ

三重県教育委員会（2019）．人権学習指導資料（中学校）「みらいをひらく」（増強版）

文部科学省（2018）．持続可能な開発目標達成のための科学技術イノベーション（STI for SDGs）の推進に関する基本方針

文部科学省（2018）．小学校学習指導要領（平成29年告示）解説 総合的な学習の時間編 東洋館出版社

文部科学省（2018）．小学校学習指導要領（平成29年告示）解説 総合的な学習の時間編 東洋館出版社

文部科学省（2022）．生徒指導提要

森実（2023）．個別人権課題学習の必要性と指導方法のイノベーション 兵庫県立教育研修所 兵庫教育11月号，6-9.

徳島県教育委員会（2018）．性の多様性を理解するために－職員用ハンドブック

第 *11* 章

道徳科授業における
教師の自己省察の在り方
MTSS 活用による授業力量向上の試み

淀澤 勝治・門脇 大輔

I　緒論

　教科化前の「道徳の時間」における課題について，道徳教育の充実に関する懇談会『今後の道徳教育の改善・充実方策について（報告)』では，「現代の子供たちにとって現実味のある授業となっておらず，学年が上がるにつれて，道徳の時間に関する児童生徒の受け止めが良くない状況がある」「道徳の時間の指導方法に不安を抱える教師が多く，授業方法が，単に読み物の登場人物の心情を理解させるだけなどの型にはまったものになりがちである」といった質的な課題を指摘している[1]。つまり，子どもにとって魅力的でない授業が実施されてきたということである。教科化され道徳科になったといってもこれらの課題が即時に解決するわけではない。教科化後に文部科学省（2019）が行った調査によると「教師が道徳教育（「特別の教科 道徳」を含む）を実施する上での課題や困難を感じることについて，「教科書等を活用した多様な指導方法の工夫42.9%」「教師間での効果的な指導方法の共有41.2%」といった指導方法に関わることが高い割合を見せている[2]。これらは，教科となってからも質的な課題が解決されていないことの表れではないだろうか。また，押谷（2019）らの調査によると「道徳の授業を楽しんでいる教師が多い」では，5 割強が「思わない」

という回答をしている[3]。これは，道徳科の授業に対する苦手意識を表すものであると考える。では，なぜ質的な課題が解決されにくいのであろうか。例えば，基本的に道徳科の授業時数は，他教科に比べて少ないと言える。他教科と比べてみると，第1学年道徳科34時間に対し，国語科306時間。第6学年道徳科35時間に対し，国語科175時間である。10年間担任を行ったと仮定しても道徳科の授業を実施できる時間数が，350時間である。これは第1学年国語科が1年間で実施する授業時数と大差がない。つまり，道徳科の授業機会が少ないとともに，自己省察の機会も少ないということである。指導方法に不安を抱えながら，なおかつ，授業の経験及び自己省察の機会が不足しているため，授業力量向上が難しく，質的な課題が解決されにくいのではないだろうか。

　そこで，道徳科授業における教師の自己省察の在り方について検討し，授業力量向上のための具体的な方策を提案したいと考えた。多忙極まる教育現場の状況を鑑み，とりわけ，日常的に実行可能な自己省察に焦点を絞り，その在り方を考えていく。

　本論で使用する授業力量と自己省察の意味合いについて確認しておく。まず，授業力量についてである。木原（2004）は「授業力量」の範囲や枠組みについて，授業に関する信念（生徒観，授業観，学校観），授業についての知識（教材内容についての知識，教授方法についての知識，生徒についての知識，そしてそれらが相互に関係した知識），授業技術に大別できるとしている[4]。このような捉え方と同じ立場より，本論で使用する"授業力量"という言葉は，「子ども・教材・教師の関係を円滑にしながら，ねらいに迫る授業を行う力の程度」といった意味合いである。

　次に自己省察についてである。梅津（2010）は，教育実践の省察力について「変化する学校現場の状況の中で，教員が自己の教育実践を絶えず反省・評価し，改善していく能力である[5]」と述べている。また，大塚（2018）らは，シャンクとジマーマンが提唱する「自己調整学習（Self-Regulated Learning）」を基に，自己省察について，自己評価に加えてその後の動機付けを行うものであるとしている[6]。いわば，学び続けるサイクルにつながるものである。本論で使用する"自己省察"という言葉は，「授業後に授業者としての自分を省みて，よかった点,改善点を見つけ出し,教師として成長し続けるサイクルを確立していく営み」

といった意味合いである。

　研究の手続きとして，1．自己省察に係る先行研究を概観し，これまでどのようなツールを活用した自己省察が行われてきたのかを整理するとともに，課題をまとめる，2．見出された課題に基づき，研究仮説を立て，授業力量向上を目的とした道徳科授業者自己省察シート（Moral class Teacher Self-reflection Sheet：以下，MTSS）の開発を行う，3．授業力量向上のための具体的な方策として提案する MTSS を活用した自己省察が教師にどのような影響を与えるのか調査する，4．MTSS 活用による授業力量向上の試みは有効であるかについて，調査結果に基づいて考察する。

Ⅱ　研究基盤

　南（2007）は省察には自己省察，対話的省察，集団省察という 3 種類があると述べ，なかでも他者との対話のない自己省察をしやすくするためには，ツールの作成，開発が必要であると述べている[7]。ここでは，自己省察に係る先行研究を概観し，これまでどのようなツールが活用されてきたのかを整理してみたいと思う。

　群馬県教育委員会事務局吾妻教育事務所（2011）は，授業前のチェック，授業後のふり返りに活用する『「授業づくり！押さえてほしいポイント」チェックシート』を開発している[8]。例えば，「多様な考えが期待できるなど，学習活動の充実が図れる課題を設定している」といったチェック項目を自己評価によってチェックするようになっている。しかし，チェックのみで，学習活動の充実が図れる課題の具体は示されていない。

　千葉県教育庁南房総教育事務所（2020）は，授業者が育成したい資質・能力につながる学びとなるよう，授業改善をすすめるために『令和版授業改善のためのセルフチェックシート』を開発している[9]。4 段階の自己評価欄が設けられているのだが，自己評価をどのように活用していくのかは不明瞭である。また，「課題（学習問題）を解決する見通しを立てさせた」の項目では，どのような状態が見通しの立っている状態なのかについては明確に示されていない。

福島県教育委員会（2017）は，日々の授業をふり返ったり，校内研修の充実を図ったりする際に活用するために『授業スタンダードチェックシート』を開発している[10]。設定されている授業スタンダードを基に，チェックした項目について具体的にふり返ることができる特徴がある。

　島根県教育委員会（2017）は，全国学力・学習状況調査や県学力調査の結果を踏まえ，日々の授業づくりで大切にしたい点をまとめた『授業チェックリスト』を開発している[11]。調査結果を踏まえ作成されている点は優れている。しかしながら，チェックリストの抽象度が高く，各項目の具体を想像しづらい。

　神奈川県逗子市教育委員会（2015）は，「学習に集中できる教室環境」「だれにでもわかりやすい授業」「だれもが居場所のある学級」を具体的に実現していく1つのツールとして『自己チェックリスト』を開発している[12]。このチェックリストはコンサルテーションの方針を決め，継続的に取り組むためにつくられているところが優れている。しかし，「学習ニーズに応じた達成目標を分かりやすく具体的に示している」の項目は，目標が方向目標的な設定である道徳科の特質にそぐわない側面がある[13]。

　管見の限りで，唯一，道徳科に特化したふり返りのツールとして，埼玉県北部教育事務所（2019）が『道徳科授業の自己点検（小学校）』を開発している[14]。道徳科ならではの授業ポイントを具体的に示しているところが優れている。

　ここまで概観してきたツールの特徴の1つとして，自己評価にとどまっているということが挙げられる。自己評価について，山木ら（2010）は，授業実践力をとらえる視点を例示したものに基づいて，自己の教育実践力を把握する視点の獲得をすることと捉えている[15]。このような捉え方と同じ立場より，本論で使用する“自己評価”という言葉は，「授業力量を捉える視点を例示したものを基に，自己の授業力量を把握する営み」といった意味合いである。そして，自己省察と自己評価の関係について，「自己評価したものを基に，自身の行為をふり返り，その後の動機付けまで考えることが自己省察である」と捉える。そのことをふまえながら，既存のツールにおける課題について以下にまとめる。

【既存のツールの課題】
　①自己評価にとどまり，深い自己省察にまで至らない可能性がある。
　②改善点が強調され，それらを改善しようとするため，方法論に陥りやすい

可能性がある。

　③評価の視点が，学習活動及び学習内容を達成する目的でつくられているため，道徳科の特質にそぐわないものが多い。

　自己評価に留まってしまっては，本質的な気付きは得られにくく，授業力量向上につながりにくいと考える。

Ⅲ　研究仮説

　先行研究を概観し，整理してきた中で，道徳科における，既存のツールを活用したふり返りは自己評価にとどまり，自己省察にまでは至っていない可能性があることが指摘された。そして，そのような要因には，既存のツールがチェック項目で構成されていること，各項目の具体的な状態が示されていないことが挙げられる。そのため，授業力量向上につながりにくいと考える。

　では，どのような方策をとればよいのであろうか。方策を示唆するものとして，大塚ら（2018）の大学授業に自己評価ルーブリックを導入することにより，学生の自己省察につながったという報告が挙げられる[16]。また，深井ら（2017）は，ルーブリックによる自己評価方法の導入により，質の高い自己省察につながると報告している[17]。これらの論を援用し，研究仮説を「道徳科の特質に合わせたルーブリックによる自己評価とその結果に基づき自己の強みと改善点を記述できる構成のツールを開発し，自己省察を行うことで，道徳科における教師の授業力量が向上するであろう」とした。

Ⅳ　MTSS による自己省察の提案

　具体的な状態を示すルーブリックと自己の強みと改善点を記述できる構成のふり返りツールとして，MTSS を提案する。

　MTSS 作成の手順として岸川ら（2019）のルーブリック作成手順を応用し行った[18]。MTSS 作成の手順は以下に示す通りである。

　①リストアップ：授業力量の高い教師像についてリストアップする。

②グループ化と見出し付け：リストアップしたものをグループに分け，見出しを付ける。

③小見出し付け：各グループを細分化し，小見出しを付ける。

④チェック項目の検討：評価の段階に応じた具体的な状態の記述を作成する。

完成したMTSSは図1，2の通りである。なお，MTSSはExcelで作成し

図1　道徳科授業者自己省察シート（MTSS）自己評価欄

道徳的価値観	評価	内容項目に対する深い理解	評価	物事を多面的・多角的に見る	評価	ねらいの明確性
	3	2に加え，該当内容項目に対する学級の実態を理解している。	3	学習内容を5つ以上述べることができる。	3	2に加え，理解することについて具体的に記されている。
	2	学年段階に応じた指導の要点を理解している。	2	学習内容を3つ以上述べることができる。	2	学習活動，理解すること，育てたい道徳性の諸様相が含まれている。
	1	2を満たしていない。	1	2を満たしていない。	1	2を満たしていない。
	評価選択		評価選択		評価選択	

子ども理解	評価	子どもの発言に対する理解	評価	発言を共感的に受けとめる	評価	子どもを見る
	3	2に加え，授業中に理解したことを本人に確認している。	3	2に加え，全体に対しても共感的に受けとめたことを共有している。	3	2に加え，読み取ったことを授業展開に組み込んでいる。
	2	中心価値と関連価値の関係から子どもの発言を理解している。	2	本人に対し，共感的に受けとめる言葉を使っている。	2	子どもの微表情を読み取っている。
	1	2を満たしていない。	1	2を満たしていない。	1	2を満たしていない。
	評価選択		評価選択		評価選択	

身体性	評価	表情	評価	立ち位置	評価	ジェスチャー
	3	2に加え，感情豊かな表情を意識している。	3	2に加え，全体と個を見とることを意識している。	3	2に加え，ジェスチャーを見た子どもの反応を確認している。
	2	授業中，笑顔を意識している。	2	授業場面によって子どもとの距離を意識している。	2	ジェスチャーによって，言語伝達のサポートをしている。
	1	2を満たしていない。	1	2を満たしていない。	1	2を満たしていない。
	評価選択		評価選択		評価選択	

発問	評価	子どもの思考の文脈に沿う	評価	問い返し	評価	つぶやきを拾う
	3	2に加え，展開を調整している。	3	2の項目全てを満たしている。	3	2に加え，個のつぶやきを全体に広めている。
	2	子どもの思考の文脈に沿い，発問を調整している。	2	問い返しによって①共有化②顕在化のどちらか一項目を満たしている。	2	つぶやきを1回以上拾っている。
	1	2を満たしていない。	1	2を満たしていない。	1	2を満たしていない。
	評価選択		評価選択		評価選択	

板書	評価	色・形・矢印等	評価	まとめる	評価	表記
	3	2に加え，実際にそれを運用できている。	3	2に加え，教師の言い換えになっていないか子どもに確認している。	3	2に加え，教師の言い換えになっていないか子どもに確認している。
	2	色・形・矢印等のきまりを決めている。	2	複数の子どもの考えをまとめて板書している。	2	子どもの考えを端的に板書できている。
	1	2を満たしていない。	1	2を満たしていない。	1	2を満たしていない。
	評価選択		評価選択		評価選択	

図2　道徳科授業者自己省察シート（MTSS）レーダーチャート及び記述欄

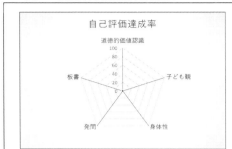

ており，数値や記述をデータに直接打ち込んで使用できるようにしている。
MTSS を活用した自己省察の方法についてである。まずルーブリックで自己評
価を決定する。そして，自己評価をレーダーチャートにて可視化したものを基に，
記述にて「よかった点」「改善点」をまとめていく。「よかった点」「改善点」を
セットで自己省察していくのは，プラス思考の自己省察を促したいためである。

V　研究対象及び研究方法

　ここでは，MTSS を活用した自己省察が教師にどのような影響を与えるのか
調査するための概要を述べておく。

1．研究対象及び研究実施期間
（1）研究実施校，学年，担任
　A 県内 B 小学校
　○第 5 学年 C 組（男子 12 名，女子 15 名，計 27 名）担任 D 教諭（教職 3 年目）
　○第 3 学年 E 組（男子 21 名，女子 14 名，計 35 名）担任 F 教諭（教職 9 年目）
　○第 2 学年 G 組（男子 18 名，女子 9 名，計 27 名）担任 H 教諭（教職 11 年目）
　対象教諭は，教職経験年数 1~3 年目，4~10 年目，10 年目以上といった 3 タ
イプからそれぞれ 1 名ずつ選定した。
（2）研究実施期間
　2021 年 6 月 1 日 ～ 2021 年 10 月 8 日

2．インフォームド・コンセント

　本研究実施前に，筆者は対象教諭３名，学校長に対し，本研究に関するインフォームド・コンセントを文書に基づいて行った。筆者による説明の後，対象教諭３名，校長から筆者の説明に同意し，本研究への参加を希望する旨の回答を得た。

3．研究方法

（1）MTSS 活用による授業力量変化の調査

　教師の MTSS 活用による授業力量の変化を調査するための研究方法として，SCD（Single Case Design）を用いた。SCD を用いる利点として，石井（2015）は，個人や個体の行動変容を直接調べられること，通常のケーススタディに比べて高い科学性をもつこと，データによるフィードバックを受けながら処遇を調節できるという柔軟性があることを示している[19]。このような利点から，研究方法として採用した。なお，本研究は，SCD 反転デザインで行った。本研究における介入は「助言を伴う MTSS を活用した自己省察の導入」である。フォローアップ期においては，介入の内，助言のみを外し，MTSS を活用した自己省察は継続して行った。そうすることで，MTSS を活用した自己省察を個人で行う際の有効性を測れるようにした。そして，教師の授業力量向上の測定尺度として①子どもの授業内での総発話数，②ふり返りにねらいに係る内容を書いている人数の割合を用いた。その理由として，①の増減が子ども・教材・教師の関係を円滑にする力の程度を表し，②の増減がねらいに迫る授業を行う力の程度を表すと考えたためである。

①第１期（ベースライン期）

　ベースラインは，2021 年５月に測定された（３日間測定）。第１期では，授業内での子どもの総発話数を調査した。また，子どものふり返り（ノート）より，本時のねらいに係る内容を書いている人数の割合も調査した（※これらの調査は第３期まで継続して行った）。対象教諭に対しては，データの開示，助言等は行っていない。

②第２期（介入期）

　介入は，2021 年６月に行われた（対象教諭１人につき３日間実施）。ここでは，

助言を伴う MTSS を活用した自己省察の導入を行った。助言は，主に対象教諭からの MTSS に対する質問に回答するといった形で，第 1 期最終授業後から第 2 期の全授業後に毎回行った（全 4 回）[20]。

③第 3 期（フォローアップ期）

フォローアップは，2021 年 6 月〜 10 月に第 1 期と同じ手続きで測定された（4 日間測定）。ここでは，助言を行わず，対象教諭のみで MTSS を活用した自己省察を行った。

（2）MTSS 活用による授業力量変化に伴う対象教諭の意識変容の調査

MTSS 活用による授業力量の変化に伴う対象教諭の意識変容を調査する方法として，MTSS 内自由記述における改善点の観察，半構造化インタビューを用いた。

① MTSS 内自由記述における改善点の観察

自由記述の改善点に着目し，その変容を観察していくことで，教師のふり返りの視点に対する意識変容を調査した。よかった点ではなく，改善点に着目したのは，授業力量向上の観点から改善点に対するふり返りの視点が自己省察の質に係ると考えたためである。調査は全 8 回分に対して行った。

②半構造化インタビュー

半構造化インタビューは，インタビュー内容を予め用意しつつも，その流れを柔軟に変更できるメリットがある。そのため，より自然に対象教諭の文脈から，自己省察に対する意識変容を調査できると考えた。半構造化インタビューは 4 回行った。1 〜 3 回目は，第 2 期における授業終了後の放課後に時間を設け，MTSS 実施後に行った。インタビュー内容は，「うまくいったなと思った場面を教えていただけますか」の 1 つに絞り，感じたことを自由に話せるようにした。

4 回目は，第 3 期終了後に，第 1 期〜第 2 期までの SCD 結果を対象教諭に示し，MTSS を活用した自己省察に取り組んだ感想についてインタビューを実施した。インタビュー内容は，「MTSS 活用前・後で，授業に関わることでご自身に何か変化はありましたか」「強み・改善点は発見できましたか」「MTSS 活用前・後で，授業中の子どもに変化はありましたか」「MTSS は，今後も活用できそうですか」であった。

得られたデータは，大谷（2007）によって開発された SCAT（Steps for

Coding and Theorization）を用い分析を行った[21]。SCAT は，インタビューデータの分析に適しているため，分析方法として採用した。SCAT の手続きの概要は以下の通りである。なお，ストーリーラインの作成では，複数人のテーマ・構成概念をまとめ，全体の傾向が分かるような手順に一部改変して行った。

　　①注目すべき語句の書き出し
　　②テクスト中の語句の言い換え
　　③テーマ・構成概念の検討
　　④ストーリーラインの作成

Ⅵ　結果と考察

1．子どもの授業内での総発話数の推移

　図3に「子どもの総発話数」の推移を示した。それぞれの介入効果量を Percentage of Non-overlapping Data（以下，PND）を用いて測ったところ，D教諭（教職3年目）0.85，F教諭（教職9年目）0.57，H教諭（教職11年目）0.28となり，D教諭のみ介入が非常に有効という結果であった[22]。

　F教諭，H教諭は教職経験が一定数あることから，子ども・教材・教師の関係を円滑にしながら発言を引き出していたと考えられる。そのため，総発話数の維持傾向が見られたと思われる。

　他方で，D教諭に対し，介入が非常に有効であったのは，教職経験が他の2名に比べ少なく，そもそも，子ども・教材・教師の関係を円滑にする力量が安定していなかったからと考えられる。そのため，MTSS を活用した自己省察のサイクルが機能し，総発話数の増加につながったと思われる。

2．ねらいに係るふり返りを書いている人数の割合の推移

　図4に「ねらいに係るふり返り割合」の推移を示した。それぞれの介入効果量を PND を用いて測ったところ，D教諭（教職3年目）0.85，F教諭（教職9年目）1.0，H教諭（教職11年目）0.85となり，3名とも介入が非常に有効という結果であった。

図3　「子どもの総発話数」の推移

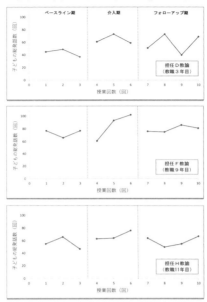

図4　「ねらいに係るふり返り割合」の推移

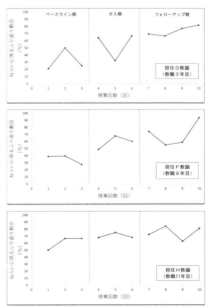

これは，教職経験年数に関わらず，介入が有効であることを表している。つまり，発言を引き出すことができていたＦ教諭，Ｈ教諭もその考えを質的にみれば，当初は十分なものでなかったということである。MTSS を活用した自己省察を行うことで，ねらいに迫る授業展開の創造が行えるようになっていくとともに，ねらいに係るふり返り割合が高まっていったと考えられる。

これは，自己省察を通して，ふり返りの視点を獲得したことにより，授業づくりから，実際の授業に好影響をもたらしている表れである。特に，フォローアップ期においても割合が減少することなく維持及び向上傾向にあることは，MTSS を活用した自己省察が，有効性を伴った自己省察であること及び，日常的に個人で実施可能な自己省察の在り方であることを示している。

3．MTSS 内自由記述

対象教諭が実施した MTSS 内自由記述（全８回）の結果を表１，２，３に示した。Ｄ教諭は，表１に見られるように，自己省察１回目〜５回目では，道徳の基礎知識，方法論に関する記述であった。しかし，６回目以降は子どもの思考に着目した記述となっている。これは，Ｄ教諭の授業観が，教師主導から子ども主体へと変化しているということである。これまでＤ教諭は，授業が上手くいかない原因を方法論に求めていた。それを子どもの立場に立ち，改善点を考えたことで，子ども一人一人がどのように考えているかといった気付きがうまれている。これは，道徳科において本質的な気付きと言えるのではないだろうか。また，このことが，子どもの総発話数の増加に影響しているとも考えられる。

Ｆ教諭は，表２に見られるように，自己省察１回目〜５回目では，３回目の子どもの実態に関する記述以外は，道徳の基礎知識，方法論，教材研究に関する記述であった。しかし，６回目以降は，子どもに対する支援や子どもの思考に着目した記述となっている。これは，先述のＤ教諭と同様，授業観が教師主導から子ども主体へと変容しているということである。授業観が変容したことで，子どもの思考の流れに沿いながら，ねらいに迫る授業が展開され，ねらいに係るふり返り割合が増加したと考えられる。

Ｈ教諭は，表３に見られるように，自己省察１回目〜５回目では，道徳の基礎知識，方法論に関する記述であった。しかし，５，７，８回目では，子どもの

表1　担任D教諭（教職3年目）のMTSS内自由記述

代表的なテクストデータ（改善点）
【1回目】（ベースライン期） ○道徳的価値についての理解
【2回目】（介入期） ○オープンな発問を心掛けたい
【3回目】（介入期） ○板書の色分け
【4回目】（介入期） ○性格まで板書に残す必要がない
【5回目】（フォローアップ期） ○内容項目の理解が乏しく
【6回目】（フォローアップ期） ○子どもの考えをくみ取ることができない場面
【7回目】（フォローアップ期） ○子どもの発言をうまく板書することができなかった
【8回目】（フォローアップ期） ○子どもの考えをまとめて板書することができなかった

表2　担任F教諭（教職9年目）のMTSS内自由記述

代表的なテクストデータ（改善点）
【1回目】（ベースライン期） ○発問をもう少し多めに用意しておく
【2回目】（介入期） ○「自然愛護」に対する授業者の理解が十分ではなく
【3回目】（介入期） ○児童の実態と教師の実態把握が合ってなかった
【4回目】（介入期） ○問い返しの量や児童の発言の量を考えなければ
【5回目】（フォローアップ期） ○もっと教材研究をして児童が中心価値に迫れるようにしたい
【6回目】（フォローアップ期） ○多面的・多角的な考えができるような問い返しや揺さぶり
【7回目】（フォローアップ期） ○児童の実態を授業にどう生かすかが難しかった
【8回目】（フォローアップ期） ○問い返しのときに、何度か言い換えてしまった

表3　担任H教諭（教職11年目）のMTSS内自由記述

代表的なテクストデータ（改善点）
【1回目】（ベースライン期） ○事前に道徳的価値の理解がもう少し必要
【2回目】（介入期） ○事前にもう少し広い範囲での価値の予想が必要
【3回目】（介入期） ○身体を使って子どもの理解のサポートができなかった
【4回目】（介入期） ○学習内容が4つしか思いつかず
【5回目】（フォローアップ期） ○展開が子どもの理解に沿ったものにならなかった
【6回目】（フォローアップ期） ○ねらいの明確性の項目についての準備が足りていなかった
【7回目】（フォローアップ期） ○提示した条件が，子どもたちのふり返りを書きにくくしていた
【8回目】（フォローアップ期） ○子どもの発言に合わせて問いを変えることができなかった

思考に着目した記述となっている。これも，D教諭，F教論と同様に授業観が
教師主導から子ども主体へと変容しているということである。

　とりわけ，8回目の改善点は，子どもの思考の流れに沿った授業づくりを目
ざしている表れである。教師が予め用意した発問を使用するのが目的ではなく，
ねらいに迫るための事前案を基に，子どもと一緒に授業を創っていくことが目
的であるといった本質的な気付きが生まれている。

　対象教論3名に共通することは，MTSSを活用した自己省察の回数を重ねる
につれ，改善点の内容が子どもの思考の文脈を考えるようになってきていると
いうことである。自己の生き方を追求するといった，方向目標的な設定の特質
をもつ道徳科において，教師の文脈ではなく，子どもの文脈で授業をふり返る
ことは，授業者に本質的な気付きをもたらすと考える。

4．対象教諭への半構造化インタビュー

（1）介入期

　半構造化インタビュー（1〜3回目）の結果を表4，5，6に示した。まず，
表4の分析結果を基に記述したストーリーラインを以下に示す。

**　MTSSを活用した自己省察を初めて行った後の授業では，【教材研究による
思考法の拡大】【子どもの思考に沿った授業づくり】といった事前準備の重要性
や【授業力量向上の手応え】を感じることができている。**他方で，実際の授業

表4　1回目インタビュー：「うまくいったなと思った場面を教えていただけますか」
　　　に関する分析

対象教諭	テーマ・構成概念	グループ	代表的なテクストデータ
D教論 （教職3年目）	【教材研究による思考方法の拡大】	思考方法	弟と私を比較した場面が今回の授業ではよかった
		教材研究	弟にはあって私にはない考えが子供から引き出せた／対照的な二人っていうのが 教材文の中に出てくる
F教論 （教職9年目）	【子どもの思考に沿った授業づくり】	実態把握	花の気持ちというのはすぐに出ると思った
		創造的な授業づくり	心を込めてというところが出たらそこからちょっと聞いていけたらなと 思っていまして
	【授業力量向上の手応え】	授業スキル	心を込めてというのが言葉として出たことと， 拾えたことがよかった
H教論 （教職11年目）	【力量不足による失敗感】	力量不足	今日はあまりうまくいってない

が上手くいかなかった場合【力量不足による失敗感】を感じている。

　D教諭，F教諭は，初めてMTSSを活用した自己省察を行ったことにより，事前準備が充実したことが窺える。そのことにより，プラス思考で授業に臨めている。H教諭は，実際の授業がうまくいかなかったことにより，自身の力量不足を感じていた。MTSSの自己省察は，一度行えば効果が出るとは限らないことが指摘できる。

　次に，表5の分析結果を基に記述したストーリーラインを以下に示す。

　MTSSを活用した自己省察2回目後の授業では，【ねらいに迫る授業展開の構想】【教材研究の充実によるねらいの明確化】といった授業の核となるねらいへの意識の高まりや，【教師の受容による主体的学習者の育成】【子どもの発言を活かす授業スキル】といった子ども主体の授業づくりが見られる。また，【子どもたちの姿による授業力量向上の実感】も見られるようになった。そして，【自己の見取り力に対するメタ認知】の意識の高まりも出てきている。他方で，【教師主導の潜在意識】があることも確認できる。

　3名の教諭がMTSSを活用した自己省察により，好影響が出てきたことが分かる。なかでも，前回よいところがないと述べていたH教諭が，【子どもたち

表5　2回目インタビュー：「うまくいったなと思った場面を教えていただけますか」に関する分析

対象教諭	テーマ・構成概念	グループ	代表的なテクストデータ
D教諭 （教職3年目）	【ねらいへ迫る授業展開の構想】	ねらいの明確化	中心発問の時に　失敗してどうして立ち上がれたのか　と聞いた
		発問の連続性	それまでの発問がいきていた
	【教師の受容による主体的学習者の育成】	主体的学習者	子どもが思い思いの事を言っていた
F教諭 （教職9年目）	【自己の見取り力に対するメタ認知】	実態把握不足	子どもたちの自己肯定感がもう少し低いと思っていた／いいところ見つけをしてもワンパターンと言うか／優しいとか明るいとか言うと思ってた
		想定外の好結果	自分たちのことをいいように　ちゃんと捉えてんねや　って思って
	【教師主導の潜在意識】	教師主導	声を掛け合ったりして　協力したり助け合ったりして子どもたらいいよねって持って行きたかった
	【子どもの発言をいかす授業スキル向上】	授業スキル向上	つぶやきの所で，もっと100回めざしたいとかもっとやると思うっていう発言が拾えた
H教諭 （教職11年目）	【教材研究の充実によるねらいの明確化】	ねらいの明確化	自分が考えていた学習内容が5個あったんですけど4つ最終的に出て
		教材研究の充実	自分が考えていた中で出た内容だった
	【子どもたちの姿による授業力量向上の実感】	授業力量向上の実感	今までの中では一番子供たちが学習できた

の姿による授業力量向上の実感】をしていたことは，自己省察のよいサイクルを確立しつつあると指摘することができる。

　最後に，表6の分析結果を基に記述したストーリーラインを以下に示す。

　MTSS を活用した自己省察3回目後の授業では，【教材研究における子どもたちの道徳的価値に対する理解の実態把握】といった教材研究の深まり，【子どもの思考の文脈を大切にする意識】【授業展開に合わせた柔軟な授業デザイン】【子どもの比較思考を促す板書】といった授業内での教師の変容，【授業力量向上に向けてチャレンジ精神の高まり】といったプラス思考の表れが確認できる。

　自己省察の回を重ねる毎に，3名の教諭の省察内容が変化してきたことが分かる。3回目後の授業では，授業前，授業内において，子どもを主体とした学習を構想・展開したい意識が表れている。そして，最初の自己省察では，マイナス思考であったH教諭がプラス思考に転じ，授業づくりに対し前向きになっていることは，MTSS を活用した自己省察が教師の意識を前向きにしていく傾向にあると指摘することができる。

表6　3回目インタビュー：「うまくいったなと思った場面を教えていただけますか」に関する分析

対象教諭	テーマ・構成概念	グループ	代表的なテクストデータ
D教諭 （教職3年目）	【子どもの比較思考を促す板書】	比較思考を促す板書	以前の親切と今の親切と 登場人物の変容っていうところを うまく板書に示した／子どもの中でなんか違うっていう比較対象にできた
F教諭 （教職9年目）	【教材研究における子どもたちの道徳的価値に対する理解の実態把握】	道徳的価値に対する理解の状況	学級の実態を元に内容項目について考えてみたんですけど，そこがまずもてました
	【授業展開に合わせた柔軟な授業デザイン】	即興的形成評価	授業中においては，ねらいに関わりそうだなーっていう発言 に対して 問い返してみようと思って
		根拠の顕在化	何度か問い返してみたところが良かった
		授業デザイン	発問をちょっと付け足したと言いますかもう一歩やと思ったところがあったんでそれを足したところがよかった
H教諭 （教職11年目）	【子どもの思考の文脈を大切にする意識】	子どもの思考の文脈	子どもたちの意見をそのまま受け止めるようにしていた
	【授業力量向上に向けてチャレンジ精神の高まり】	チャレンジ	立ち位置もいろいろ動いて／こっちで喋っているからこっちに来て子どもを向かせてみたり とか，色々考えて
		見え方の広がり	立ってる子も立ってない子も見たり

（2）フォローアップ期

　半構造化インタビュー（4回目）の結果を表7，8，9，10に示した。まず，表7の分析結果を基に記述したストーリーラインを以下に示す。

　MTSSを活用した自己省察は，教師自身に【道徳科における目標についての理解】【道徳科ならではの授業展開】【人格的な触れ合いによる共感的な理解】といった道徳科の特質に合わせた授業の構想，【教師主導の範疇】からの脱却による【子ども主体の学習】【子どもの思考に沿った授業の創造】への意識の変容をもたらす。また，教師自身が【教師の心的状況】【事前・事後の充実による心的安心感】【自己省察によるモチベーションの向上】により前向きな気持ちにもなることができる。そして，【教師の学び続け方の獲得】により【課題発見能力の向上】といった力量向上へ向けての能力を得ることができる。

　3名ともに自身の変化をメタ認知している。その内容をみると「道徳科の特質を考えるようになったこと」「教師主導ではなく子ども主体で授業を考える意識になったこと」「教師の情意面で授業づくりや実際の授業に前向きになれたこ

表7　質問①「自己省察シート活用前・後で，授業に関わることでご自身に何か変化はありましたか」に関する分析

対象教諭	テーマ・構成概念	グループ	代表的なテクストデータ
D教諭 （教職3年目）	【道徳科における目標についての理解】	方向目標的設定	内容項目についての理解が今まで曖昧だった／整理されてきた
	【道徳科ならではの授業展開】	授業展開の構成	事前準備，教材研究が深くできるようになってきた
	【教師主導の範疇】	教師主導	授業のねらいに外れている／的を射ている
	【子ども主体の学習】	視覚支援	整理して板書できるようになった
	【教師の心的状況】	子ども中心	準備があったからこそ子どもの表情やつぶやきを拾う余裕ができました
		教師の身体性	
F教諭 （教職9年目）	【教師の学び続け方の獲得】	学び続ける教師	やっているつもりになっていること／身体性が入っているのがおもしろかった／言い換えや書き換えになってしまっていないか確認
	【事前・事後の充実による心的安心感】	円滑な事前準備	教材研究がしやすくなりましたね
		心的安心感による挑戦意欲	どの視点でかんがえたらよいのか不明確で／シートである程度焦点化され／大切なことは網羅されていて／またシートに返ってきて／自信が上向き
H教諭 （教職11年目）	【課題発見能力の向上】	教師の力量形成	自分の中の課題が分かった／今までは課題すら分からなかった
	【自己省察によるモチベーションの向上】	モチベーションの向上	こうしたらよくなるだろうなっていうような見通しが立つ
		事前準備充実	自分の課題が分かるから授業を考えるときにも考えやすい
	【人格的な触れ合いによる共感的理解】	共感的な理解	発言をできるだけ拾いたいし，大事にしたい
	【子どもの思考に沿った授業の創造】	授業コーディネート	その発言から何かにつながらないかなって考える意識とか

と」「授業力量向上のために課題を明確にできるようになったこと」等が挙げられた。

これらのことから MTSS を活用した自己省察は教師に好影響を与えることが指摘できる。また，好影響は，授業構想，授業スキルのみだけでなく教師の情意面に対しても見られるため，継続した自己省察のサイクル確立も可能であることが指摘できる。

次に，表8の分析結果を基に記述したストーリーラインを以下に示す。

MTSS を活用した自己省察は，教師自身に強みとして，【子ども観に対する自信】【子ども主体の学習】といった子どもの捉え方への自信，【心的余裕がもたらす授業力向上】といったリラックスによる効果などに気付かせる。そして，【授業スキルに対する不安】【主観性と客観性の間での葛藤】【ノンバーバルな要素の難しさ】【道徳科における理論と実践の往還の難しさ】といった個別に応じた明確な改善点に気付くことができる。

3名ともに，自身の強みと改善点に気付いている。改善点のみではなく，よかった点とセットで考えることにより，改善点をマイナス思考ではなく，次への希望として捉えることができていると指摘できる。

そして，表9の分析結果を基に記述したストーリーラインを以下に示す。

表8　質問②「自分の強み・改善点は発見できましたか」に関する分析

対象教諭	テーマ・構成概念	グループ	代表的なテクストデータ
D教諭 （教職3年目）	【子ども観に対する自信】（強み）	子ども観	子どもの発言を受けとめることが強み
	【授業スキルに対する不安】（改善点）	授業スキル	思ってもみない発言を上手くまとめられない／子ども同士の意見をつなげれない
F教諭 （教職9年目）	【心的余裕がもたらす授業力向上】（強み）	心的余裕による授業展開への好影響	リラックスして授業できるようになってきました／子どもの意見を拾えるようになってきました／わたしと子どもの授業だから
	【主観性と客観性の間での葛藤】（改善点）	葛藤	自分で客観的に見れない／最後の4回できているのか不安／子どもの発言に対する関りは積み重ねてこられた
H教諭 （教職11年目）	【子ども主体の学習】（強み）	子ども主体	子どもに共感したりとかはできているかなと思います
	【ノンバーバルな要素の難しさ】（改善点）	ノンバーバル	身体性のところはいつもできていない
	【道徳科における理論と実践の往還の難しさ】（改善点）	道徳科の本質	道徳的価値観について考えるようになった
		理論と実践の往還	考えたことを実際に運用するのは難しい

　MTSS を活用した自己省察を行い，授業に臨むことで，【教師のロールモデルとしての役割が子ども同士の共感的理解の起因】【授業スキルによる子どもの見方・考え方】に気付いたり，【指導要領記載事項と実態との比較】により心的余裕をもって授業に臨むことから【インクルーシブな視点による主体的な学習者の育成】の重要性に気付いたりしている。また，【主体的な学習者の増加】により，それまで行っていた【教師主導学習の悪影響】にも気付いている。

　3名ともに，子どもの変化に気付くことで，授業において重要な教師の役割，実態把握，インクルーシブな視点等に気付いている。このことより，子どもの姿から実感を伴う自己省察を行うことで，本質的な気付きをうむことが指摘できる。

　最後に，表10の分析結果を基に記述したストーリーラインを以下に示す。

　MTSS には，【MTSS のメリット】によって【自己省察により成長する反省的実践家】【自己省察による授業力量向上】につながる。また，【MTSS のもつ汎用性】によって【授業づくりの基準】【子どもの実態から内容項目について考える】といった役割も担う。

表9　質問③「自己省察シート活用前・後で，授業中の子どもに変化はありましたか」に関する分析

対象教諭	テーマ・構成概念	グループ	代表的なテクストデータ
D教諭 （教職3年目）	【教師のロールモデルとしての役割が子ども同士の共感的理解の起因】	共感的な理解	友達の発言について考えるようになった／共感したり，関連させて考えたり／
		ロールモデル	そのように変化したのは，僕も意識していたから
	【授業スキルによる子どもの見方・考え方】	授業スキル	つぶやきを拾ったり／問い返しをしたり／確認したり
		見方・考え方の柔軟性	子どもも思考の流れが大きく変わったんじゃないかな
F教諭 （教職9年目）	【インクルーシブな視点による主体的な学習者の育成】	主体的な学習者	たくさんの子が発言するようになりました／ふりかえりも思いをかける子が増えてきました／がんばってみようという子が増えました
		インクルーシブ	柱を一本もって授業したことで，子どもは考えやすくなった／考えるのが難しい子にも支援できるようになった／
	【指導要領記載事項と実態との比較】	子どもの文脈	子どもの流れもちゃんと考えよう
		指導要領	内容項目についてふわっとしていたら，ふにゃふにゃな授業になる
H教諭 （教職11年目）	【教師主導学習の悪影響】	受動的な学習者	最初は全くしーんとしていた／発言する子は決まっていた
		置き去りの学習者	
	【主体的な学習者の増加】	主体的な学習者	言葉が増えてきたかなと思います

表10 質問④「自己省察シートは，今後も活用できそうですか」に関する分析

対象教諭	テーマ・構成概念	グループ	代表的なテクストデータ
D教諭 （教職3年目）	【自己省察により成長する反省的実践家】	反省的実践家	道徳の授業って今まででやりっぱなしが多かった／MTSSで考えたことが次に活かせる／項目ごとにふり返られる
	【自己省察による授業力量向上】	授業力量	教材研究にも使える／こんな問い返しがあったらいいな／こんなつぶやきが出たら拾って共有できたらいいな／ここで立ち位置をかえようとかジェスチャーをいれたら分かりやすいとか／イメージしながら教材研究ができました
F教諭 （教職9年目）	【MTSSのメリット】	メリット	これからも参考にする／MTSSでふりかえって，そうやったそうやったって，注目できてなかったなあって
	【MTSSのもつ汎用性】	汎用性	事前にも事後にもどっちにもいいなと思います
H教諭 （教職11年目）	【授業づくりの基準】	基準	参考にしないと授業を作るのが難しい
	【子どもの実態から内容項目について考える】	実態把握	項目を思い浮かべて授業を作るようになった
		内容項目	特に道徳的価値の項目について考える

　対象教諭が述べているように，MTSS は具体的に授業をふり返ることができるメリットがあるため，自己省察を重ねることで授業力量の高まりを実感できることが指摘できる。また，ふり返りだけでなく，授業づくりの視点にもなるといった汎用性により，MTSS は自己省察のみならず事前研究にも活用することができる。このような活用方法を見出すことからも，継続して活用可能であることを指摘することができる。

Ⅶ　結論及び研究の限界と今後の課題

1．結論
　本研究は，道徳科授業における教師の自己省察の在り方について検討し，授業力量向上のための具体的な方策を提案することを目的としている。MTSS 活用による授業力量向上の試みは有効であるかについて，調査結果に基づいて考察し，次の4点が導出された。
①授業力量向上につながること
　介入を外した後も子どもの総発話数の維持及び向上傾向，ねらいに係るふり返りの割合の向上傾向が見られることから，日常的に個人で授業力量向上のた

めの自己省察が可能である。

②気付きの質を向上させること

　回を重ねるにつれ，ふり返りにおいて子どもの思考の文脈を重視し，子どもの姿から実感を伴う自己省察を行え，本質的な気付きがうまれる。

③前向きな自己省察となること

　よかった点と改善点をセットで考えることにより，改善点を次への希望とした位置付けで捉えるようになる。よって，回を重ねるごとに，プラス思考での自己省察のサイクルを確立し，授業構想，授業スキルのみでなく，情意面にも好影響を与える。

④継続可能性が見られること

　教師自身が，自身の強み，改善点が明確になることを実感するとともに，MTSS を発展的に活用していることは，その汎用性の高さを表している。使用方法を限定していないことが，これからも使用したいといった継続可能性を高めていると考えられる。

　対象教諭3名が MTSS を活用した自己省察を通して，ふり返りの視点を獲得したことで，何をふり返ればよいか分からないといった心的な不安から解放され，主体的に自己省察を行うことができていた。つまり，道徳科の特質に合わせたふり返りの視点を考え，それを基に自己省察をしていくことは，有意義なことであるといえるだろう。

　確かに，本ルーブリックの視点が絶対的なものと言い切れるのかという異論もあるだろう。しかし，道徳科の特質に合わせた視点を考えること自体が重要なことであり，今後，ルーブリックの内容を精査していくことも自己省察の一環になると考える。

　本研究実施中に，他の教諭が対象教諭の授業を参観し「目に見えて授業が変わった」と話していた。互いをよく知っている同僚教師の言葉は MTSS を活用した自己省察の有効性を示す一つであると受け止めている。

　以上のことから，MTSS 活用による授業力量向上の試みは有効であるといえる。

2．本研究の限界と今後の課題

　最後に本研究の限界と今後の課題について述べる。まず，本研究では，MTSS を活用した自己省察の導入にあたり，MTSS の使用方法を筆者が説明した。筆者が直接に説明しなくとも，最初から誰でも活用できるよう，説明書を添付する等の工夫が望まれる。

　次に，調査対象の授業回数が 10 回と短期なものになった点である。本研究の妥当性を高めるためには，年間 35 時間及び 34 時間の長期データを取っていく必要がある。

　本研究の課題をふまえながら，今後も道徳科授業における教師の自己省察の在り方についての検証を継続していきたい。

【註】

1　文部科学省道徳教育の充実に関する懇談会（2013）『今後の道徳教育の改善・充実方策について（報告）』，10 頁．

2　文部科学省（2019）『平成 30 年度公立小・中学校等における教育課程の編成・実施状況調査』，14 頁．

3　押谷由夫・木崎ちのぶ・谷山優子・矢作信行・齋藤道子・小山久子・醍醐身奈（2019）「道徳教育全国調査の実施（2019.3）と結果分析（1）－統計的分析－」『日本道徳教育学会第 94 回（令和元年度秋季）大会 自由研究発表資料』，13 頁．

4　木原俊行(2004)「授業力量形成の要件」『解放教育』第 34 巻 11 号，明治図書出版，9-14 頁．

5　梅津正美（2010）「特色 GP プログラム『教育実践の省察力をもつ教員の養成』の理論と方法」『教育実践の省察力をもつ教員の養成』，協同出版，14-25 頁．

6　大塚みさ・三田薫・白尾美佳（2018）「自己省察を促すための自己評価ルーブリック導入の試み」『実践女子大学短期大学部紀要』第 39 号，3 頁．

7　南彩子（2007）「ソーシャルワークにおける省察および省察学習について」『天理大学社会福祉学研究室紀要』，10 頁．

8　群馬県教育委員会事務局吾妻教育事務所（2011）『「授業づくり！押さえてほしいポイント」チェックシート』．

9　千葉県教育庁南房総教育事務所（2020）『令和版授業改善のためのセルフチェックシート』．

10　福島県教育委員会（2017）『授業スタンダードチェックシート』．

11　島根県教育委員会（2017）『授業チェックリスト』．

12　神奈川県逗子市教育委員会（2015）『自己チェックリスト』．

13　田沼茂紀（2015）「『特別の教科 道徳』が克服すべき課題とその解決方策の検討－道徳教育忌避感情および軽視傾向改善を中心に－」『道徳と教育』第 333 号，151 頁．田沼は道徳科と他教科の目標設定を比較し，道徳科の目標設定について「人間の在り方や生き方といった方向目標的な設定」と述べている．

14　埼玉県北部教育事務所（2019）『道徳科授業の自己点検（小学校）』．

15　山木朝彦・山田芳明（2010）「教科・領域教育におけるコア科目の授業実践：図画工作・美術科」『教育実践の省察力をもつ教員の養成』，協同出版，123-144 頁．

16　前掲 6, 1-21 頁.

17　深井裕二・河合洋明・仲野修 (2017)「学士力分析システムにおけるスキル自己評価ルーブリックの適用」『北海道科学大学研究紀要』43, 13-20 頁.

18　岸川公紀・梶田鈴子 (2019)『中村学園大学・中村学園大学短期大学部研究紀要』第 51 号, 199-208 頁.

19　石井拓 (2015)「シングルケースデザインの概要」『行動分析学研究』29, 190-191 頁.

20　介入に関する助言は, MTSS の使い方や各項目に係る説明等が主である.

21　大谷尚 (2007)「4 ステップコーディングによる質的データ分析手法 SCAT の提案 – 着手しやすく小規模データにも適用可能な理論化の手続き –」『名古屋大学大学院教育発達科学研究科紀要教育科学』54 (2), 27-44 頁.

22　PND は, 介入期・フォローアップ期におけるデータの内, ベースライン期の最大値を上回るデータが占める割合を算出する. 算出された値が 0.8 以上であれば介入効果が「非常に有効」とされる.

おわりに

　「教育方法・生徒指導マネジメントコース」における学びは，学習指導と生徒指導の両輪を視野に入れながら，それらを含めた学校教育に関する総合的な研究が涵養される場の提供につながることを目指している。本書でその一端を示したように，本コースで進められている学校教育にかかわる実践研究は，さまざまな領域に及ぶものである。その学びは，広く教師個人の力量形成，学校全体の力量形成につながるものであると考えられ，本書ではその学びの成果を修了生への調査，及び実際の実践研究の提示により紹介した。

　学校現場における発想が，現実的な課題への対処を行う側面を強くすることは当然であるが，時として「明日使える」といったキャッチフレーズに代表されるような目先の対応にばかり目を向けてしまう傾向に陥って，大局的な学校教育のありように考えをめぐらせる余裕をなくしてしまうことがあるかもしれない。一方，アカデミズムに立脚した教育論には，理想ばかりを追い求めて学校現場の現実を軽視し，実際にはとても実現できそうにないユートピアのような理論ばかりに陥ってしまう危険性に留意しておく必要がありそうである。「教育方法・生徒指導マネジメントコース」における学びは，そのどちらにも極端に偏ることなく，学校現場とアカデミズムの双方から学び合うという姿勢をもって学びを進めていこうとするものであるといえる。教育学や心理学に基づく理論と学校現場における教育実践の融合がより進められ，学校教育における課題解決につながっていくような実践的研究の活性化に貢献できることがもとめられるところであるが，本書で示したさまざまな実践研究がそれらに貢献できるものであるという評価につながるものであればと願うところである。

　第２章で紹介したように，本コースの修了生は，学習指導と生徒指導の両者を学ぶことはできたという認識があるものの，本コースのカリキュラムが想定しているような学習指導と生徒指導を「両輪」とする学びや両者の統合といった感覚まではもっていないという認識に留まっている。一方では，正規のカリキュラムではないインフォーマルな時間における学生間のかかわりによる学び合いの様子からは，学習指導と生徒指導の「両輪」の観点からの交流が行われ

ていることも見いだせる。これらの現状を，今後のコース運営を進めるうえでの課題，またコース発展につながる可能性として捉えていくことが大切であると思われる。本書に示した「教育方法・生徒指導マネジメントコース」の今を，今後のコースの進展につなげていくという観点から考えると，本書はコースの今後につながっていく一里塚であると考えられる。

　本書に示した「教育方法・生徒指導マネジメントコース」の現状について，読者諸氏はどのような感想を持たれただろうか。学校教師の皆さんや教育学を学んでいる学生の皆さんにとっても，大学院での学びのイメージを持つことや実際に大学院で学んでみたいと思っていただけるような内容を少しでも提供できているならば幸いである。本書出版にあたり，ご協力を賜った皆さんに感謝申し上げたい。

編者

執筆者一覧

【編著者】

松本　剛（まつもと　つよし）…はじめに，序章，第4章，おわりに

兵庫教育大学大学院　教育実践高度化専攻　教育方法・生徒指導マネジメントコース　教授

隈元　みちる（くまもと　みちる）…第6章

兵庫教育大学大学院　教育実践高度化専攻　教育方法・生徒指導マネジメントコース　准教授

【著者】

徳島　祐彌（とくしま　ゆうや）…第1章

兵庫教育大学大学院　教育実践高度化専攻　教育方法・生徒指導マネジメントコース　講師

松田　充（まつだ　みつる）…　第1章

兵庫教育大学　教員養成・研修高度化センター(教育実践高度化専攻　教育方法・生徒指導マネジメントコース兼担)　講師

宮田　佳緒里（みやた　かおり）…第2章

兵庫教育大学大学院　教育実践高度化専攻　教育方法・生徒指導マネジメントコース　准教授

山中　一英（やまなか　かずひで）…第3章

兵庫教育大学大学院　教育実践高度化専攻　教育方法・生徒指導マネジメントコース　教授

尾前　賢哉（おまえ　けんや）…第4章

三田市立けやき台小学校　教諭

森本　哲介（もりもと　よしゆき）…第5章

兵庫教育大学大学院　教育実践高度化専攻　教育方法・生徒指導マネジメントコース　准教授

伊藤　博之（いとう　ひろゆき）…第7章

兵庫教育大学大学院　教育実践高度化専攻　教育方法・生徒指導マネジメントコース　准教授

田原春　幸誠（たはらばる　こうせい）…第7章

鹿児島市立紫原中学校　教諭

竹西　亜古（たけにし　あこ）…第8章

兵庫教育大学大学院　教育実践高度化専攻　教育方法・生徒指導マネジメントコース　教授

三宅　浩司（みやけ　こうじ）…第9章
愛媛県松山市立久枝小学校　教諭

谷田　増幸（たにだ　ますゆき）…第9章，第10章
兵庫教育大学大学院　教育実践高度化専攻　教育方法・生徒指導マネジメントコース　教授

今川　美幸（いまがわ　みゆき）…第10章
兵庫県教育委員会　主任指導主事兼指導・事業班長

淀澤　勝治（よどざわ　かつじ）…第11章
兵庫教育大学大学院　教育実践高度化専攻　教育方法・生徒指導マネジメントコース　准教授

門脇　大輔（かどわき　だいすけ）…第11章
立正大学　社会福祉学部　子ども教育福祉学科　助教

国立大学法人兵庫教育大学教育実践学叢書 7

教師の総合的力量形成
学習指導と生徒指導の統合に向けて

令和 6 年 3 月 31 日　初版第 1 刷発行

■編　著　　松本 剛・隈元 みちる
■発行者　　加藤 勝博
■発行所　　株式会社 ジアース教育新社

　　　　　　〒 101-0054　東京都千代田区神田錦町 1-23　宗保第 2 ビル
　　　　　　TEL：03-5282-7183　FAX：03-5282-7892
　　　　　　E-mail：info@kyoikushinsha.co.jp
　　　　　　URL：https://www.kyoikushinsha.co.jp/

■ DTP・表紙カバーデザイン　土屋図形 株式会社
■印刷・製本　シナノ印刷 株式会社
○定価はカバーに表示してあります。
○乱丁・落丁はお取り替えいたします。（禁無断転載）
Printed in Japan
ISBN978-4-86371-680-3